GOLDMANN

W0303560

Seit drei Jahrhunderten gehen die Wissenschaften davon aus, daß es eine äußere Welt gibt, eine objektive Realität, die unabhängig von jedem Beobachter existiert. Diese Auffassung, die in dem Begriff des kartesischen Schnitts zusammengefaßt wird, hat sich jedoch zunehmend als untauglich erwiesen. Die Entwicklung der modernen Physik hat gezeigt, daß die atomare Wirklichkeit verlangt, die Versuchsanordnung im Experiment mit zum Gegenstand des Beobachtens zu machen. Licht ist sowohl Welle als auch Teilchen – was es ist, hängt davon ab, wie wir den Versuch organisieren. Aber wenn wir das eine erkennen, bleibt uns das andere verborgen: Viele Versuchsanordnungen schließen einander aus. Der Beobachter wählt den konzeptionellen Schnitt zwischen Instrument und materiellem Objekt, es ist seine subjektive Entscheidung.

Der große dänische Physiker Niels Bohr hat diese Lektion der Atome für das menschliche Erkennen mit Hilfe seines Prinzips der Komplementarität formuliert: Beobachtungen müssen durch experimentelle Anordnungen definiert werden, von denen einige sich gegenseitig ausschließen. Der Beobachtungsgegenstand muß also durch zwei komplementäre Bilder beschrieben werden – Bilder, die sich gleichzeitig ausschließen und ergänzen.

Ernst Peter Fischers Buch geht weit über die Physik hinaus. Es begründet, warum die Idee der Komplementarität, die Erfahrung des Sowohl-Als-auch, eine Grundeigenschaft des Denkens ist, die sich in allen Formen des menschlichen Erkennens widerspiegelt. Es demonstriert die Notwendigkeit, das letzte Verstehen in einer Sowohl-Als-auch-Formulierung zu fassen, an Beispielen aus der Mathematik, Physik, Chemie, Biologie, Psychologie und Linguistik. Es beschreibt, weshalb der Bohrsche Gedanke für die Wissenschaft vom Menschen und für den Menschen selbst wichtig ist.

Dieses fesselnde Buch zeigt, wie wir denken müssen, um die ganze Wirklichkeit sehen zu können.

Autor

Ernst Peter Fischer, Jahrgang 1947, unterrichtet Ideengeschichte an der Universität Konstanz. Er hat Physik und Biologie studiert, beim Nobelpreisträger für Biologie, Max Delbrück, promoviert und zahlreiche Sachbücher veröffentlicht, unter anderem „Die Welt im Kopf", „Das Atom der Biologen", „Die Lektion der Atome", „Gene sind anders", „Kritik des gesunden Menschenverstandes". Ernst Peter Fischer ist als Nachfolger von Hoimar v. Ditfurth Herausgeber des Mannheimer Forums.

ERNST P. FISCHER

DIE ZWEI GESICHTER DER WAHRHEIT

DIE STRUKTUR NATURWISSENSCHAFTLICHEN DENKENS

GOLDMANN VERLAG

Das vorliegende Buch ist unter dem Titel
»Sowohl als auch«
1987 im Rasch und Röhring Verlag erschienen.

Das Umschlagfoto zeigt zwei frontal aufeinandertreffende Wirbel (gelb und grün). Es entsteht eine zweiköpfige Struktur, von der sich zwei Strahlen nahezu senkrecht zur ursprünglichen Richtung ausbreiten. Dieses Strömungsbild dient der Untersuchung von geophysikalischen Strömungen und ihren Folgen. Für uns enthält es folgenden Symbolgehalt: Wenn zwei einfach erscheinende Wahrheiten miteinander konfrontiert werden, erschließt sich, was wirklich in ihnen steckt.

*Für meine Frau,
weil sie so komplementär zu mir ist.*

Der Goldmann Verlag
ist ein Unternehmen der Verlagsgruppe Bertelsmann

Made in Germany · 11/90 · 1. Auflage
Genehmigte Taschenbuchausgabe
© 1987 by Rasch und Röhring Verlag, Hamburg
Umschlaggestaltung: Design Team München
Umschlagfoto: G. J. F. van Heijst und J. B. Flór, Utrecht
Druck: Presse-Druck Augsburg
Verlagsnummer: 11689
JJ · Herstellung: Sebastian Strohmaier
ISBN 3-442-11689-9

Inhalt

Danksagung

Das vorliegende Buch wurde mit Hilfe eines Stipendiums der Deutschen Forschungsgemeinschaft geschrieben. Ich danke der DFG für ihr Vertrauen und ihre Zuwendungen ganz herzlich. So wurde mir ermöglicht, das zu tun, was mir die größte intellektuelle Freude bereitet, nämlich zu lernen, was in den verschiedenen Wissenschaften gedacht wird.
Ich habe sehr viel von Gunter S. Stent gelernt, und ich danke ihm für das gemeinsame Eintauchen in das Abenteuer »Wahrheit und Wirklichkeit«. Sehr geholfen haben mir die scharfsinnigen Kritiken von Adolf Henning Frucht und die lernbereite Offenheit von K. Helmut Reich. Beiden danke ich für die vielen Hinweise und Gespräche.

Ernst Peter Fischer

»Bohr hatte große Erwartungen im Hinblick auf die zukünftige Rolle der Komplementarität. Er hielt sie mit unerschütterlichem Optimismus aufrecht, nie ließ er sich von dem kärglichen Respekt entmutigen, den ihm unser unphilosophisches Zeitalter entgegenbrachte. Auf einem dieser unvergeßlichen Spaziergänge, bei denen Bohr seine innersten Gedanken offenlegte, kamen wir auf die Frage zu sprechen, welche Art von Schutz und Trost die Menschen heutzutage in der Religion suchen und die die Wissenschaften nicht bieten können. Daraufhin erklärte Bohr heftig gestikulierend, daß er den Tag kommen sehe, an dem die Komplementarität in den Schulen gelehrt und Teil der allgemeinen Erziehung werden würde. Und er fügte hinzu, daß Komplementarität den Menschen besser als jede Religion die Orientierung geben könnte, die sie brauchen.«

Léon Rosenfeld

Zu Beginn: Denkerfahrungen

»Je mehr ich bin,
desto weniger denke ich,
und je weniger ich denke,
desto mehr bin ich.«
Sören Kierkegaard

Die Naturwissenschaften unserer Zeit sind erfolgreich, und sie kommen immer weiter voran. Mit ihrem Schwung haben sie in diesem Jahrhundert viele andere geistige Unternehmungen des Menschen überflügelt. Ihr Siegeszug begann in der zweiten Hälfte des 19. Jahrhunderts, als die Biologen die Evolution, die Physiker das elektromagnetische Feld und die Chemiker die Atome entdeckten. Dabei wurde mit Hilfe experimenteller Techniken die Tür zu einer Welt aufgeschlossen, die unserer Wahrnehmung verschlossen geblieben war, weil sie sich auf natürliche Hilfsmittel, die Sinnesorgane, zu beschränken hatte. Mit Auge, Nase, Ohr und Haut können wir weder die Atome noch ein elektromagnetisches Feld erfassen, und auch wenn sich die Evolution vor unseren Augen abspielt, so ist sie doch mehr eine Denk- als eine Sinneserfahrung.
Bei ihren Bemühungen, auch die uns nicht zugedachte Wirklichkeit begrifflich faßbar zu machen, trafen unter den Wissenschaftlern vor allem die Physiker von Anfang dieses Jahrhunderts an auf Widersprüche, die erkenntnistheoretische Probleme mit sich brachten, die von keinem philosophischen System vorhergesagt worden waren. In der zweiten Hälfte der zwanziger Jahre besaßen sie zwar eine Theorie für die Stabilität der Atome, die sogenannte Quantenmechanik, aber sie

konnten nicht sagen, woraus Atome bestehen. Es gibt natürlich Wörter, mit denen sich die Teile eines Atoms bezeichnen lassen – Elektron, Proton und Neutron etwa –, aber es kann keine eindeutige Zuordnung mehr hergestellt werden zwischen einem unsichtbaren Baustein und einer anschaulich erfahrbaren Form der Wirklichkeit. Die atomare Wirklichkeit ist eben anders als die, die wir kennen, und unsere Sprache ist nicht für sie geschaffen. Für ein Elektron konnte sowohl eine Masse als auch eine Wellenlänge ermittelt werden. Es offenbarte sich *sowohl* als Teilchen *als auch* als Welle.

Den Physikern wurde weiter klar, daß sie auch nicht sagen konnten, was Licht wirklich ist: In einem Versuch zeigte es Interferenzerscheinungen und präsentierte sich als Welle, in einem anderen Versuch konnte Licht auf Metall aufprallen und als Teilchen Elektronen freischlagen.

Der tiefe Grund für die Dualität der atomaren Erscheinungen steckt in einem unstetigen Element der Natur, das Max Planck als erster bemerkt hat. Die Energie atomarer Bausteine kann sich nicht beliebig ändern. Sie nimmt vielmehr unstetig in Form sogenannter Quantensprünge ab oder zu. Die kleinste mögliche Einheit wird dabei durch eine Konstante festgelegt, die nach ihrem Entdecker das Plancksche Wirkungsquantum heißt.

Bei einem Meßvorgang muß mindestens ein solches Quantum zwischen dem verwendeten Instrument und dem untersuchten Gegenstand ausgetauscht werden. Die Wechselwirkung zwischen Subjekt und Objekt kann damit nicht als beliebig klein (und also vernachlässigbar) angesehen werden. Im Gegenteil! Die Beobachtung führt einen neuen Quantenzustand des vermessenen Objektes herbei, das Subjekt legt mit seinem Eingriff den Zustand des Objektes erst fest. Mit anderen Worten, der Experimentator kann entscheiden, wie er zum Beispiel ein Elektron sehen möchte, als Welle oder als Teilchen. Das handelnde Subjekt hat im Bereich der Atome die Möglich-

keit, die Frage »Was ist ein Baustein aus diesem Teil der Realität?« auf zwei Weisen zu beantworten, die nicht gleichzeitig anwendbar sind.
Dieses Problem, das durch die Existenz eines Quantums bedingt ist und sich im Dualismus zeigt, versuchte Niels Bohr (1885–1962) in den zwanziger Jahren durch eine erkenntnistheoretische Überlegung zu lösen. Um über die Situation, in die die Physik geraten war, reden zu können, erfand er 1927 den Begriff der Komplementarität. Bohr beabsichtigte mit diesem Kunstwort, »beständig an die Schwierigkeiten zu erinnern, die ... davon herrühren, daß alle gewöhnlichen Worte der Sprache von unseren Anschauungsformen geprägt sind, von deren Standpunkt aus die Existenz eines Wirkungsquantums eine Irrationalität ist«.[1]
Bohr betonte, daß zum Beispiel bei der Beschreibung des Lichtes weder der Begriff des Teilchens noch der der Welle aufgegeben werden darf, denn beide geben wirkliche Erfahrungen wieder. Sie werden allerdings nicht gleichzeitig gemacht, sondern nur unter Bedingungen, die sich gegenseitig ausschließen. Wer prüft, ob Licht eine Welle ist, kann nicht zugleich dessen partikuläre Eigenschaften feststellen. Bohr charakterisierte Welle und Teilchen als komplementäre Bilder des wirklichen Geschehens. Allgemein sprach er von der Komplementarität intuitiver Begriffe, die sich ergänzen, indem sie einander widersprechen.
Demnach stellt die Idee der Komplementarität das Rüstzeug dar, mit dessen Hilfe sich unsere Sprache, die sich nur im Alltag bewährt, in den Bereich vorwagen kann, der von uns (und unseren Vorfahren) nie angeschaut werden konnte. So, wie man nicht ohne Kletterschuhe und Seil eine steile Felswand hinaufsteigen kann, so kann man sich auch nicht ohne Sicherung durch die Komplementarität unter die Atome wagen, wenn man sich an anschaulich geprägte Vorstellungen halten will.

Der Rückgriff auf die Komplementarität wird also erforderlich, wenn man den angestammten Bereich der Wirklichkeit verläßt und in den Mikrokosmos vordringt. Nur solange wir im »Mesokosmos«, der gewohnten Welt der mittleren Dimensionen, bleiben[2], reicht das Netz unserer Sprache aus, um die Wirklichkeit einzufangen. Nur hier passen unsere Denkformen, unsere Kategorien, auf die Realstrukturen. Darüber hinaus – also im Mikro- und im Makrokosmos – gibt es dafür keine Garantie mehr, wie vor allem im Rahmen der Evolutionären Erkenntnislehre deutlich wird.[3]
Dabei stellt sich ein großes Problem der Erkenntnistheorie: Wie ist es möglich, daß wir uns auf diesem uns nicht zugänglichen Niveau zurechtfinden? Oder: Wie beziehungsweise wieso verstehen wir die Atome? Bohr bot hier die Komplementarität als eine Krücke des Denkens an, die uns hilft, einen Weg zu finden. Über sie soll im folgenden berichtet werden.
Der Begriff Komplementarität bleibt allerdings (auch bei Bohr) nicht auf diese Bedeutung beschränkt. Er wird sowohl in etwas abgewandelter erkenntnistheoretischer Form verwendet – auf sie vor allem werden wir eingehen, wenn von Anwendungen in der Biologie die Rede ist –, als auch in viel konkreterer Weise benutzt. So spricht man in der Genetik von der Komplementarität der Oberflächen, durch die zwei Polynukleotidstränge ausgezeichnet sind, die sich zu einer Doppelhelix aus DNS zusammenfinden können. Und in der klassischen Physik wird von Komplementärfarben, etwa Rot und Grün, gesprochen, wenn zwei Farben zusammen farblos erscheinen.
Um diese Verwendungen des Begriffs Komplementarität wird es in diesem Bericht nicht gehen, selbst wenn der Weg von den erwähnten Farben zu einer Komplementarität in der Wahrnehmung nicht allzuweit ist, die berücksichtigt werden wird, weil Wahrnehmung – obwohl sie unbewußt und unkritisch

gelingt – eine Form der Erkenntnis darstellt. Wir werden sehen, wie es auch hier komplementäre Positionen sind, die dadurch ein Verständnis der Vorgänge ermöglichen, daß man sie zusammen ernst nimmt.

In gewisser Weise stellt Bohrs Idee der Komplementarität den Versuch dar, »einen Ausdruck für die Harmonie des Daseins zu finden«.[4] So gesehen, erinnert sein Gedanke an uralte Vorstellungen, die in vielen Kulturen aufgetaucht sind, daß nämlich grundlegende Prinzipien als polare Paare existieren. Die Chinesen etwa stellen dies als Yin-Yang-Symbol dar, und Aristoteles nennt in seiner »Metaphysik« zehn polare Begriffspaare, wie sie die Pythagoreer kannten: »Begrenztes und Unbegrenztes, Gerades und Ungerades, Eines und Vieles, Rechtes und Linkes, Männliches und Weibliches, Ruhendes und Bewegtes, Gerades und Krummes, Licht und Finsternis, Gutes und Böses, Rationales und Irrationales.«[5]

Abbildung 1: Das alte chinesische Symbol mit dem Namen T'ai-chi T'u. Das Diagramm deutet durch die drehsymmetrische Anordnung des dunklen YIN und des hellen YANG eine kontinuierliche zyklische Bewegung an. Die beiden Punkte symbolisieren die Idee, daß eine Kraft auf ihrem Höhepunkt schon ihre Gegenkraft als Keim enthält.

Diese Grundidee der Dualität und Polarität in den Erscheinungen ist immer wieder aufgegriffen worden. Johann Wolfgang von Goethe zum Beispiel war überzeugt, daß polare Prinzipien »bei jeder Betrachtung, bei jedem Vortrag durcheinander wirken«.[6] Er meinte das Allgemeine und das Besondere, das Materielle und das Geistige, die Sinnlichkeit und die Vernunft.

Dennoch wurde diese Denkerfahrung nie wirklich ernst genommen. Nur die Pole selbst schienen von Bedeutung zu sein, nicht aber die Spannung zwischen ihnen.

Diese Situation änderte sich merkwürdigerweise mit der Physik des Lichtes und der Atome, wie sie in den ersten Jahrzehnten dieses Jahrhunderts entwickelt wurde. Die Frage »Was ist Licht?« konnte tatsächlich *nur* noch dadurch beantwortet werden, daß man sich schwebend zwischen zwei Polen bewegte, dem der Welle einerseits und dem des Teilchens andererseits. Die physikalische Wirklichkeit konnte demnach nur verstanden werden, wenn man komplementäre Gesichtspunkte berücksichtigte, die zwar nicht gleichzeitig anwendbar sind, sich aber gegenseitig bedingen. Jeder für sich allein trifft nicht zu. Dies tun nur beide Aspekte zusammen. Dabei gibt es für jede zutreffende Beschreibung der Wirklichkeit eine ebenfalls zutreffende komplementäre Beschreibung.

Was zunächst nur als Interpretation der Quantentheorie vorgeschlagen worden war, erschien Bohr anschließend als ein »Grundzug in dem allgemeinen Erkenntnisproblem«[7]. Mit dem Konzept Komplementarität glaubte er, einen tragfähigen Rahmen gefunden zu haben, um die Natur zu beschreiben. Für ihn lieferte es »eine Erweiterung des konzeptionellen Rahmens zur harmonischen Erfassung von Phänomenen, die sich offenbar widersprechen«.[8] Komplementarität ist nicht schlicht eine Neuigkeit aus der Physik. Sie soll vielmehr erklären, wie der konzeptionelle Rahmen der Naturwissenschaften die Beschreibung der Natur überhaupt ermöglicht. Folglich

sollte er über die Physik hinaus bedeutsam sein und etwa in den Bereichen von Chemie und Biologie Anwendung finden können. Bohr hat sich intensiv um solch eine Ausweitung bemüht und seine Idee den anderen Wissenschaften als Lektion der Atome angeboten.[9] Seine Bemühungen haben aber nur wenig Erfolg gehabt. Den einzigen konkreten Versuch, die Idee der Komplementarität in der Biologie fruchtbar zu machen, hat Max Delbrück unternommen, der dabei, und eigentlich gegen seinen Willen, zum Wegbereiter der Molekularbiologie wurde.[10] Delbrück versuchte, die Stelle zu finden, an der das zerlegende Verfahren der biologischen Wissenschaft scheitert. Aber was er als antireduktionistisches Programm begann, öffnete nur den Weg zu den genetischen Molekülen und bereitete auf lange Sicht den Grund für die moderne Gentechnik. Bohrs Vermutung trifft zumindest nicht in der Genetik zu.
In anderen Bereichen der Biologie ist sie kaum ernsthaft erprobt worden. Ein Grund für diese mangelnde Resonanz auf Bohrs Herausforderung liegt darin, daß sein versöhnlich gemeinter Vorschlag von Anfang an auf Widerspruch gestoßen und von berühmter Seite als unverständlich und überflüssig zurückgewiesen worden ist.[11] Einigen Philosophen schien Bohrs Idee andeuten zu wollen, daß die Quantenmechanik eigentlich gar nicht verstanden werden kann. Auch heute noch kann man nachlesen, daß sein Begriff der Komplementarität zu »einem Verzicht auf Objektivierbarkeit«[12] bereit sei, was natürlich Unsinn ist.
Hinter diesen Schwierigkeiten und Mißverständnissen steckt das allgemeine Bedürfnis, die Welt vollständig und anschaulich verstehen zu wollen. Die Ergebnisse der Wissenschaft müssen sich – so wird erwartet – dem gesunden Menschenverstand fügen. Was unanschaulich ist, glaubt man nicht mehr verstehen zu können, es erweckt Unbehagen.
Die Quantenmechanik war und ist sehr erfolgreich: Sie ist die

am besten bestätigte Theorie der physikalischen Wissenschaften, und es gibt keine Erfahrung, die nicht mit ihr in Einklang steht. Aber sie widerspricht unserer Anschauung und beleidigt den gesunden Menschenverstand. Bohr war bereit, dies zu akzeptieren, und er verbrachte einen großen Teil seines Lebens mit dem Versuch, die Konsequenzen daraus zu ziehen. Uns bleibt keine Wahl, als ihm auf diesem Weg zu folgen. Die Wirklichkeit der Atome läßt sich nur komplementär mit den Begriffen fassen, die auf die Wirklichkeit passen, die wir durch unsere Sinne kennenlernen. Wenn auch andere Gebiete der Wissenschaft in solche unanschaulichen (unangeschauten) Bereiche vordringen – sie sind nicht nur durch räumliche Dimensionen charakterisiert –, dann wird man hier ebenfalls auf die Idee der Komplementarität zurückgreifen müssen.

Daß Bohrs Versuch, die Lektion der Atome zu lernen, fortgesetzt werden muß, läßt sich durch ein Zitat des großen amerikanischen Physikers Richard Feynman (*1918) verdeutlichen. Er beherrscht die Quantenmechanik und vor allem ihre feldtheoretische Version, die Quantenelektrodynamik (QED)[13], wie kein zweiter und hat doch seine Probleme mit ihr. Wie diese beschaffen sind, hat er Anfang der achtziger Jahre einmal beschrieben.

Was er (in Prosa) gesagt hat, soll hier, einem Vorschlag von David Mermin folgend, in poetischer Form aufgeschrieben werden:

»Es war immer schwierig,
die Sicht der Dinge zu verstehen,
die sich in der Quantenmechanik zeigt.

Wenigstens für mich,
denn ich bin gerade so alt,
daß ich den Punkt noch nicht erreicht habe,
an dem für mich alles offensichtlich ist.

Also, ich werde immer noch nervös dabei.

Ihr wißt doch, wie das ist.
Jede neue Idee
braucht eine Generation oder zwei,
bevor es offenbar wird,
daß eigentlich gar kein Problem vorliegt.

Ich kann das eigentliche Problem nicht definieren,
also vermute ich, daß es so ein Problem nicht gibt.
Doch bin ich nicht sicher,
daß es kein wirkliches Problem gibt.«[14]

Als Bohr 1962 starb, war seit seiner Formulierung der Komplementaritätsidee die Zeitspanne vergangen, die heute immer noch als eine Generation bezeichnet wird. Für ihn war nun »der komplementäre Standpunkt vollständig offensichtlich«, und er rechnete fest damit, daß ihn eines Tages die Schulkinder gut finden würden.[15] Heute, beinahe zwei Generationen nachdem Bohr seinen Vorschlag gemacht hat, ist dieses Ziel noch nicht erreicht. Die Wissenschaftler sind im Gegenteil gespalten, wenn sie beurteilen sollen, was die Komplementarität bedeutet. Einigen scheint sie ohne Wert und nur noch von historischem Interesse[16], anderen bietet nur sie die »Hoffnung« zur Lösung von Konflikten.[17] Manche halten ein Verständnis der Mikrowelt nur durch eine »Rückkehr zu Bohr« für möglich[18], während andere glauben, dies sei einfach »ein Fehler«.[19]
Bohr pflegte zu sagen, daß sich eine tiefe Wahrheit einer schlichten gegenüber dadurch auszeichnet, daß ihr Gegenteil wieder eine tiefe Wahrheit ist. Auch in diesem Sinne enthält seine Idee der Komplementarität eine tiefe Wahrheit, die es zu lernen gilt.

Klassische Widersprüche

»Unser Geist legt die Welt auseinander in Himmel und Erde, in Tag und Nacht, in Licht und Finsternis, in rechts und links, in Mann und Weib, in Ich und Du, und je heftiger wir die Spannung zwischen diesen jeweiligen Polen empfinden, desto kräftiger empfinden wir auch ihre Einheit.«

Karl Menniger

Auf dem Weg zum Atom

Die Naturwissenschaften kamen in der zweiten Hälfte des 19. Jahrhunderts in Schwung. Damals wurden grundlegende Konzepte entwickelt, die sich heute als unentbehrlich erwiesen haben. In der Biologie setzte sich die Idee der Evolution durch, und die Erbelemente, die Gene, wurden entdeckt. Die Chemiker einigten sich über die Einheitlichkeit der Atome und berechneten die Zahl der Moleküle in einem gegebenen Volumen. In der Physik tauchte neben der Energie die Idee der Entropie auf, und die Existenz von elektrischen und magnetischen Feldern wurde nachgewiesen.
Niemand ahnte, daß damit zugleich die Voraussetzungen geschaffen worden waren, mit deren Hilfe sich das klassische naturwissenschaftliche Denken in Widersprüche verwickeln würde. Noch gehörte der Begriff Atom ausschließlich in den Bereich der Chemie, wo er half, die von verschiedenen Elementen eingegangenen Bindungen zu verstehen. Den Physikern standen vor 1890 keine Hilfsmittel zur Verfügung, um Eigenschaften dieser als unteilbar gedachten Bausteine der Materie zu untersuchen. Sie dachten auch über ganz andere Fragen nach. Eines ihrer Probleme bestand darin, eine Erklä-

rung für die Beobachtung zu finden, daß Wärme von selbst immer nur von einem heißen zu einem kalten Körper und nie umgekehrt fließt.

Technisch wurde diese spontane Richtung von Prozessen durch den sogenannten zweiten Hauptsatz der Thermodynamik ausgedrückt, der besagt, daß in geschlossenen Systemen die Entropie die Eigenschaft hat, zuzunehmen und maximal zu werden. Mit der Entropie können die Physiker die »Vorliebe«[1] quantifizieren, die die Natur für einen Zustand hat. Sie gibt die Wahrscheinlichkeit an, mit der er verwirklicht werden kann.[2]

Die Entropie ist 1865 von Rudolf Clausius eingeführt worden, um die Umwandelbarkeit von Wärme in Arbeit verstehen zu können. Den Physikern war damit die Aufgabe gestellt, diese Größe mit Hilfe klassischer und mechanischer Überlegungen abzuleiten und zu begründen. Auch der junge Max Planck

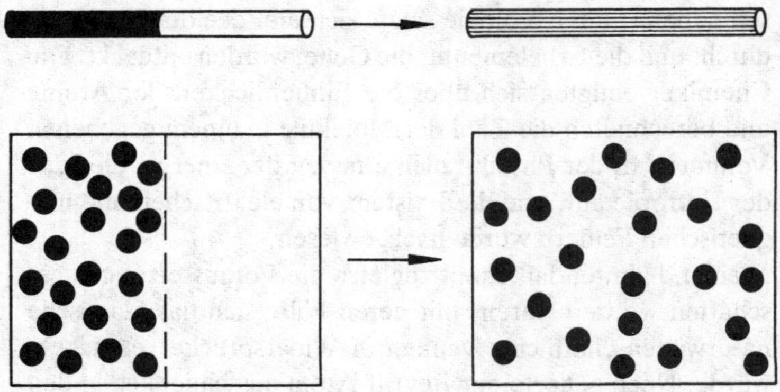

Abbildung 2: Bei einer einseitig erwärmten Eisenstange gleicht sich die Temperatur immer aus. Die heiße Seite gibt ihre Energie an die kalte Seite ab. Der umgekehrte Vorgang wird nicht beobachtet. Entsprechendes gilt für die Ausbreitung von Molekülen in einem Behälter. Nach der Entfernung einer Trennwand kommt es zu einer gleichmäßigen Ausbreitung der Gasatome, die sich nie wieder in einer Ecke zusammenfinden.

beschäftigte sich in seiner Doktorarbeit mit den empirisch gefundenen Tatsachen der Thermodynamik, als er versuchte, den zweiten Hauptsatz auf mechanische Prinzipien zurückzuführen. Er fügte folgenden Hinweis an das Ende seiner 1879 verfaßten Dissertation: »Zum Schluß möchte ich hier auf eine allerdings schon bekannte Tatsache ausdrücklich hinweisen. Der zweite Hauptsatz der mechanischen Wärmetheorie, consequent durchgeführt, ist unverträglich mit der Annahme endlicher Atome. Es ist daher vorauszusehen, daß es im Laufe der weiteren Entwicklung der Theorie zu einem Kampfe zwischen den beiden Hypothesen kommen wird, der einer von ihnen das Leben kostet.«[3]

Planck argumentiert also, daß *entweder* der zweite Hauptsatz allgemein ungültig ist *oder* daß die Vorstellung von Atomen nicht zutreffen kann. Die Thermodynamik und die Atomistik schienen sich zu widersprechen. Heute ist klar, daß beide Ansichten berechtigt sind. Sie erfassen lediglich verschiedene Aspekte der materiellen Welt, für deren umfassendes Verständnis eben *sowohl* die thermodynamische *als auch* die molekulare Sicht notwendig ist. »Als widersprüchlich können sie nur jemandem erscheinen, der glaubt, mit einer Perspektive bereits die ganze Wirklichkeit erfaßt zu haben.«[4]

Die Idee der Entropie und die Unverzichtbarkeit dieser Konzeption bei der Beschreibung physikalischer Abläufe hatte schon im 19. Jahrhundert angedeutet, daß es nicht gelingen kann, ein Ganzes vollständig durch das Wechselspiel seiner Teile zu verstehen. Immer wird eine zweite Beschreibung notwendig, die zugleich entgegengesetzt ausgerichtet ist und ergänzend wirkt, die also *komplementär* ist. Verstehen erfordert das Zusammenwirken komplementärer Ansichten. Diese Einsicht setzte sich aber erst durch, als die Physiker zu Beginn dieses Jahrhunderts durch widersprüchliche Experimente mehr oder weniger dazu gezwungen wurden, zwei Perspektiven gleichberechtigt nebeneinander zu verwenden.

In dem hier verwendeten Sinn beschreibt der Begriff Komplementarität die Tatsache, daß zusammengesetzte und dadurch organisierte Gegenstände aus zwei Richtungen gesehen werden können. Entweder orientiert man sich an den Teilen, oder man beginnt mit dem Blick auf das Ganze. Die entsprechenden Beschreibungen schließen sich gegenseitig aus, weil sie viele Begriffe verwenden, die nicht gleichzeitig benutzt werden können. So sind zum Beispiel weder die Entropie noch die Temperatur Größen, die für einzelne Atome zu definieren sind.

Die Komplementarität dieser Beschreibungen illustriert genau die Definition, die Klaus Michael Meyer-Abich 1976 im »Historischen Wörterbuch der Philosophie« gegeben hat:

> »Der Begriff Komplementarität stammt von Niels Bohr (1927) und ist von ihm ursprünglich zum Verständnis der in der Quantentheorie aufgetretenen Schwierigkeiten ... in die Philosophie eingeführt worden. *Komplementarität heißt die Zusammengehörigkeit verschiedener Möglichkeiten, dasselbe Objekt als verschiedenes zu erkennen.* Komplementäre Erkenntnisse gehören zusammen, insofern sie Erkenntnisse desselben Objekts sind, sie schließen einander jedoch insofern aus, als sie nicht zugleich und für denselben Zeitpunkt erfolgen können. Die Struktur des Objekts, die darin zum Ausdruck kommt, daß es komplementär erfahren und beschrieben wird, kann mit Bohr als Individualität oder Ganzheit bezeichnet werden.«[5] (Hervorhebung v. Verf.)

In der Tat haben wir *zwei* Möglichkeiten, zum Beispiel etwas von einem Stück Metall zu erfahren. Wir können seine Temperatur bestimmen, wir können aber auch (mit Hilfe von Röntgenstrahlen) seine Gitterstruktur analysieren und die Dynamik einzelner Bausteine beschreiben. Wenn wir die Bewegungen im Detail kennen, bleibt uns die gleichzeitige Kenntnis der Temperatur verwehrt, da sie an eine statistische Verteilung der Bewegungen gebunden ist. Umgekehrt kann man mit der Temperatur nicht zugleich die Energie des Metalls kennen, da sie sich aus den Beiträgen der einzelnen Bausteine ergibt.

Diese Komplementarität zwischen Thermodynamik und Atomistik ist aber zu unterscheiden von der Komplementarität, wie sie ursprünglich von Bohr eingeführt worden ist. Hierbei ging es nicht um zwei Beschreibungen eines zusammengesetzten Systems, bei Bohr ging es um zwei mögliche (anschauliche) Beschreibungen eines elementaren Objektes, des Elektrons nämlich, und seiner Fähigkeit, Quantensprünge zu vollziehen.

In beiden Fällen trifft zu, daß eine Beschreibung allein nicht in der Lage ist, die ganze Wirklichkeit zu erfassen. Während dies im zusammengesetzten Beispiel keine aufregende Neuigkeit zu sein scheint, kommt die elementare Komplementarität doch überraschend. Und tatsächlich mußten die Physiker erst durch unwiderlegbare Experimente auf den Weg zu dieser Einsicht gebracht werden.

Diese Versuche waren zu Beginn dieses Jahrhunderts mit dem Ziel unternommen worden, die Struktur der Atome zu verstehen. Dabei stellte sich heraus, daß die herkömmliche und intuitiv akzeptierte Mechanik dazu nicht ausreichte. Atome konnten nur als Quantensysteme verstanden werden, deren Bausteine selbst man nicht mehr anschaulich, mit intuitiven Konzepten, erfassen konnte.

Die Schwierigkeiten, unter denen die Idee der Komplementarität geboren wurde, zeigen sich daran, daß fast 15 Jahre (1912–1927) vergehen mußten, bevor aus dem Versagen der klassischen Theorie gelernt wurde, wie begrenzt unsere intuitiven Begriffe sind und wie diese Einschränkung überwunden werden kann, durch die Komplementarität nämlich.

Die Erkundung der atomaren Struktur war im letzten Jahrzehnt des 19. Jahrhunderts vorbereitet worden. Damals konnte sichergestellt werden, daß es Atome wirklich gibt. Was bis dahin nur ein Konzept war und bestenfalls den Chemikern nützliche Hypothesen lieferte, bekam nun konkrete Ausmaße und eine feste Masse. Was als unteilbar und einheitlich gedacht war, bestand in Wirklichkeit aus Untereinheiten mit verschiedenen elektrischen Ladungen. In den Atomen – so stellten die Physiker fest – gab es neben negativ geladenen Elektronen positive Anteile, die sich unter Abgabe radioaktiver Strahlen umwandeln konnten.
Nun begann eine Zeit des emsigen Entwerfens von Modellen. Es bestand kein Zweifel darüber, daß in wenigen Jahren die Struktur des Atoms bekannt sein würde, daß man also verstehen könnte, wie die positiven Ladungen verteilt waren und wie sich die Elektronen um sie herum bewegten. Man bediente sich dazu zweier großer Leistungen der Physik, der Newtonschen Mechanik und der Feldtheorie. Die Physiker glaubten, daß ihnen damit eine mechanische Erklärung des Atoms gelingen mußte. Ihr Programm bestand darin – wie man heute sagen kann –, die Eigenschaften eines Atoms auf mechanische und elektromagnetische Wechselwirkungen seiner Teile zu reduzieren.
Dieser Versuch ist gescheitert. Im Jahr 1912 erkannte Niels Bohr, daß ein Atom nicht durch die kontextfreie Summe der Eigenschaften seiner Teile verstanden werden kann.[6] Er zeigte, daß der Aufbau eines Atoms nur begriffen werden konnte, wenn man sich einer neuartigen Größe bediente, die dem damaligen physikalischen Denken vollständig fremd war und nicht aus ihm abgeleitet werden konnte. Dieses revolutionäre Element hatte Planck zur Jahrhundertwende unter dem Namen »Wirkungsquantum« in die Physik eingeführt.[7]
Ausgangspunkt von Plancks Überlegungen war sein Versuch, die Beobachtung zu verstehen, »daß in einem evakuierten,

von total reflektierenden Wänden begrenzten Hohlraum, der ganz beliebige emittierende und absorbierende Körper enthält, sich mit der Zeit durch irreversible Vorgänge ein stationärer Strahlungszustand herausbildet, der von einer einzigen Variablen, der allen Körpern gemeinsamen Temperatur T, abhängt. Es ist der nämliche Strahlungszustand, der in einem Vakuum herrscht, wenn die umgebenden Wände schwarz sind und die betreffende Temperatur besitzen.«[8] Die Physiker sprechen heute von der Strahlung eines »schwarzen Körpers«. Sie verstehen darunter einen Gegenstand, der alle einfallenden Strahlen absorbiert.

Die Herausforderung bestand darin, die Verteilung der Strahlung (Frequenzen) zu ermitteln, die bei einer gegebenen Temperatur beobachtet wird. Planck bemerkte, daß er die gesuchte Frequenzverteilung einer Strahlung, die sich im thermischen Gleichgewicht mit Materie befindet, nur ableiten, also erklären, konnte, wenn er annahm, daß die Energie, die zwischen den Atomen der Materie und dem ausgesandten Strahlungsfeld ausgetauscht wird, nicht kontinuierliche Werte annehmen kann, sondern sich unstetig verändert: Die Energie war quantisiert. Die minimale Größe, um die diese Energie springt, liegt durch eine Konstante fest, die Planck als »Quantum der Wirkung« bezeichnete.

Seine Entdeckung, daß Energie von Atomen nicht kontinuierlich abgegeben wird, ermöglichte es Bohr zwölf Jahre später, die fundamentalste Eigenschaft der Materie zu erklären – ihre Stabilität nämlich. Damals war durch viele Experimente – vor allem im Laboratorium von Ernest Rutherford – klar geworden, daß Atome einen positiv geladenen Kern besitzen[9], in dem die Hauptmasse eines Atoms konzentriert ist. Die leichten Elektronen kreisen um ihn herum wie die Planeten um die Sonne. Das Wasserstoffatom enthält den leichtesten Kern. Er besteht aus nur einem Teilchen, dem sogenannten Proton, um den ein Elektron kreist.

Die Experimente ließen keinen Zweifel daran, daß die Atome wie winzige Planeten aufgebaut waren. Das Modell paßte aber nicht mit den herkömmlichen Vorstellungen zusammen, die sich an mechanischen und elektromagnetischen Gesetzen orientierten. Ihnen zufolge muß eine einzelne, kreisförmig bewegte – also beschleunigte – Ladung Energie in Form von Strahlung abgeben. Das Elektron eines Wasserstoffatoms könnte nicht auf seiner Bahn bleiben und würde unter Lichtabgabe in seinen Kern stürzen. Bei zwei oder mehr vorhandenen Elektronen wäre schon aus mechanischen Überlegungen eine stabile Konfiguration ausgeschlossen. Mit anderen Worten, das aufgrund der Experimente unvermeidliche Modell eines Atoms versagte, wenn es die Stabilität der Materie erklären sollte.

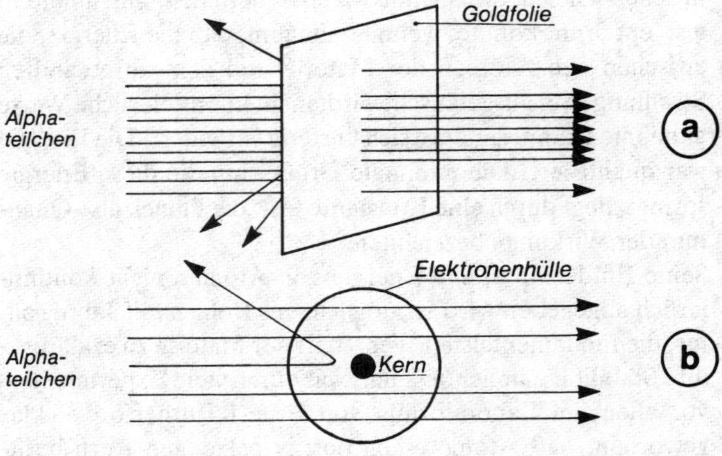

Abbildung 3: Wenn Alphateilchen auf dünne Goldfolien geschossen werden, laufen die meisten ungehindert weiter. Einige werden aber beinahe ganz zurückgeworfen (a). Die Ergebnisse dieser Streuversuche deutete Rutherford durch ein Atommodell, bei dem ein Kern von einer Elektronenhülle umgeben ist. Nur am Kern können die Alphateilchen gestreut werden (b).

Einen Ausweg aus diesem Widerspruch fand Bohr mit Hilfe des Planckschen Wirkungsquantums.[10] Es verhindert die kontinuierliche Abgabe von Energie und schützt so die Elektronen in ihren Bahnen. Ohne äußere Einwirkung kann sich die Energie eines Elektrons nicht sprunghaft ändern, und daher bleibt das Atom fest. Erst wenn von außen ein hinreichendes Quantum an Energie, etwa in Form von Licht, in ein Atom gelangt, kann ein Elektron seine Bahn verlassen und in eine neue springen, die dann wieder stabil ist. Der Mechanismus der Quantensprünge selbst bleibt dabei verborgen.

Das Wirkungsquantum half somit zwar, die Struktur der Atome zu verstehen, es selbst aber blieb und bleibt unverständlich. Das heißt, es kann nicht aus den Gesetzen der Physik abgeleitet werden und verhindert eine vollständige Reduktion dieser Wissenschaft. Die Stabilität der Atome ist nicht auf die Mechanik seiner Teile zurückführbar.

Bohr hat diesen Aspekt von Anfang an gesehen und betont, »daß wir bei den eigentlichen Quantenprozessen auf Gesetzmäßigkeiten treffen, die der mechanischen Naturauffassung fremd sind und sich anschaulich deterministischer Beschreibung entziehen«.[11] Mit seiner Quantendeutung der Atome kam die Entwicklung einer modernen Physik in Schwung, die Planck eingeleitet hatte und die von Albert Einstein 1905 weiter vorangetrieben worden war. Die bis zu dieser Zeit aufgebaute Physik wird heute als klassische Physik bezeichnet, um sie von der Quantenphysik unterscheiden zu können, die uns an wesentlichen Stellen zu radikalem Umdenken gezwungen hat.

Vom Standpunkt der klassischen Physik ist die Existenz des Wirkungsquantums nicht zu verstehen. Man könnte darüber zur Tagesordnung übergehen, wenn die klassische Physik nur eine von vielen wissenschaftlichen Bemühungen gewesen wäre. Ihre Gesetze waren aber einmal zum Vorbild jeder Wissenschaft geworden, und darüber hinaus schienen sie die

Wirklichkeit objektiv und wahr zu beschreiben. Die Unanfechtbarkeit der Newtonschen Physik wurde von Immanuel Kant als Beleg dafür angesehen, daß sie nicht bloß das Ergebnis von angesammelten Beobachtungen war. Sie entspringt vielmehr unserem Denken selbst und ist allein deshalb wahr. Der Erfolg der klassischen Physik vermittelte daneben den Eindruck einer Welt, die vollständig und in anschaulicher Weise erklärbar ist. Der gesunde Menschenverstand fühlte sich unbedrängt auf dem Weg zur Wahrheit.
Das Wirkungsquantum weckte die Wissenschaftler aus diesem Traum. Hier war etwas nicht reduzierbar und auf anschauliche Weise begreifbar. Quanten beleidigen den gesunden Menschenverstand und erzwingen eine neue erkenntnistheoretische Position. Diese Tatsache wurde nicht sofort deutlich, als Bohr seine Theorie der Atome vorlegte. Es dauerte noch einmal zwölf Jahre, bevor die Revolution der Physik endgültig vollzogen werden konnte. Sie brachte einen ganz neuen Rahmen hervor, um die Natur zu beschreiben.

Unanschauliche Lösungen

Aus der Stabilität der Materie, so hatte Bohr erkannt, folgte die Unzulänglichkeit der Newtonschen Mechanik für den Bereich der Atome. Was außen unfehlbar war, galt innen nicht. Folglich konnte auch nicht mehr erwartet werden, eine anschauliche Beschreibung der Atomstruktur zu finden. Zwar stellte Bohr seine Vorstellungen in Bildern vor, aber was er zeichnete, war nur das, was die anschauliche Sprache der klassischen Physik über die Atome sagen konnte, und in dieser kam kein Quantum der Wirkung vor.
Zu Beginn der zwanziger Jahre rechnete Bohr damit, »daß die unverständlichen Züge, die mit der Stabilität der Materie zusammenhängen, mit jeder neuen Erfahrung in ein immer

schärferes Licht treten. Wenn dies geschieht, so kann man hoffen, daß sich im Laufe der Zeit neue Begriffe bilden, mit denen wir auch diese unanschaulichen Vorgänge im Atom irgendwie ergreifen können.«[12]

Diese Überlegung verdeutlicht die selbstverständliche Offenheit und Kühnheit im Denken von Niels Bohr. Ohne es explizit auszusprechen, war es ihm selbstverständlich, daß für Menschen eine Welt, die sie nie angeschaut haben, unanschaulich bleiben kann. Damit ist der Teil der Wirklichkeit gemeint, den wir mit unseren (und unsere Vorfahren mit ihren) Sinnesorganen nicht erfaßt haben. Solch ein Bereich kann unvorstellbar sein und uns unverständlich bleiben, weil wir ihn nie mit Hilfe unserer Sinne in uns aufgenommen und uns folglich nie ein inneres Bild von ihm gemacht haben. Ein reales Objekt ist nur dann anschaulich, wenn wir von ihm eine *innere* Repräsentation haben.

Natürlich kann man sich Dinge vorstellen, die man noch nicht gesehen hat; die Rückseite des Mondes etwa, eine Hand mit sechs Fingern oder einen drei Zentner schweren Mann. Uns gelingt dies durch unser Anschauungsvermögen, das uns erlaubt, etwas wirklich Angeschautes zu verkleinern, zu verlängern oder, allgemein gesagt, auf einfache Weise zu transformieren.[13] Unser Planetensystem ist viel zu groß, um angeschaut zu werden. Man kann es aber in Gedanken extrem verkleinern und sich so anschaulich machen.

Warum aber kann man ein winziges atomares Planetensystem nicht anschaulich machen? Den Grund dafür liefert das Quantum der Wirkung, das zwar für stabile Zustände sorgt, doch werden diese dabei gleichzeitig diskret. Wenn man den Quantensprung (oder das Quantum der Wirkung) vergrößert oder verkleinert, so ändert dies nichts daran, daß dies eine Wirklichkeit ist, die unserer Wahrnehmung nie begegnet ist.

Die Unanschaulichkeit der Atome, und natürlich ebenso die Unanschaulichkeit der Elektronen, wurde immer deutlicher, als die Physiker Eigenschaften dieser Bausteine entdeckten, die gewöhnlichen (anschaulichen) Objekten fremd waren. Die bekanntesten Beispiele sind der Spin und das magnetische Moment. Zwar wird oft versucht, den Spin als Eigendrehimpuls zu veranschaulichen, aber dies hilft dem Verständnis nur bedingt weiter. So muß man zum Beispiel ein Elektron (mit dem Spin ½) *zweimal* um 360 Grad drehen, um es wieder zu dem Teilchen werden zu lassen, das es vor der Drehung war. In der uns bekannten makroskopischen Welt führt natürlich schon *eine* volle Drehung um 360 Grad wieder den Ausgangszustand herbei.

Bohr war also von Anfang an darauf vorbereitet, daß eine Theorie der Atome mit ganz anderen Mitteln als die Theorie der Bewegung alltäglicher Objekte – die Newtonsche Mechanik – formuliert werden mußte. Was ihn dann zunächst überraschte, war die Tatsache, daß *zwei* Theorien der Atome entstanden. Beide waren aus völlig unterschiedlichen Motiven gefunden worden, beide waren vollständig anders formuliert, und doch waren beide äquivalent, das heißt, sie sagten dasselbe atomare Verhalten voraus, und in beiden Fällen stimmten die theoretischen Voraussagen mit der gemessenen Wirklichkeit (also mit den Experimenten) überein.

Die zuerst gefundene Theorie der Atome heißt heute Matrizenmechanik und ist mit den Namen Werner Heisenberg, Max Born und Pascual Jordan verbunden.[14] Die dieser Theorie zugrundeliegenden Ideen stammen von Heisenberg, der zu ihrer präzisen mathematischen Formulierung die Hilfe seines Lehrers Born und seines Kollegen Jordan benötigte. Rückblickend kann Heisenbergs Durchbruch so beschrieben werden, daß er versuchte, eine Theorie der Atome zu formulieren, die nur mit Größen operiert, die im Experiment beobachtbar sind – etwa die Frequenz des ausgesendeten Lichtes –, und keine Eigenschaften erwähnt, die Atomen nur zugedacht werden – etwa die Umlaufbahn (Orbit) eines Elektrons. Den

beobachtbaren Größen wurden, als weitere Abweichung von der klassischen Physik, nicht einfach Zahlen (mit Dimensionen) zugeordnet, sie wurden vielmehr durch sogenannte Matrizen repräsentiert, also Gebilden aus Zahlenreihen und -spalten. Der für unsere Zwecke wesentliche Unterschied zwischen einer Zahl und dem Zahlenschema einer Matrize besteht darin, daß es bei der Multiplikation von Matrizen auf ihre Reihenfolge ankommt. Während für Zahlen stets $a \cdot b = b \cdot a$ gilt (Regel der Kommutativität), lautet der Regelfall für Matrizen $A \cdot B \neq B \cdot A$.
Da durch solch eine Matrix eine meßbare Eigenschaft repräsentiert wird, bedeutet die Nichtaustauschbarkeit bei der Multiplikation, daß das Ergebnis zweier Messungen von der Reihenfolge abhängt, in der sie ausgeführt werden. Es macht also einen Unterschied, ob man zuerst die Position eines physikalischen Objektes und dann seine Geschwindigkeit mißt oder ob dies andersherum ausgeführt wird. Die Matrizenmechanik deutete in ihrer Grundstruktur das quantenmechanische Meßproblem an, das in unserer Diskussion eine Rolle spielt, obwohl (oder weil) es bis heute ungelöst ist.

Matrizenmultiplikationen

$$\begin{pmatrix} 1 & 0 \\ 1 & 0 \end{pmatrix} \begin{pmatrix} 0 & 1 \\ 0 & 1 \end{pmatrix} = \begin{pmatrix} 0 & 1 \\ 0 & 1 \end{pmatrix}$$

a)

$$\begin{pmatrix} 0 & 1 \\ 0 & 1 \end{pmatrix} \begin{pmatrix} 1 & 0 \\ 1 & 0 \end{pmatrix} = \begin{pmatrix} 1 & 0 \\ 1 & 0 \end{pmatrix}$$

$$\begin{pmatrix} 1 & 0 \\ 0 & 1 \end{pmatrix} \begin{pmatrix} 0 & 1 \\ 1 & 0 \end{pmatrix} = \begin{pmatrix} 0 & 1 \\ 1 & 0 \end{pmatrix} = \begin{pmatrix} 0 & 1 \\ 1 & 0 \end{pmatrix} \begin{pmatrix} 1 & 0 \\ 0 & 1 \end{pmatrix}$$ b)

Abbildung 4: Die Multiplikation von Matrizen ist gewöhnlich nicht kommutativ (a). Nur in der sogenannten Diagonalform gehorchen die Matrizen dieser arithmetischen Regel (b).

Die Idee zur Matrizenmechanik tauchte im Frühsommer 1924 auf. Im Sommer 1925 lag ihre vollständige mathematische Fassung vor. Im folgenden Winter fand Erwin Schrödinger den Zugang zu einer zweiten Formulierung der Atomtheorie, die er im darauffolgenden Jahr ausarbeitete und veröffentlichte.[15] Sie ist heute als Wellenmechanik bekannt und besteht in ihrem Kern aus der Schrödinger-Gleichung, die ein physikalisches System durch eine Wellenfunktion beschreibt. Kurios ist, daß diese Wellenfunktion keine Wirklichkeit mehr erfaßt, sondern nur Möglichkeiten beschreibt. Erst eine einfache Rechenoperation (man quadriert die Wellenfunktion) liefert etwas, das meßbar wirklich ist, nämlich die Wahrscheinlichkeit des betrachteten Systems, eine gesuchte Eigenschaft zu haben. Falls man sich etwa für die Position eines Elektrons interessiert, zeigt das Quadrat der Wellenfunktion, wie wahrscheinlich es ist, daß sich ein Elektron an einer bestimmten Stelle aufhält.

Diese *physikalische* Deutung der Wellenfunktion stammt von Max Born. Sie ist unumstritten. Heftig umkämpft ist dagegen die *philosophische* Interpretation der Quantentheorie, die Bohr und Heisenberg 1927 erarbeitet haben. Sie wird oft als »Kopenhagener Deutung« bezeichnet, obwohl es keinen verbindlichen Text gibt, der von den beiden Physikern gemeinsam verfaßt worden ist und genau festlegt, was unter dieser Bezeichnung verstanden werden soll.[16] Es bleibt sogar unklar, ob Bohr und Heisenberg wirklich zu einer gemeinsamen Auffassung gelangt sind. Sicher ist nur, daß sich ihre jeweiligen Positionen in ihren damaligen Diskussionen gefestigt haben. Heisenbergs Beitrag zur Kopenhagener Deutung ist als *Unbestimmtheitsrelation* bekannt, und Bohr faßte seine atomare Philosophie im *Komplementaritätsargument* zusammen.

Für Bohr war es wesentlich, daß es zwei Theorien gab. Die beiden als Wellen- und Matrizenmechanik bekannten Formulierungen der atomaren Eigenschaften erwiesen sich unmittelbar nach ihrer Veröffentlichung als äquivalent, das heißt, sie sagen dieselben Ergebnisse für dieselben Versuche voraus. Sie beschreiben also dieselbe meßbare Wirklichkeit und unterscheiden sich nur in der Art, in der sie die Realität repräsentieren. Die beiden Theorien betonten zudem in unterschiedlicher Weise die beiden verschiedenen Möglichkeiten, welche die klassische Physik zur Erklärung der Natur der Dinge anbot. Nach ihren Vorstellungen mußte etwas entweder ein Teilchen (Partikel) oder eine Welle (Feld) sein. Diese Aufteilung scheiterte zum erstenmal 1905, als Einstein zeigen konnte, daß die Eigenschaften, die Licht beim Herauslösen von Elektronen aus Metallen (lichtelektrischer Effekt) zeigt, nur verstanden werden konnten, wenn man annahm, daß Licht aus Teilchen besteht. Einstein sprach von Photonen und setzte sich damit in Widerspruch zu der damals fest etablierten Ansicht vom Wellencharakter des Lichtes. Licht konnte sowohl als Welle (im Interferenzversuch) als auch als Teilchen (bei Streuungen) in Erscheinung treten. Damit war die duale Natur mikroskopischer Phänomene entdeckt, die sich später als allgemeine Eigenschaft der Mikrowelt zeigte.

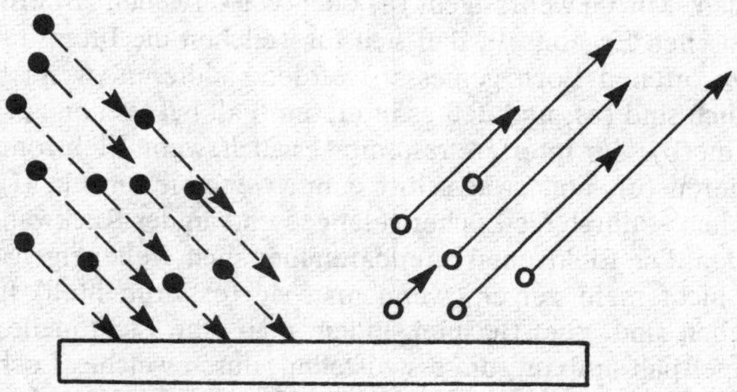

Abbildung 5: Wenn Licht auf eine Metalloberfläche trifft, können Elektronen herausgeschlagen werden. Die Deutung dieses lichtelektrischen Effekts gelingt über die Hypothese, daß Licht aus Teilchen – Photonen – besteht.

Der Dualismus der atomaren Phänomene spiegelt sich in den zwei Formen der Quantentheorie wider. Während die Wellenmechanik (natürlich) den Wellencharakter der mikroskopischen Objekte stärker hervorbringt, gibt die Matrizenmechanik den Blick direkter auf die partikulären Eigenschaften frei. Dabei ist noch eine Besonderheit zu beachten, die wieder auf die Schwierigkeiten hinweist, die der Meßvorgang in der Quantentheorie mit sich bringt. Wie eine Analyse verschiedener Experimente zeigt, offenbaren Quantenobjekte ihre Teilcheneigenschaft immer dann, wenn sie gemessen werden. In der Zeit zwischen zwei Messungen bewegen sie sich wie Wellen. Dies wird vor allem an dem Gedankenexperiment deutlich, das zuerst von Bohr diskutiert worden ist.

Wenn in diesem Versuch ein Strahl aus Elektronen durch eine feststehende Wand geleitet wird, in der sich zwei Löcher befinden, kommt es zu Interferenzerscheinungen auch dann, wenn die Elektronen *einzeln* unterwegs sind. (Das heißt, ein

Abbildung 6: Die Quantennatur der Elektronen zeigt sich in dem dargestellten Gedankenexperiment, bei dem Teilchen oder Wellen durch eine Wand mit zwei Löchern gelenkt und an einer Rückwand registriert werden. Mit Gewehrkugeln (a) oder Wasserwellen (b) erhält man die klassischen Ergebnisse, daß sich für Teilchen die Intensitäten, die bei *einem* offenen Loch gemessen werden, addieren, wenn beide Wege möglich sind (a), und daß es in diesem Fall bei Wellen zur Interferenz kommt (b). Zur Interferenz kommt es auch, wenn Elektronen die Wand passieren (c), und zwar selbst dann, wenn sie einzeln (!) – also als Teilchen – durch die Löcher gelangen und an der Rückwand registriert werden. Die Elektronen offenbaren hier auch Welleneigenschaften, die sich nicht mehr zeigen, wenn man sie (experimentell) fragt, ob sie Teilchen sind, zum Beispiel, indem man eine Lichtquelle hinter dem Doppelspalt aufbaut, um festzustellen, durch welches Loch ein einzelnes Elektron gekommen ist (d). Die Interferenz verschwindet. Durch seine Frage (experimentelle Anordnung) legt der Beobachter (das Subjekt) sein Objekt auf eine Eigenschaft (Teilchen) fest. Subjekt und Objekt hängen im Quantenbereich untrennbar zusammen. (Aus Ernst Peter Fischer, 1985b)

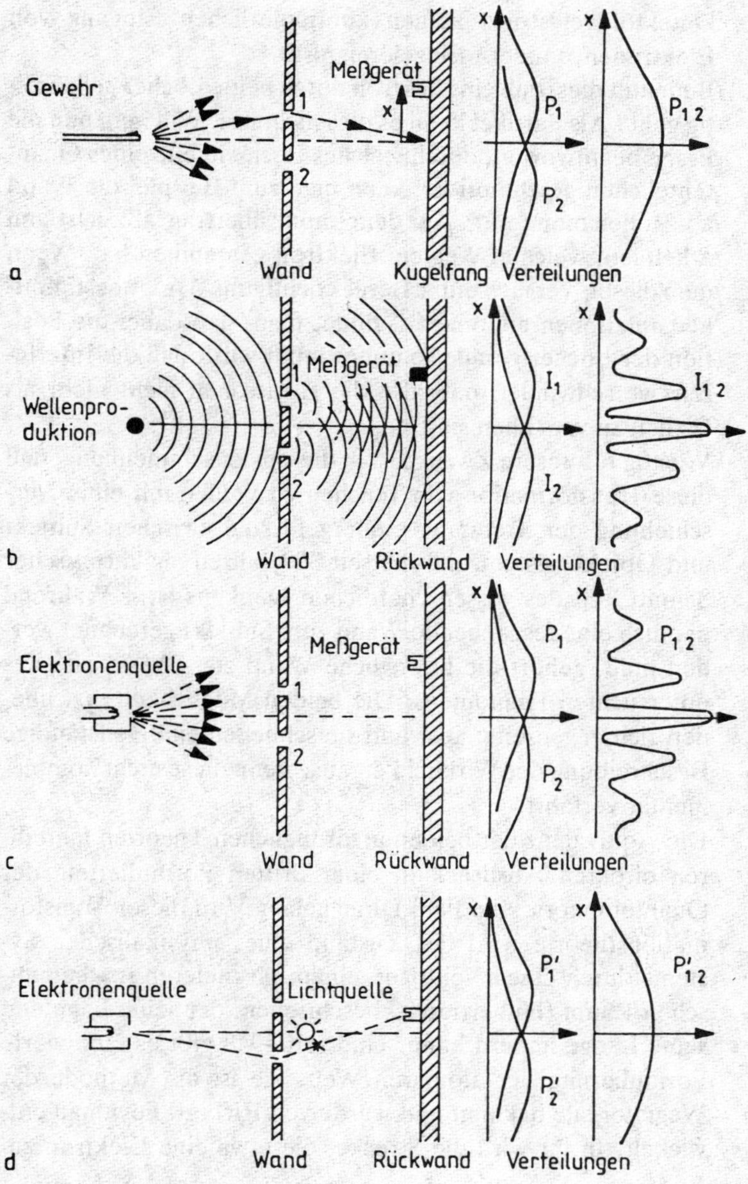
a
Gewehr
1
2
Meßgerät
x
Wand
Kugelfang
Verteilungen
P_1
P_2
P_{12}
b
Wellenproduktion
Meßgerät
Wand
Rückwand
Verteilungen
I_1
I_2
I_{12}
c
Elektronenquelle
Meßgerät
Wand
Rückwand
Verteilungen
P_1
P_2
P_{12}
d
Elektronenquelle
Lichtquelle
Wand
Rückwand
Verteilungen
P'_1
P'_2
P'_{12}

Detektor registriert keinen kontinuierlichen Eingang von Elektronen, sondern Einzelereignisse.)

Bedeutet dies, daß ein Elektron durch beide Löcher gleichzeitig geht? Als Partikel kann es dies nicht tun. Will man nun die Frage beantworten, durch welches Loch ein einzelnes Quanteilchen geschlüpft ist, kann man zum Beispiel die Wand auf Rollen montieren. Aus dem Impulsübertrag läßt sich dann erkennen, welchen Weg ein Elektron genommen hat. Wenn man diesen Versuch unter Berücksichtigung der Unbestimmtheitsrelationen analysiert[17], findet man, daß dabei die Position der Löcher gerade so unbestimmt wird, daß die Interferenz verschwindet, daß also die Elektronen nicht mehr als Wellen zu verstehen sind.

Wichtig für unsere Zwecke ist in diesem Zusammenhang, daß diese Transformation von Teilchen zu Wellen mit einer Verschiebung der Trennung einhergeht, die zwischen Subjekt und Objekt besteht und die seit 300 Jahren als kartesischer Schnitt Teil des wissenschaftlichen Denkens ist.[18] Während nämlich eine feststehende Wand zum Subjekt gerechnet werden muß, gehört die bewegliche Wand zur Objektseite des untersuchten Phänomens. Die beiden Möglichkeiten schließen sich gegenseitig aus, und sie schließen eine vollständige Beschreibung der Wirklichkeit aus, wenn diese nicht komplementär verfährt.

Die Äquivalenz der beiden ursprünglichen Theorien fand ihren direkten Ausdruck in einer dritten Formulierung der Quantentheorie, die Paul Dirac gelang.[19] In dieser Transformationstheorie wird der Zustand eines physikalischen Systems durch einen Vektor in einem besonderen mathematischen Raum (Hilbertraum) beschrieben, der seine Lage und seine Länge ändern kann. Und seit 1948 gibt es eine vierte Formulierung der atomaren Welt. Sie ist als Methode der Wegintegrale bekannt und wurde von Richard Feynman entwickelt. In ihr wird die Strecke, die etwa eine Elektron zurücklegt, dadurch berechnet, daß alle möglichen Wege des Elektrons zwischen Anfangs- und Endpunkt aufsummiert werden. Da jeder einzelne Pfad wellenartig erfaßt wird, löschen sich die meisten Möglichkeiten aus, und es bleibt ein wirklicher zurückgelegter Weg übrig. Dieses Verfahren eignet sich dazu, die Quantentheorie auf Felder auszuweiten und eine Quantenelektrodynamik zu formulieren, die zum Glanzstück aller physikalischen Theorien geworden ist.[20]

Feynman kommt ohne ein Unbestimmtheitsprinzip aus, das heißt, die behauptete Komplementarität bestimmter Kenntnisse über das Licht ergibt sich aus der Theorie selbst. Die Unbestimmtheit wird nicht aufgehoben, sie braucht nur in dieser Fassung der Quantenmechanik nicht gesondert eingeführt zu werden.[21] Der Grund dafür liegt darin, daß im Rahmen der Feynmanschen »Wegintegrale« die alten – also anschaulichen – Bindungen aufgegeben werden und ein ganz neuer Weg versucht wird, etwa dem Licht zu folgen. Dabei entsteht ein funktionierendes formales Schema, das aber nicht mehr sagen kann, warum es die richtigen Antworten liefert. Diese Unbestimmtheit bleibt immer erhalten.

Alle vier Formen der Quantenmechanik liefern die gleichen Aussagen über die Wirklichkeit. Und diese Aussagen stimmen in verblüffender Weise mit den experimentell ermittelten Tatsachen überein. Die Quantentheorie hat sich in allen Fällen als korrekt erwiesen. Sie ist die erfolgreichste Konstruktion der Physik. Es gibt keine Erfahrung, die ihr widerspricht.

Die Denkfigur der Komplementarität

Auf die Idee der Komplementarität kam Bohr, als er sich Anfang 1927 in Norwegen beim Skilaufen erholte.[22] Er hat später erzählt, daß er sich gerade in den Bergen um Gudbrandsdalen aufhielt, als ihm plötzlich der Gesichtspunkt der

Komplementarität viele Fragen zu beantworten schien, die in den vorangegangenen Diskussionen mit Heisenberg in Kopenhagen offengeblieben waren. Die oft nächtelangen Gespräche der beiden Physiker, die sich angestrengt um die philosophische Bedeutung der neuen Theorie bemühten, hatten Bohr so erschöpft, daß er Erholung in den norwegischen Bergen suchen mußte.
Der Auseinandersetzung mit Heisenberg waren intensive Streitgespräche mit Schrödinger vorausgegangen.[23] Bohr versuchte Schrödinger von der Idee abzubringen, daß die Wellenmechanik eine Rückkehr der Atomphysik zu alten, klassischen Vorstellungen darstellt. Von den unanschaulichen Quantensprüngen komme man nicht mehr los. Bohr begrüßte, daß es *sowohl* die Matrizen- *als auch* die Wellenmechanik gab. Keine Theorie widerlegt die andere, beide ergänzen sich vielmehr zu einem Gesamtbild.
Mit seiner Ansicht, daß beide Formen der Quantenmechanik ihre physikalische Bedeutung haben, traf Bohr auch bei Heisenberg auf Widerspruch. Zwar wollte Heisenberg nichts von einer anschaulichen Deutung wissen, aber er hielt Schrödingers Beitrag mehr für ein formales Kunstwerk, die den Physikern eine Methode zur Verfügung stellte, die einfacher gehandhabt werden konnte als die Matrizenform.
Bohr stand zwischen Heisenberg und Schrödinger. Er sah die Atome sowohl durch Wellen- als auch durch die Matrizenmechanik erfaßt. Wie konnte diese Dualität der Theorie *und* der atomaren Wirklichkeit verstanden werden? Und wie fügte sich hier die Frage nach der Anschaulichkeit ein?
Bohr erkannte allmählich, daß die Physiker bei der Untersuchung von atomaren Eigenschaften Erfahrungen machten, die nicht in einem einheitlichen Bild beschrieben werden konnten, wie dies noch aus der klassischen Physik bekannt war. Vielmehr konnte die mikroskopische Wirklichkeit anschaulich nur mit komplementären Bildern beschrieben wer-

den, also mit Bildern, die sich zugleich ausschlossen und ergänzten. Bohr sah, daß ganz allgemein Beobachtungen durch zwei experimentelle Anordnungen definiert werden, die sich zwar gegenseitig ausschließen, aber zugleich je einen gültigen Aspekt erfassen. Solche Beobachtungen an atomaren Phänomenen nannte er komplementär.
Die zur Komplementaritätsidee führende Situation der Physik kann in fünf Punkten zusammengefaßt werden[24]:

1. Atomare Phänomene sind dadurch charakterisiert, daß bei ihnen Wirkungen eine Rolle spielen, die in ihrer Größe mit dem Quantum der Wirkung vergleichbar sind. Solche Ereignisse werden nicht direkt beobachtet. Vielmehr gehört zu einem atomphysikalischen Experiment eine Apparatur, die eine irreversible Verstärkung des atomaren Vorgangs vornimmt (etwa ein Klick in einem Lautsprecher oder ein Streifen auf einer photographischen Nebelkammeraufnahme). Eine Beobachtung (Messung) ist somit eine abgeschlossene Einheit.
2. Jede Beobachtung wird somit zu einem individuellen Vorgang, bei der die Wechselwirkung zwischen dem Apparat und dem zu erfassenden Objekt teilweise zwangsläufig unkontrollierbar bleibt. Ein registriertes Quantum ist unwiederbringlich verloren.
3. Atomare Eigenschaften (Phänomene) werden mit Apparaten gemessen, die in Begriffen der klassischen Physik verstanden werden. Also müssen atomare Ereignisse in der Sprache der klassischen Physik mitgeteilt werden.
4. Bei der Beschreibung atomarer Eigenschaften gehen wir mit individuellen Vorgängen um, die untrennbar mit ihrer experimentellen Anordnung verbunden sind, von denen sich einige gegenseitig ausschließen.
5. Der abstrakte Formalismus der Quantenmechanik erlaubt, statistische Vorhersagen über den Ausgang eines

Experiments aufgrund von Informationen zu machen, die in vorhergehenden Versuchen ermittelt worden sind.

Nachdem er aus dem Skiurlaub zurückgekehrt war, begann Bohr, seine Idee schriftlich zu fixieren. Was ihn beschäftigte, war die Frage, wie bei der Beschreibung der Atome Widersprüche zu vermeiden sind. Es kam seiner Ansicht nach darauf an, zu lernen, wie die uns gegebene Sprache auf mikroskopische Phänomene widerspruchsfrei angewendet werden kann. Seine Antwort notierte er am 13. April 1927 in einem Brief an Einstein: »Eben der Umstand, daß die Begrenzung unserer Begriffe so genau mit der Begrenzung unseres Beobachtungsvermögens zusammenfällt, erlaubt, wie Heisenberg betont, Widersprüche zu vermeiden.«[25]
Bohr beabsichtigte ursprünglich, einen Brief an die Fachzeitschrift »Nature« zu schicken, um sein Argument zu beschreiben. Schließlich begann er aber mit der Ausarbeitung eines Vortrags, den er im September 1927 in Como halten wollte. Hier fand ein Physikerkongreß zur Erinnerung an Alessandro Volta statt. Bohr arbeitete während des ganzen Sommers 1927 am Text seines Manuskriptes, um seine allgemeinen Ansichten zur Bedeutung der Quantentheorie aufzuschreiben.
In Briefen aus dieser Zeit deutete er seine Hoffnung an, in Como eine »einigermaßen klare Darstellung meiner Sicht« (»a reasonably clear account of my views«) präsentieren zu können.[26] Doch seinen Vortrag am 16. September konnte kaum jemand verstehen. Die Reaktionen waren eher abweisend.[27] Als Bohr einen Monat später in Brüssel seine Ausführungen mit dem gleichen Resultat wiederholte, beschloß er, ganz neue Formulierungen zu suchen. Er überarbeitete seinen Text im Winter und publizierte ihn schließlich in »Nature« unter dem Titel »The Quantum Postulate and the Recent Developement of Atomic Theory«.[28]

Trotz aller Vorsicht (oder gerade wegen all der Umstände) gibt dieser Text keine leichte Einführung in das, was Bohr mit dem Begriff Komplementarität ausdrücken wollte. Im Gegenteil! Der zentrale Begriff steht auf einmal da, er wird nicht definiert, sondern unmittelbar verwendet. Der erste von Bohr publizierte Satz mit dem Wort »komplementär« lautet so:

> »Nach dem Wesen der Quantentheorie müssen wir uns also damit begnügen, die Raum-Zeit-Darstellung und die Forderung der Kausalität, deren Vereinigung für die klassischen Theorien kennzeichnend ist, als komplementäre, aber einander ausschließende Züge der Beschreibung des Inhalts der Erfahrung aufzufassen, die die Idealisation der Beobachtungs- bzw. Definitionsmöglichkeiten symbolisieren.«

Carl Friedrich von Weizsäcker hat diesen Satz einmal so charakterisiert: »Man möchte sagen: in jedem Wort dieses Satzes ist der ganze Bohr gegenwärtig; man könnte ein Buch mit der Verfolgung aller Gedankenketten füllen, die in diesen Worten mitgedacht sind.«[29]

Wenn wir nur eine Gedankenkette verfolgen, kann man versuchen, Bohrs Idee etwas einfacher zu formulieren. Was in einem Experiment geschieht, wird von einem Beobachter hergestellt und registriert. Von dem Versuch muß es also eine Raum-Zeit-Beschreibung geben. Hierzu gehört aber auch die gewohnte Kausalität, denn wie soll sonst aus einem Meßergebnis auf den Zustand des untersuchten Objekts geschlossen werden? Im Rahmen der klassischen Physik lassen sich beide Forderungen und Bedingungen miteinander vereinbaren, und in der Quantentheorie sind sie komplementär zueinander. Dies zeigen die Erfahrungen, die mit den Experimenten an atomaren Bausteinen gewonnen worden sind.

Bohrs Argument

> »Es kann bey einem so verwickelten Streite, wie der über die Theorie des Lichts, wo Newton und Euler an der Spitze der Parteyen stehen, nicht mehr schlechtweg die Frage seyn, was ist hierin wahr? Sondern, welche Erklärungsart ist die einfachste? (. . .) Wie wäre es, wenn man am besten damit auskäme, beyde Theorien des Lichtes, die Newtonsche und die Eulerische, zu vereinigen?«
>
> *Georg Christoph Lichtenberg*

Die Herkunft der Idee

Als Bohr nach seinem ersten Vortrag über die Idee der Komplementarität nach Kopenhagen zurückgekehrt war, erzählte er auf einer Segeltour alten Schulfreunden von seinen Vorstellungen. Sie hörten seinen Argumenten aufmerksam zu und kommentierten sie mit dem Hinweis, daß Bohr zugeben müsse, dies alles vor zwanzig Jahren auch schon gesagt zu haben. Mit anderen Worten, offenbar ist die Denkfigur der Komplementarität älter als das Problem, auf das Bohr sie im Rahmen der Atomphysik angewendet hat.[1]

Vor zwanzig Jahren, das heißt, Bohr mußte diesen Gedanken schon als Schüler gefaßt haben. Es ist bekannt, daß er sich bereits im Alter von 18 Jahren mit Fragen der Erkenntnis beschäftigt hat. Er sprach damals sogar davon, dabei zu solch überzeugenden Einsichten gelangt zu sein, daß er sie in Form eines Buches zusammenfassen wolle.[2] Dieses Interesse hängt möglicherweise damit zusammen, daß Niels Bohr zu Hause die Auseinandersetzungen zwischen zwei fundamental verschiedenen Ansichten über die Natur des Lebens mitbekam. Sein Vater Christian Bohr war Professor für Physiologie und lehrte an der Kopenhagener Universität. Er lud Wissenschaftler und Philosophen in sein Haus und diskutierte mit ihnen über die Frage, ob die Erscheinungen des Lebens physikalisch zu verstehen sind oder ob eine zusätzliche vitalistische Kraft postuliert werden müsse, die nicht mehr im herkömmlichen Sinn erklärt werden könne.

Niels Bohr war von vornherein der Auffassung, daß beide Standpunkte berechtigt seien. Natürlich gelten überall in lebenden Körpern die Gesetze der Physik, aber damit versteht man noch nicht, was Leben ist. Sowohl die physikalische Sicht der Dinge trifft zu als auch die Behauptung, daß sie allein unzureichend ist. Aus dieser Zeit ist eine Bemerkung des jungen Bohr überliefert, die diese Tendenz noch stärker ausdrückt. Er glaubte, daß die Gesichtspunkte der Kausalität (Physikalismus) und der Teleonomie *gleichberechtigt* bei der Erklärung der lebenden Formen seien.[3]

Bohr hatte dabei nicht die ontologische Seite der Frage nach dem Lebendigen im Auge, also die Frage, ob der lebende Organismus etwas ist, das rein mechanisch oder rein vitalistisch beschrieben werden kann, ob also lebende und nicht lebende Materie aus denselben Grundbausteinen bestehen. Für ihn verbarg sich hier das Problem, wie spezifische Konzeptionen auf spezifische Phänomene angewendet werden können. Das heißt, Bohr verstand die Aufgabe eines Wissenschaftlers von Anfang an als Suche nach dem geeigneten Rahmen, in dem eine Beschreibung der Erscheinungen widerspruchsfrei möglich wird.

Diese Beispiele weisen auf einen Charakterzug Bohrs hin, der sein Leben ganz wesentlich bestimmt hat. Bohr war stets um Ausgleich und Versöhnung bemüht und ein Mann von außergewöhnlicher Gerechtigkeit. Für ihn reichte nie nur eine Sicht der Dinge. Er nahm das Prinzip des »Audiatur et altera pars« ernst. Stets wollte er auch die andere Seite hören, und mit ihr konnte dann die komplementäre Erfassung der Wirklichkeit gelingen.

Im Hause seines Vaters hat Bohr auch den Philosophen Harald Høffding kennengelernt. Später als Student der Physik in Kopenhagen hat Bohr Vorlesungen bei Høffding gehört und so einen Überblick über die Geschichte des philosophischen Denkens bekommen. Ein philosophisches Werk hat Bohr aber wahrscheinlich nicht gelesen.[4] Vermutlich war er zu unruhig dazu. Er hätte sofort angefangen, mit dem Text zu diskutieren, und die Lektüre wäre steckengeblieben. Es gibt daher keinen Philosophen, der Bohr auf seinem Weg zur Komplementarität direkt geführt hätte. Bohr hat auch keine Hinweise in dieser Richtung hinterlassen, obwohl er sonst seine Quellen sehr genau aufgeführt und angegeben hat. Trotzdem wird spekuliert, daß Bohr durch die Überlegungen zweier Philosophen beeinflußt worden ist. Einmal wird der Name Sören Kierkegaard genannt, zum anderen der Amerikaner William James.

Was Kierkegaard angeht, so hat Bohr als dänischer Schüler zwangsläufig in dessen Schriften gelesen, die als Meisterwerke dänischer Prosa gelten. Und auch Bohrs philosophischer Lehrer Høffding war stark durch Kierkegaard beeinflußt. Dennoch scheint es falsch zu sein, eine direkte Verbindung zwischen Bohr und Kierkegaard konstruieren zu wollen.

In seinem Hauptwerk, der »Geschichte der neueren Philosophie«, charakterisiert Høffding einen der Hauptgedanken Kierkegaards dadurch, »daß die verschiedenen möglichen Lebensanschauungen sich so scharf gegenüberstehen, daß eine Wahl getroffen werden muß – daher sein Schlagwort *Entweder-Oder* –, und zwar eine Wahl, bei welcher die einzelne Persönlichkeit sich aus sich selbst entscheiden muß – daher sein Schlagwort *der Einzelne.* Er selbst (Kierkegaard; Anm. d. Verf.) hat sein Denken als qualitative Dialektik bezeichnet, wodurch er den Gegensatz zur Lehre der romantischen Spekulation von kontinuierlicher Entwicklung durch innere, notwendige Übergänge angeben wollte.«[5]

Die hier angesprochene Wahl darf nicht mit der Wahl verwechselt werden, die ein Experimentator hat, der sich entscheiden kann, ob er die Wellenlänge eines Elektrons oder seine Masse bestimmen will. In der Physik handelt es sich nur um eine eindeutige Zuordnung eines Quantums (zum Subjekt oder zum Objekt) und nicht um den existentiellen Fall, den Kierkegaard meint.
»Qualitative Dialektik« will die Spannung von These und Antithese hinnehmen, ohne auf ihre Auflösung durch eine Synthese zu drängen. Die unvereinbaren Pole hängen demnach nicht zusammen. Kierkegaard betonte ihre Diskontinuität geradezu. »Was die Wahl (zwischen verschiedenen Anschauungen) betrifft« – fährt Høffding in seiner Beschreibung von Kierkegaards Denken fort –, »so sei die Psychologie nur imstande, Möglichkeiten und Annäherungen, Motive und Vorbereitungen nachzuweisen. Die Wahl selbst komme mit einem Ruck, einem Sprunge, durch welchen etwas ganz Neues (eine neue Qualität) gesetzt werde.« Der Sprung liegt »zwischen zwei Augenblicken, zwischen zwei Zuständen, deren einer der letzte Zustand in der Welt der Möglichkeiten, der andere der erste Zustand in der Welt der Wirklichkeit sei«.[5]
Sosehr auch Kierkegaards Diskontinuität und Sprung an die Quantenspringerei der Elektronen erinnern, einen direkten Einfluß des dänischen Philosophen auf die Position Bohrs kann man daraus nicht ableiten. In den Worten Gerald Holtons:

> »Nun wäre es ebenso absurd wie unnötig, den Nachweis zu versuchen, daß Kierkegaards Konzeptionen durch Bohr direkt und im einzelnen aus ihrem theologischen und philosophischen Kontext in einen physikalischen Kontext übertragen worden seien. Natürlich ist das nicht der Fall. Man sollte sich allenfalls das unvoreingenommene Erlebnis ge-

statten, Høffding und Kierkegaard durch die Augen von jemandem zu lesen, der primär Physiker ist – der sich, wie Bohr es tat, zuerst mit seiner Arbeit an Atommodellen in den Jahren 1912–1913 und dann wieder 1927 damit herumschlägt, ›einen gewissen Zusammenhang auch in die neuen Vorstellungen zu bringen‹, und der dabei über die widersprüchlichen, paradoxen, nicht auf einen Nenner zu bringenden Anforderungen von klassischer und Quantenphysik nachdenkt, die die Mehrzahl der Physiker der Zeit an den Rand der Verzweiflung brachten.«[6]

Diese Interpretation wird durch die Beobachtung unterstützt, daß sich in keinem Bohrschen Manuskript und in keinem Interview mit ihm ein Hinweis darauf findet, daß Kierkegaard ihn auf dem Weg zur Komplementarität begleitet habe. Allerdings verweist Bohr in seinem letzten aufgezeichneten Gespräch, das am 17. November 1962 geführt wurde – einen Tag vor seinem Tod –, auf einen bestimmten philosophischen Einfluß selbst hin. Er erinnerte sich, vom Werk des Amerikaners William James beeinflußt worden zu sein. Vor allem das Kapitel »The Streams of Thought« aus den »Prinzipien der Psychologie« von 1890 hatte ihn sehr beeindruckt. Da es wahrscheinlich ist, daß Bohr James' Buch *vor* 1926 gelesen hat, scheint ein kurzer Hinweis auf den »Strom der Gedanken« angebracht. James beschreibt das Bewußtsein als eine Folge von individuellen Veränderungen zwischen stationären Zuständen, in denen es verweilen kann – eine Metapher, die an Bohrs Vorstellungen über das Verhalten eines Elektrons im Wasserstoffatom erinnert.
James' Buch erhält vor allem dadurch Bedeutung, daß in ihm eine mögliche Quelle des Begriffs Komplementarität zu finden ist.[7] In dem Kapitel, das dem »Strom des Bewußtseins« vorangeht – »The Relation of Minds to Other Things« –, berichtet James über die »›Bewußtlosigkeit‹ von Hysteri-

kern«. Es sei von Psychologen gezeigt worden, »daß während des Andauerns der Anästhesie und koexistent damit eine Empfindlichkeit den wahrnehmungslosen Teilen gegenüber ebenfalls vorhanden ist, und zwar in Form eines sekundären Bewußtseins, das von dem primären oder Normalbewußtsein völlig abgeschnitten ist, das aber der Erschließung zugänglich ist und veranlaßt werden kann, seine Existenz auf verschiedene merkwürdige Arten zu bezeugen«[8].

James berichtet über einige Hysteriker, die gewisse Sinneseindrücke entweder in dem einen oder in dem anderen Bewußtsein verarbeiten, nicht aber in beiden zur selben Zeit. Er beschreibt Forschungsarbeiten der französischen Psychologen P. Janet und A. Binet, die gezeigt haben, daß die wahrnehmungslosen Teile während einer Anästhesie doch empfindlich waren, und zwar dem oben erwähnten sekundären Bewußtsein gegenüber. Gezeigt wurde dies mit der Ablenkungsmethode: Wenn Janet sich hinter hysterischen Patienten plazierte, die »in ein Gespräch mit einer dritten Person vertieft waren, und sie flüsternd aufforderte, die Hand zu heben oder andere einfache Handlungen zu verrichten . . ., so gehorchten sie dem ihnen gegebenen Befehl, obwohl ihre *sprechende* Intelligenz kein Bewußtsein von dem Empfang des Befehls hatte«.

James nimmt diese Beispiele zum Anlaß, den Begriff der Komplementarität in die psychologische Forschung einzuführen:

> »Es muß demzufolge eingeräumt werden, daß zumindest bei gewissen *Personen das gesamte mögliche Bewußtsein in Teile aufgespalten werden mag, die koexistieren, die sich aber nicht gegenseitig zur Kenntnis nehmen* und die die Gegenstände des Wissens miteinander teilen. Noch bemerkenswerter, sie sind zueinander *komplementär.* Weisen Sie nur einen Gegenstand einem der Bewußtseinsteile zu, und

eo facto entfernen Sie ihn von dem anderen bzw. den anderen. Ein gewisser gemeinsamer Fundus von Information wie Sprachbeherrschung etc. ausgeschlossen, ist, was das obere Selbst weiß, dem unteren Selbst unbekannt *und umgekehrt.*«[9]

Trotz dieser Beobachtungen betont James, wie bereits erwähnt, daß das Bewußtsein »sich selbst nicht als in Stücke zerhackt erscheint«, »es fließt« vielmehr. Diskontinuierlich sind nur »die von einem Moment zum anderen vor sich gehenden Veränderungen im Inhalt des Bewußtseins«. James bemerkt weiter, daß es »sehr schwierig« ist, die Bewegung des Bewußtseinsstroms durch Introspektion zu erkennen. Dazu müßte man warten, »bis sich das eigene Bewußtsein wieder in einem stationären Zustand befindet«. Dann ist der entscheidende Moment aber vorbei. Die Gedanken fließen zu lassen und sie selbst zum Gegenstand der nach innen gerichteten Analyse zu machen, das sind zwei sich gegenseitig ausschließende experimentelle Situationen. James vergleicht sie mit dem Versuch, eine »Gaslampe schnell genug aufzudrehen, um zu sehen, wie die Dunkelheit ausgeht«.[10]
Diese Schwierigkeit war Bohr schon aus der Lektüre einer Geschichte bekannt, die der dänische Dichter und Philosoph Poul Martin Møller im 19. Jahrhundert geschrieben hat. Hierin werden »Die Abenteuer eines dänischen Studenten« erzählt, der schwierige Erfahrungen mit seinem eigenen Denken macht. Bohr hat diese Geschichte oft erzählt und sie verwendet, um seine Gedanken zur Komplementarität anschaulicher zu machen. Sie bot seiner Ansicht nach »ein selten lebendiges und überzeugendes Bild von dem Wechselspiel zwischen den verschiedenen Aspekten unserer Stellung«.[11]
Der Student überlegt an einer Stelle der Geschichte, warum er eine Gelegenheit verpaßt, eine praktische Beschäftigung zu finden:

»Mein endloses Grübeln darüber bewirkte, daß ich nichts ausrichte. Darüber hinaus verfalle ich darauf, über mein Denken nachzudenken, ja, ich denke darüber nach, daß ich darüber denke, und teile mich selbst in eine unendliche rückläufige Reihe von Ichen, die einander beobachten. Ich weiß nicht, bei welchem Ich man als dem eigentlichen stehenbleiben soll, und in dem Augenblick, da ich bei einem stehenbleibe, ist es schon wieder ein Ich, das dabei steht. Es wird mir wirr, und ich werde von Schwindel erfaßt, als starre ich in einen bodenlosen Abgrund, und das ganze Denken findet damit sein Ende, daß ich schreckliche Kopfschmerzen verspüre.«

Später bemerkt der Student eine weitere Schwierigkeit mit den Gedanken:

»Der Verstand kann nicht voranschreiten, ohne sich entlang einer gewissen gedachten Linie zu bewegen; aber bevor er dieser Linie folgt, muß er sie sich schon vorweggedacht haben. Also hat man jeden Gedanken immer schon gedacht, bevor man ihn denkt. Jeder Gedanke, der nur eine Minutenarbeit zu sein scheint, setzt ja dermaßen eine ganze Ewigkeit voraus. Und das könnte mich schier verrückt machen. Wie könnte da irgendein Gedanke entstehen, wo er doch immer dagewesen sein muß, bevor er erst einmal wird? (...) Die Einsicht von der Unmöglichkeit des Gedankens enthält selbst eine Unmöglichkeit, und die Erkenntnis davon bringt aufs neue einen unerklärbaren Widerspruch hervor.«

Die hier beschriebene Situation hat Bohr nicht als bloßen Spaß, sondern als einen der Fälle betrachtet, »welchen wir in verschiedenen Zusammenhängen auf weiteren Forschungsgebieten begegnen«. Seiner Auffassung nach »sind die Bedingungen für Analyse und Synthese sogenannter psychischer Erscheinungen stets ein wichtiges Problem in der Philosophie gewesen. Es ist einleuchtend, daß Worte wie Gedanken und Gefühle, die auf einander ausschließende Erlebnisse hinweisen, seit dem Ursprung der Sprache auf typisch komplementäre Weise gebraucht werden.«[12]

Was die Kopfschmerzen des dänischen Studenten angeht, so kann die wahrscheinlich derjenige verhindern, der ihn darauf aufmerksam macht, daß er über zwei komplementäre Situationen spricht. Er muß sich entscheiden, was zum Gegenstand seiner Betrachtung wird und was nicht (genauso, wie man sich dazu entscheiden muß, die Wand, durch die die Quantenpartikel schlüpfen sollen, entweder fest oder auf Rollen anzubringen). Der Student muß eine Trennlinie ziehen, einen Schnitt vollziehen, zwischen dem psychischen Prozeß, den er analysieren will, und dem analysierenden Ich. Je nachdem, wo dieser Schnitt erfolgt, kann er seinen Gemütszustand als Teil seiner subjektiven Gefühle empfinden oder ihn als Teil des zu beobachtenden Prozesses analysieren. Die Einsicht, daß diese beiden Situationen komplementär sind und als solche ernst genommen werden müssen, sollte den Studenten von seinen Kopfschmerzen befreien.

Ein Rahmen der Naturbeschreibung

Wenn auch nicht genau rekonstruiert werden kann, welchen Einfluß die Ideen von William James auf das Bohrsche Argument der Komplementarität hatten, so ist doch unumstritten, daß Bohr den im »Strom des Bewußtseins« notierten Gedanken zugestimmt hat. Da James in diesem Kapitel seines Buches scharf gegen den Ansatz argumentiert, mit dem Immanuel Kant Erfahrungen beschreiben will, kann der Schluß gezogen werden, daß Bohr dessen Erkenntnislehre schon früh

kritisch gegenübergestanden hat. Der Vorschlag der Komplementarität geht schließlich deutlich über Kant hinaus.
Ein Blick auf die Bewertung der jeweiligen Physik zeigt, wie die Bohrsche Erkenntnislehre (wenn man davon reden will) von den Vorstellungen Kants abweicht. Wie seine Zeitgenossen hielt Kant nämlich die Newtonsche Mechanik für wahr und unanfechtbar. Er schloß daraus, daß diese Theorie mehr ist als das Resultat von Beobachtungen. Sie folge vielmehr aus unseren eigenen Denkmethoden. In den Worten von Kant: »Der Verstand schöpft seine Gesetze . . . nicht aus der Natur, sondern schreibt sie dieser vor.«
Dies schrieb er in der »Kritik der reinen Vernunft« vor etwas mehr als 200 Jahren. Er wollte in diesem Buch zeigen, daß die Grenzen möglicher Sinneserfahrung und die Grenzen vernünftigen (also nicht spekulativen) Theoretisierens über die Welt identisch sind. Genau an dieser Stelle hat sich die moderne Physik von Kant befreit. Spätestens seit es die Relativitätstheorie gibt, muß Kants Ziel als verfehlt gelten, wenn sich seine Theorie auf alle Erkenntnis beziehen soll. Die von Einstein akzeptierte und zur Ableitung seiner Theorie verwendete Konstanz der Lichtgeschwindigkeit widerspricht fundamental unserer Erfahrung, und zwar gleich zweifach. Wir erleben nämlich einmal, daß sich Geschwindigkeiten addieren (was die Lichtgeschwindigkeit nicht tut), und daraus ergibt sich intuitiv, daß jede Geschwindigkeit noch erhöht werden kann (die Lichtgeschwindigkeit aber nicht mehr).
Die Relativitätstheorie entstand kurz nach Beginn dieses Jahrhunderts. James hatte seine »Prinzipien der Psychologie« noch im 19. Jahrhundert geschrieben und Kant daher aus anderen, allgemeineren Gründen attackiert. Er wertete Kants Erkenntnistheorie als rationalistischen Versuch, die Universalität und Notwendigkeit des klassischen physikalischen Rahmens zu rechtfertigen. James mißtraute dieser Universalität, und Bohr wußte, daß sie nur ein Wunsch war. Schließlich

gab es eine vernünftige Theorie über die den Sinnen unzugänglichen Atome. Es ist dann, so gesehen, ganz selbstverständlich, daß Bohr Kants Ideen ausweiten wollte. Offenbar kam es darauf an, den klassischen Rahmen zu ersetzen, dem Kant noch A-priori-Charakter eingeräumt und als unersetzlich angesehen hatte. Genau hier bot sich nun die Idee der Komplementarität an.

Vielleicht ist die Komplementarität in dieser Form am besten beschrieben: Sie sorgt für »eine Ausweitung unseres konzeptionellen Rahmens, damit auch Phänomene harmonisch begriffen werden können, die sich offensichtlich widersprechen«.[13] Diese Idee eines erweiterten Rahmens der Naturbeschreibung erklärt auch, warum Bohr später keine Gelegenheit ausließ, auf dessen Nützlichkeit hinzuweisen. Ihn beschäftigte die Frage, wie eine Beschreibung der Natur durch die Wissenschaften möglich ist. Und er antwortete, wir können die Natur beschreiben, wenn wir die Komplementarität zu unserem konzeptionellen Rahmen machen. Bohrs Einstellung ist charakterisiert »durch das Streben nach harmonischer Zusammenfassung immer weiterer Seiten unserer Situation, in der Erkenntnis, daß keine Erfahrung ohne logischen Rahmen definierbar ist und daß jede scheinbare Disharmonie daher nur durch eine Erweiterung des begrifflichen Rahmens beseitigt werden kann«.[14]

Das Quantum der Wirkung hat zu Widersprüchen im alten, klassischen Rahmen geführt und uns dazu gebracht, einen neuen zu suchen. Wir sind gezwungen worden, den komplementären Standpunkt einzunehmen. Wir können dies tun, ohne den alten Rahmen völlig zu verwerfen. Für Bohr war es wichtig, nicht etwas zu zerstören, er wollte zunächst bewahren und mußte dazu verallgemeinern. Es galt, die klassischen Konzepte rational mit dem unklassischen Quantum der Wirkung zu kombinieren. Diese universelle Größe »stellt uns in der Tat vor eine in der Physik ganz neue Situation bezüglich der Analyse und Synthese von Erfahrungen, die uns dazu zwingt, das Kausalitätsideal durch einen allgemeineren Gesichtspunkt zu ersetzen, den man ›Komplementarität‹ zu nennen pflegt«[15].

Bohr sprach über »Kausalität und Komplementarität« auf einem internationalen Kongreß für die Einheit der Wissenschaft, der im Juni 1936 in Kopenhagen stattfand und »Das Kausalproblem« zum Thema hatte. Er erinnerte zunächst daran, daß bei Messung irgendeines physikalischen Ereignisses mindestens ein Wirkungsquantum zwischen Objekt und Apparat ausgetauscht werden muß, dem dann prinzipiell keine Rechnung getragen werden kann. So wird eine kausale Darstellung der Quantenerscheinungen undurchführbar. Damit sei keine »leichtsinnige Behauptung« gemeint, daß es unmöglich ist, »die Fülle der Erscheinungen zu erfassen«, vielmehr handle es sich »beim Verlassen der Kausalbeschreibung in der Atomphysik« »um das ernsthafte Bemühen, den uns hier entgegentretenden neuartigen Gesetzmäßigkeiten im Sinne der allgemeinen Belehrung der Philosophie vom notwendigen Gleichgewicht zwischen Analyse und Synthese gerecht zu werden«. Bohr machte auch deutlich, daß »die jetzige Fassung der Quantenmechanik ... nur als erster Schritt zur notwendigen Verallgemeinerung der klassischen Beschreibungsart erscheinen« dürfte, »der durch die Möglichkeit bedingt ist, in ihrem weiteren Anwendungsbereich bei der Deutung der Versuchsergebnisse vom atomaren Aufbau der Meßinstrumente selbst noch abzusehen. Für eine Zusammenfassung noch tiefer liegender Gesetzmäßigkeiten der Natur, in denen nicht nur die gegenseitige Beeinflussung der gewöhnlich als elementar betrachteten Bausteine der Materie, sondern ihre eigene Stabilität in Frage kommt, dürfte schon diese Voraussetzung nicht länger aufrechtzuerhalten sein, und wir müssen mit einer mehr umfassenden Verallgemeinerung der Komplementaritätsbeschreibung rechnen, die einen noch

weitergehenden Verzicht auf die üblichen Forderungen an sogenannte Anschaulichkeit gebieten wird.«[16]
Bohr dehnt also seine erkenntnistheoretische Lektion durch die Komplementarität unmittelbar in die Geschichte aus. Immer wieder sind konzeptionelle Rahmen durch den Fortschritt der Wissenschaften umstrukturiert worden. Die Verwendung bestimmter Konzepte bei der Beschreibung bestimmter Erscheinungen setzt voraus, daß die Phänomene in den verwendeten Rahmen passen. Werden nun die Theorie und mit ihr die Konzepte geändert, dann kann es passieren, daß die ursprünglichen Voraussetzungen nicht mehr zutreffen. Auf diese Weise – so hat die Geschichte der Wissenschaften gezeigt – gelingt es immer wieder, einen Zusammenhang zwischen zuvor als unverbunden betrachteten Erscheinungen herzustellen. Dadurch ist man gezwungen, unentwegt die Anwendbarkeit seiner Konzepte zu prüfen, weil die Ausdehnung des Wissens in neue Gebiete sonst zu Unstimmigkeiten und Widersprüchen führt. Bohr beschrieb dies 1936 als seine erkenntnistheoretische Lehre, »daß die zweckmäßige Anwendung schon der elementarsten Begriffe, die zur Beschreibung der allgemeinen Erfahrungen unentbehrlich sind, auf zunächst nicht beachteten Voraussetzungen beruht, deren Berücksichtigung für die möglichst willkürfreie und übersichtliche Darstellung mehr umfassender Erfahrungsgebiete wesentlich ist«. Er betonte, »wie sehr diese Entwicklung (der Physik; Anm. d. Verf.) zur Klärung der allgemeinen Voraussetzungen menschlicher Erkenntnis beigetragen hat. Wenn es sich dabei in mehrfacher Hinsicht um bleibende Errungenschaften handelt, so haben wir doch gerade in letzter Zeit eine eindringliche Mahnung erhalten, daß die Analyse neuer Erfahrungen immer wieder unbeachtete Voraussetzungen für die eindeutige Anwendung unserer einfachsten begrifflichen Hilfsmittel, wie Raumzeitbeschreibung und Kausalzusammenhang, aufdecken kann.«[17]

Der zentrale Begriff, um den Bohr sich bemüht, ist »die Beschreibung der Natur«, die menschliche Erkenntnis der Natur. Die Natur liefert die Erscheinungen, die uns durch Erfahrungen bewußt werden. Die Wissenschaft versucht, die Natur in einem konzeptionellen Rahmen zu beschreiben. Diese Beschreibung muß – auch und gerade in Bohrs Auffassung – objektiv sein. Denn das Ziel der Wissenschaft ist Objektivität.

Natürlich bekommt »Objektivität« im Bohrschen Rahmen der Komplementarität einen neuen Hintergrund. Traditionell nennt man eine Beschreibung objektiv, wenn sie nur von den Eigenschaften eines Objekts bestimmt wird und nicht von der Beobachtung dieser Eigenschaften abhängt. Ziel der Wissenschaften war, solche Eigenschaften zu bestimmen und in deren Beschreibung alle Hinweise zu unterlassen, die angaben, wie die erforderlichen empirischen Kenntnisse gewonnen worden waren.

Bohr sah deutlich, daß dieses Verständnis von Objektivität aufgegeben werden mußte. Das Ziel selbst konnte aber beibehalten werden. Der Schlüssel dazu steckte nach Bohr in dem Gebrauch der Konzepte, die zur Beschreibung von Erfahrungen verwendet wurden. Diese Konzepte sichern die Objektivität einer wissenschaftlichen Beschreibung, indem sie garantieren, daß die Kommunikation mit ihrer Hilfe eindeutig gelingt. In Bohrs Worten: »Jeder Wissenschaftler begegnet indessen immer wieder der Frage nach einer objektiven Beschreibung von Erfahrungen, worunter wir schlechthin eindeutige Mitteilungen verstehen wollen. Unser Hauptwerkzeug ist selbstverständlich die Umgangssprache, die den Bedürfnissen des praktischen Lebens angepaßt ist und dem gesellschaftlichen Verkehr dient. Wir wollen uns . . . nicht mit Studien über den Ursprung der Sprache beschäftigen, sondern mit ihrer Tragweite bei wissenschaftlichen Mitteilungen und im besonderen mit dem Problem, inwiefern die Objektivität der Beschreibung beibehalten werden kann, wenn der Erfahrungsbereich über die Begebenheiten des täglichen Lebens hinausgeht.«[18]

Und Bohr gibt die Antwort: Die Objektivität der Physik wird gerade dadurch gewährleistet, daß wir an den Begriffen der klassischen Physik festhalten. Wenn wir Physik treiben wollen, müssen wir anderen unzweideutig mitteilen können, was wir getan und erfahren haben. Wir müssen dazu *ontisch* reden[19], das heißt, wir reden über Objekte so, als ob sie die in Frage stehenden beobachtbaren Eigenschaften auch dann haben, wenn sie niemand registriert. Dies trifft natürlich für die greifbaren Dinge des Alltags zu; über sie reden wir ontisch. Über die nicht sinnlich erfahrbare Welt der Atome kann man aber nur *epistemisch* reden, man kann nur noch behaupten, an einem Objekt eine bestimmte Eigenschaft beobachtet zu haben. Bohr nannte dies den Versuch, »uns zwischen den Realitäten schwimmend zu halten«.[20] Die Quantentheorie – wie Bohr sie verstand – erinnerte die Wissenschaftler daran, daß Physik nicht die Beschreibung der Natur ist, Physik ist vielmehr nur die Beschreibung unserer Kenntnis von der Natur. Physik ist Wissen, und die Frage, die sich hier anschließt, lautet, was Wissen ist.

Bohr hat so auch auf den Hinweis von Max Planck geantwortet, der einmal ausgeführt hat, daß doch wenigstens der liebe Gott alle Orte und Impulse der Teilchen seiner Schöpfung gleichzeitig wissen kann. In seinem letzten Interview hat Bohr über seine Erwiderung berichtet: Es handelt sich bei dieser Frage nicht darum, was der liebe Gott wissen kann. Es geht vielmehr darum, was »Wissen« bedeutet. (»It is a question of what you mean by knowing.«)

Bohr ist offenbar bis zum Ende seines Lebens nicht müde geworden, darauf hinzuweisen, daß jeder Begriff seinen Anwendungsbereich hat. Auch als ihm Einstein 1949 geschrieben hatte, daß seine Versuche, die Wirklichkeit der Quanten zu verstehen, immer auf die »bange Frage« hinauslaufe, »ob Gott wirklich würfelt«[21], antwortete Bohr (postwendend), »daß niemand – und nicht einmal der liebe Gott selber – wissen kann, was ein Wort wie würfeln in diesem Zusammenhang heißen soll«[22].

Jedes Wort kann sinnvoll nur in seinem Anwendungsbereich gebraucht werden. Um dabei zusätzlich objektiv vorzugehen, muß man – so lernen wir von den Atomen – auch noch die Weise der Objektivierung mit angeben. In der Physik selbst wird die Objektivierung durch die Beobachtungsbedingungen – genauer: durch die gewählte Versuchsanordnung – charakterisiert. Wenn man sie mit angibt, redet man objektiv und eindeutig. Mit dieser Ansicht redet Bohr keinem schlechten Positivismus das Wort, er besinnt sich vielmehr auf die Bedingungen, die objektive Erfahrungen möglich machen.

Eine Aufgabe der Komplementaritätsidee bestand immer darin, das Ideal der Objektivität (auf die beschriebene Weise) zu retten. Dazu muß dann die Beschreibung eines Phänomens auch auf die Wechselwirkungen zwischen Instrument und Objekt eingehen, die alle Teil des Phänomens sind, die eine adäquate Theorie erfassen kann. Es ist dann gerade die Komplementarität, die eine »Einmischung des Subjektes« in der Beschreibung der Erfahrung *aus*schließt.

Mißverständnisse und Einwände

»Komplementarität (gehört) mit seinem Verzicht auf Objektivierbarkeit einer neuen wissenschaftlichen Denkform an.« Dieser Satz aus dem »Brockhaus« von 1980 verdeutlicht einen der Irrtümer, die das Verständnis für Bohrs Philosophie erschwert haben und noch erschweren. Hier meldet sich ein Denken, das klassische Ideale in allen Bereichen der Erfahrung verwirklicht sehen will.

Das Gegenteil des zitierten Satzes ist richtig. Komplementarität bietet ein neues Ideal für die Objektivität. Eine Theorie muß durch Beobachtungen geschützt werden, die durch physikalische Wechselwirkungen zustande kommen. Der Beobachter beeinflußt damit das untersuchte Objekt in einer Weise, die nur im Rahmen der klassischen Physik vernachlässigt werden konnte. Im quantentheoretischen Bereich ist dies nun ausgeschlossen. Damit muß der Beobachter (das Subjekt) als ein physikalisches System in die Beschreibung der Phänomene mit aufgenommen werden. Da die Quantenmechanik nur wiedergibt, was wir über die Natur wissen können, ermöglicht die Komplementarität eine objektive Beschreibung der Natur, weil sie den Gebrauch unserer Konzepte entsprechend anleitet.
Diese hier erwähnte Unmöglichkeit, Subjekt und Objekt zu trennen, hat zu der unglücklichen Auffassung geführt, daß eine Beobachtung das zu untersuchende Phänomen »stört«. Bohr selbst hat anfänglich einmal von der »Störung des Zustandes eines physikalischen Systems« gesprochen, diese Ungenauigkeit aber später wieder auszuräumen versucht. Er betonte, daß die Formulierungen »Störung der Phänomene durch die Beobachtung« und/oder »Herstellung physikalischer Eigenschaften atomarer Objekte durch Messungen« irreführend sind, »da Worte wie Phänomen und Beobachtung, ebenso wie Eigenschaften und Messungen, hier in einer Weise gebraucht werden, die sowohl mit der Umgangssprache als auch mit zweckmäßiger Definition unvereinbar ist. Für die objektive Beschreibung ist es angebrachter, das Wort Phänomen nur in bezug auf Beobachtungen anzuwenden, die unter genau beschriebenen Umständen gewonnen wurden und die Beschreibung der ganzen Versuchsanordnung umfassen.«[23]
Von einer »Störung« kann nur sprechen, wer die klassische Annahme akzeptiert, daß die Parameter eines atomaren Objektes vor einer Messung wohlbestimmte Werte besitzen, die

nun bedauerlicherweise durch Zusammenstöße etwa verändert werden, wenn man seine genaue Position bestimmen will. Es kommt darauf an, zu verstehen, daß ein Teilchen gar keinen wohldefinierten Ort hat, wenn er nicht gerade gemessen wird. Bohrs Revision des klassischen Rahmens hat klargemacht, daß es keinen Sinn hat, von dem Zustand eines Objek-

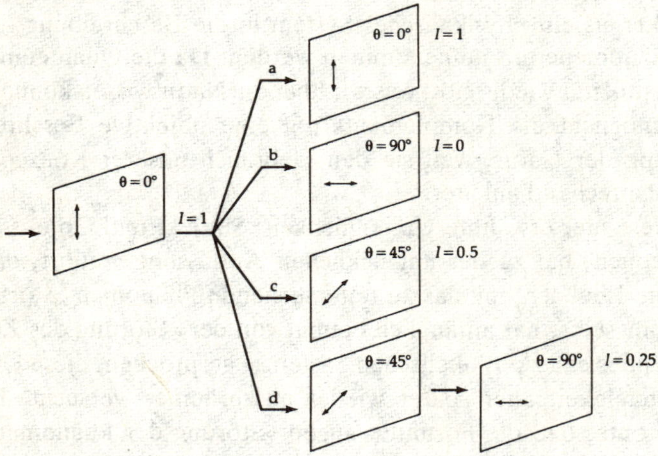

Abbildung 7: Lichtquanten werden durch ein sogenanntes Polarisationsplättchen planar polarisiert und anschließend durch weitere Polarisatoren gelenkt, die verschieden orientiert sind. Beim Durchgang durch eine gleichorientierte Platte (a) wird die Intensität (I = 1) nicht mehr beeinflußt. Bei einer zur Ausgangsrichtung um 90 Grad gedrehten zweiten Platte (b) bleiben alle Photonen hängen (I = 0). Eine um 45 Grad gedrehte Platte (c) halbiert die Intensität (I = 0,5). Wenn man den hier austretenden Strahl durch einen dritten Polarisator leitet (d), der erneut um 45 Grad (also gegenüber der Ausgangsrichtung um 90 Grad) gedreht ist, wird die Intensität erneut halbiert (I = 0,25). Dieses Ergebnis (d) paßt aber nicht mit Versuch (b) zusammen. Der Widerspruch kann nur aufgelöst werden, wenn man akzeptiert, daß der Zustand der Photonen erst durch ihre Wechselwirkung mit einem Apparat festliegt, daß also die Photonen gar keinen Zustand haben, wenn ihn niemand ermittelt. (Aus Max Delbrück, 1986)

tes zu sprechen, ohne daß eine Messung stattfindet. Die Annahme, daß die Parameter, mit denen der klassische Zustand eines Teilchens definiert wurde, sich auf eine unabhängige physikalische Realität richten, muß aufgegeben werden. Dieses Problem bezieht sich auf die Frage nach dem Wesen der Realität und nach den Besonderheiten der Quantenwirklichkeit. Bohr hat diese Fragen in ausführlichen Diskussionen mit Einstein besprochen. Wir werden an anderer Stelle darauf genauer eingehen und uns hier auf einfachere Mißverständnisse beschränken.

Ein solch einfacher Fehler wird begangen, wenn man sagt, die Idee der Komplementarität sei nur eine ohne mathematische Hilfe formulierte Fassung der Unbestimmtheitsrelationen Heisenbergs. Einmal ist historisch nachweisbar, daß sich diese beiden Deutungen der Quantentheorie zeitlich nebeneinander entwickelt haben.[24] Beide sind gleichberechtigte Konsequenzen des Quantenpostulats. Die Unbestimmtheitsrelationen erfassen die meßtechnischen Konsequenzen in einer formalen Sprache, die Idee der Komplementarität formuliert die konzeptionellen Konsequenzen in der gewohnten Sprache. Bohr sah die eigentliche Aufgabe der Unbestimmtheitsrelationen darin, »daß sie in quantitativer Weise die logische Verträglichkeit von einander scheinbar widersprechenden Gesetzmäßigkeiten sichern, die bei zwei verschiedenen Meßanordnungen zum Vorschein kommen«[25]. Es wäre falsch, den Inhalt der Heisenbergschen Relationen durch folgenden Satz wiederzugeben: »Der Ort und der Impuls eines Teilchens lassen sich nicht zugleich mit beliebiger Genauigkeit messen.« Dies erweckt den Anschein, als ob uns einige unglückliche Umstände hindern würden, dies zu tun. Es sieht dann so aus, als ob wir willkürlich darauf verzichteten, einen von zwei wohldefinierten Attributen zu messen. Wir lassen die Möglichkeit offen, »in einer zukünftigen Vervollständigung der Theorie beide Attribute nach den Richtlinien der klassischen

Physik in Betracht zu ziehen«. Es ist aber klar, daß durch die Situation in der Atomphysik die Vorstellung von selbständigen Attributen eines Objektes keinen Sinn mehr hat. Meßanordnungen, die sich gegenseitig ausschließen, können nicht durch die gleichen Begriffe beschrieben werden, vielmehr müssen komplementäre Konzepte verwendet werden. Die Rolle der Unbestimmtheitsrelationen besteht darin, die konzeptionell paradoxen Elemente davor zu bewahren, im Experiment tatsächlich als widersprüchlich erkannt zu werden. Heisenberg hatte 1927 entdeckt, wie sich die Natur davor schützt, bei einem Widerspruch ertappt zu werden.

Als Bohr Anfang 1927, nach der Rückkehr aus Norwegen und mit der Komplementarität im Kopf, von den Unbestimmtheitsrelationen erfuhr, festigte sich seine Meinung, daß der neue konzeptionelle Rahmen der Physik beide klassischen Arten der Beschreibung beibehalten muß, nämlich die raumzeitliche Darstellung mit ihren Bildern von Welle und Teilchen und die kausale Darstellung mit ihrer Verwendung der Erhaltungssätze. Beide können allerdings auf das gleiche physikalische System nur begrenzt gleichzeitig angewendet werden. Heisenbergs Relationen drücken diese Limitierung präzise aus.

Es ist sicher richtig, wenn behauptet wird, daß die Unbestimmtheitsrelationen einen bevorzugten Platz im wissenschaftlichen Bewußtsein einnehmen. Sie sind einfach nicht zu ignorieren und geben der Komplementaritätsidee in der Physik eine entsprechende Stütze. Sie machen es leicht, Größen zu definieren, die komplementär sind, nämlich solche, die durch eine Unbestimmtheitsrelation miteinander verbunden sind. Man kann daraus aber nicht schließen, daß ohne solch eine Unbestimmtheitsrelation Komplementarität nicht möglich sei, da zwei Größen erst dadurch als komplementär erkannt werden können, daß sie gemeinsam in einer Unbestimmtheitsrelation Platz finden. Komplementarität wird nur im physikalischen Gewand nachweisbar (meßbar) sein, darüber hinaus kann sie nur eine Erfahrung sein, auf die man beim Denken stößt.

Bohr fühlte, daß die Quantenmechanik und seine Interpretation auf dem richtigen Weg waren, weil sie die klassischen Konzepte nur einschränkten und nicht völlig verwarfen. Seine Weigerung, die anschaulichen mechanischen Bilder aufzugeben, und seine Einsicht, daß nicht eines das andere ganz ersetzen konnte, ermöglichten es, den Gedanken der Komplementarität zu entwickeln. Er wollte die klassischen Konzepte in der Quantentheorie beibehalten. Dadurch paßte sie jedoch nicht mehr in den gegebenen Rahmen, in dem angenommen wurde, daß die Ausdrücke, mit denen Phänomene (die Erscheinungen der Objekte) beschrieben werden, auch dann noch die Objekte richtig erfassen, wenn diese unbeobachtet sind. Die deskriptiven Konzepte brauchten aber nur im Rahmen der Komplementarität uminterpretiert zu werden, um sie weiterverwenden zu können.

Ein Einwand, der oft gegen das Argument der Komplementarität vorgebracht wird, besteht in dem Hinweis, daß dieser Gedanke unser Wissen verringern und nicht erweitern würde. Wir erführen nur, daß wir etwas nicht wissen können.

Natürlich wird sozusagen nur umgekehrt ein Schuh daraus. Mit Hilfe der Komplementarität werden wir in die Lage versetzt, etwas (eine Wirklichkeit) zu beschreiben, das sich zuvor einer sprachlichen Erfassung entzogen hat. Wir können nun mehr beschreiben als vorher, und das heißt auch, daß wir mehr wissen als vorher.

Dies kann durch einen Vergleich mit einem indischen Gedankensystem verdeutlicht werden, das von den Dschainas entwickelt worden ist.[26] Dschainas sind an das Gebot der *ahimsa* gebunden, also an die Nichtverletzung von Lebewesen (sie sind daher Vegetarier). Die *ahimsa* gilt auch für die Welt der Gedanken, sie hat hier ein eigenes System zur Beschreibung

der Wirklichkeit hervorgebracht, das unter dem Namen *Syād-vāda* bekannt ist (*Syād* heißt »mögliche«). Es erlaubt verschiedene Arten der Wirklichkeitsbeschreibung, von denen vor allem eine für unsere Zwecke von Interesse ist. Diese trägt den Namen *avayakta,* der besagen soll, daß diese Wirklichkeit zwar existiert, daß es aber keine Bezeichnung für sie gibt.
Avayakta entspricht genau dem, was wir Komplementarität nennen. Betrachten wir dazu einen Kasten, der in zwei Hälften geteilt ist.
Unsere seit Aristoteles festgeschriebene (zweiwertige) Sprachlogik erlaubt uns nur, einen von zwei Tatbeständen

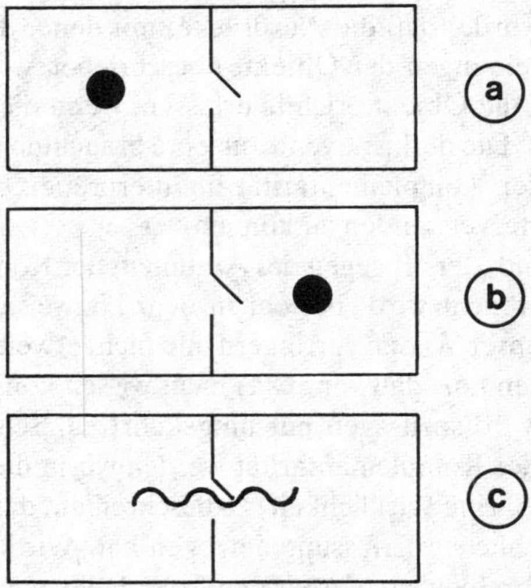

Abbildung 8: In der klassischen (zweiwertigen) Logik kann nur einer von zwei Zuständen realisiert sein. Entweder ist ein physikalisches Objekt in der linken Hälfte des Kastens (a), oder es ist in der rechten Hälfte (b). Ein Drittes gibt es nicht, sagte Aristoteles. Unsere Sprache jedenfalls kann es nicht ausdrücken. In der Quantenwirklichkeit gibt es aber eine weitere Möglichkeit. Die Welleneigenschaft erlaubt es einem Objekt, in beiden Hälften des Kastens zu sein (c). In der indischen Philosophie hat man solch einen Zustand – es gibt ihn, aber man kann ihn nicht beschreiben – als *avayakta* bezeichnet.

auszudrücken: Entweder ist ein Objekt in der linken Hälfte, oder es ist in der rechten Hälfte. Ein Drittes gibt es nicht. Tertium non datur. Diese Logik wird aber zu eng, wenn man sich die (im Rahmen der Komplementarität einleuchtende) Möglichkeit eines atomaren Objektes vor Augen hält, auch als Welle zu erscheinen. Daß etwas sowohl auf der einen als auch auf der anderen Seite ist, können wir nicht ausdrücken. Wir wissen aber, daß es so ist – dank der Komplementarität, die unser Wissen so erweitert, wie es der Idee eines *avayakta* schon seit mehr als tausend Jahren gelingt.

So leicht sich der Gedanke der Komplementarität mit alten indischen Weisheiten verträgt, so schwierig scheint es, ihn mit der jungen europäischen Dialektik zusammenzubringen. Zwar hat Hegel schon konstatiert, daß jede Wahrheit und jede Wirklichkeit durch die Vereinigung zweier gegensätzlicher Teilaspekte zustande kommt, und aus der bisher gegebenen Beschreibung ist auch deutlich geworden, daß die dialektische Bewegung des Denkens eine wesentliche Rolle im Rahmen der Komplementarität spielt, doch hat dies nicht verhindern können, daß der offizielle dialektische Materialismus seine Schwierigkeiten mit dem Bohrschen Konzept hat. In der heutigen marxistischen Philosophie gilt Bohr zwar als »spontaner Dialektiker«[27], doch dies war nicht immer so. Zwischen 1948 und 1960 zum Beispiel handelte sich jeder, der die Kopenhagener Deutung in der Sowjetunion akzeptierte, den Vorwurf ein, einen schweren philosophischen Fehler zu begehen und die Position des dialektischen Materialismus zu schwächen.[28]

Es war natürlich für einen Anhänger von Marx und Lenin auch schwierig, mit der Tatsache fertig zu werden, daß die Bahn eines Elektrons erst dadurch entstand, daß sie beobachtet wurde, wie Heisenberg und Bohr behaupteten. Dies scheint den dialektischen Materialismus direkt zu widerlegen, der die objektive Existenz der Materie postuliert, die unab-

hängig und verschieden vom Geist ist. Lenin selbst hatte in seinem 1908 verfaßten Buch »Materialismus und Empiriokritizismus« klargestellt, daß »die einzige Eigenschaft der Materie, an deren Anerkennung der philosophische Materialismus gebunden ist, die Eigenschaft ist, objektive Realität zu sein und außerhalb unseres Bewußtseins zu existieren ...«[29].
Dieses Dogma wird durch jede Beobachtung eines Elektrons und die dabei sprunghaft eintretende Änderung seiner Wellenfunktion verletzt, obwohl Lenin im selben Buch[30] noch darauf bestanden hat, daß alles, was dem gesunden Menschenverstand in der Physik »wunderlich« und »ungewöhnlich« vorkommt, doch nur »eine weitere Bestätigung des dialektischen Materialismus« sein darf.
Da eine offizielle Dialektik unter dieser Vorgabe arbeitet, wird es einen Außenstehenden nicht verwundern, wenn die Komplementarität einmal verbannt und ein andermal als spontane Dialektik gefeiert wird. Die dazugehörenden Argumente sind dann aber nur für Spezialisten von Interesse und bleiben hier ohne Berücksichtigung. Sie sind so, wie Lenin das Elektron charakterisiert hat, nämlich »unerschöpflich«.

Philosophische Zusammenhänge

»Auf die Frage, wie denn die Wirklichkeit eigentlich sei, kann man daher kaum anders antworten als auf die alte Frage im Märchen:
›Wie lange dauert die Ewigkeit?‹
›Am Ende der Welt steht ein Berg, ganz aus Diamant, und alle hundert Jahre fliegt ein Vögelchen dorthin und wetzt dort seinen Schnabel, und wenn der ganze Berg abgetragen ist, dann wird erst eine Sekunde der Ewigkeit vergangen sein.‹«

Werner Heisenberg

Fragen der Erkenntnis

Komplementarität beansprucht, den allgemeinen Rahmen zu liefern, in dem eine wissenschaftliche Beschreibung der Natur möglich ist. Bohrs Idee versucht somit, etwas über die *wissenschaftliche* Erkenntnis zu sagen. Sie liefert keinen Beitrag zu anderen bekannten Stufen des Erkennens, die etwa als Empfindung, Wahrnehmung und Erfahrung beschrieben werden können. Wissenschaftliche Erkenntnis geht über das alltägliche Erkennen hinaus, sie benutzt theoretische Begriffe und logische Schlüsse und ergänzt die Sinnesorgane durch hochentwickelte technische Apparate, die Signale registrieren, von denen unsere Sinne nichts erfahren (können).
Jede Erkenntnistheorie stellt die Frage, wie Erkenntnis möglich ist. Eine Antwort hierauf kann nicht für alle Formen des Erkennens gleich ausfallen. Traditionelle philosophische Analysen haben sich in gewisser Weise sehr eingeschränkt umgetan. Erkenntnis war für sie das, was das erwachsene menschliche Zentralnervensystem (Gehirn) zustande bringt, wenn es der Welt ohne die technischen und theoretischen Hilfsmittel der Wissenschaft gegenübertritt. Nur über diese normale (unkritische) Erfahrung kann sie etwas sagen. Die

Philosophie hat es einmal versäumt, die Herkunft der Kategorien zu berücksichtigen, mit denen der erwachsene Geist die Wirklichkeit begreift – dies wird heute im Rahmen einer genetischen Epistemologie untersucht.[1] Darüber hinaus hat die Philosophie die Frage außer acht gelassen, ob (und wie) die Kategorien, die uns im Alltag leiten, noch greifen, wenn ein neuer Teil der Wirklichkeit aufgeschlossen wird. Sie muß an dieser Stelle durch eine Wissenschaftstheorie abgelöst werden, die eine Erklärung der Tatsache zum Ziel haben sollte, daß Wissenschaft möglich ist.
Es ist sicher eine interessante Frage, wie das Entstehen der exakten Naturwissenschaften erklärt werden kann, wenn man den Standpunkt einnimmt, der sich an der Evolution orientiert und der besagt, daß unser Gehirn als Mittel oder Werkzeug entstanden ist, mit dem unsere Chancen vergrößert wurden, den »Kampf um das Dasein« zu bestehen. Denn im Anschluß daran stellt sich sofort die Frage, wieso unter diesen Bedingungen von der Evolution ein Organ geliefert werden konnte, das zum Beispiel die Physik der Materie erkunden und in die Geheimnisse der Zahlentheorie eindringen kann, das – mit anderen Worten – die Wirklichkeit erkennen und Wahrheiten formulieren kann?[2]
Wissenschaftliche Erkenntnis ist jedenfalls möglich. Ebenso wie ihre unkritischen Vorstufen bleibt sie der Versuch, eine äußere (hypothetisch postulierte) Realität im Inneren zu rekonstruieren. Sie kann selbst auch wieder eine eigene Stufung besitzen, abhängig davon, wie weit wir die Ebene der Empfindungen unter uns lassen.[3]
Die Frage, wie theoretische Erkenntnis möglich ist, kann heute nur in Ansätzen diskutiert werden. Ein faszinierendes Problem steckt dabei zum Beispiel in der gerade im Rahmen der Quantentheorie zu beobachtenden Tatsache, daß die Mathematik auf die Welt paßt, und zwar auch da noch, wo die Welt völlig unanschaulich ist.

Bezüglich der Komplementarität als Charakteristikum wissenschaftlicher Erkenntnis können wir die Frage stellen, was uns Bohrs Idee über die Natur dieses Wissens sagt, wenn sie der allgemeine konzeptionelle Rahmen ist, in dem eine Beschreibung der Natur verstanden werden kann.

Das Komplementaritätsargument ist entworfen worden, um den Standard der idealen Beschreibung, den die klassische Physik gesetzt hatte, so zu verändern, daß die Quantentheorie als akzeptabel, konsistent und vollständig angesehen werden kann. Der mit der Komplementarität erfolgte Wechsel des epistemologischen Rahmens zog also auch einen Wechsel in der Definition einer akzeptablen Wissenschaft nach sich. Bevor die Schwierigkeiten mit den Atomen eine neue Sicht und eine neue Mechanik erzwangen, repräsentierte das Uhrwerk des klassischen Mechanismus das Ideal der Naturbeschreibung. Hierdurch lag fest, welche Erklärungen der Phänomene als wissenschaftliche Erkenntnis akzeptiert wurden. Dabei war es scheinbar gelungen, die Natur objektiv zu beschreiben, also Gesetze anzugeben, die, jedenfalls auf den ersten Blick, keinen Hinweis auf ein erfahrendes Subjekt enthielten. In der klassischen Mechanik sieht der Beobachter bloß von außen auf die Welt, deren Gesetze er erkannt hat. Die Wirklichkeit wird somit aufgeteilt, in ein Ich und die Welt, in eine Res cogitans und eine Res extensa. Der Erfolg von Newtons Schema hatte weitreichende Konsequenzen bis in die philosophischen Traditionen des Rationalismus und des Empirismus hinein.

Immanuel Kant zum Beispiel hielt – wie alle zeitgenössischen Physiker – die Theorie Newtons für wahr und unbestreitbar. Sie schien ihm ein Musterbeispiel perfekten Wissens zu sein. Kant glaubte daraus den Schluß ziehen zu können, daß Newtons Gesetze nicht irgendwelchen Beobachtungen entsprungen sind, sondern daß sie unseren eigenen Denkmethoden entstammen. Als er sich dann in seinem kritischen Werk mit den vorliegenden Naturwissenschaften beschäftigte, glaubte er folgerichtig, ganz allgemein die menschliche Vernunft in den analytischen Griff bekommen zu können. Doch diese Analyse ist Kant nicht gelungen, »was er gegeben hat, wurde eine Analyse der Naturwissenschaften seiner Zeit«[4], und die damalige Physik steckte eben voller Fehler, wie wir heute wissen.

Jede philosophisch motivierte Diskussion der menschlichen Erkenntnisfähigkeit muß sich am Stand der Wissenschaft orientieren, wenn sie mehr zustande bringen will als eine Analyse des gesunden Menschenverstandes. Gerade aus diesem Grunde ist es betrüblich, daß Bohr am Ende seines Lebens resigniert feststellen mußte: »Ich glaube, daß es schon richtig ist, wenn man sagt, daß niemand, den man einen Philosophen nennen könnte, verstanden hat, was mit komplementären Beschreibungen gemeint ist.«[5] Dabei werden die Naturwissenschaften vielfach als Paradigma menschlicher Erkenntnis betrachtet. Und in diesem Fall sollte doch ein Wechsel ihres beschreibenden Ideals für jede Art der Epistemologie von Interesse sein.

Von den Philosophen allein gelassen, mußten die Physiker selbst die philosophischen Fragen in Angriff nehmen, die ihre Wissenschaft mit sich brachte und die ihren Höhepunkt im Prinzip der Komplementarität fanden. Zunächst versuchte Bohr sich darüber klarzuwerden, was die Physiker oder Biologen eigentlich machen, wenn sie entdecken, wie die Natur funktioniert: »Die Aufgabe der Wissenschaft besteht darin, unseren Erfahrungsbereich auszuweiten und auf eine Ordnung zu reduzieren«, schrieb er 1929.[6] Und 26 Jahre später notierte er in seinem Aufsatz »Die Atome und die menschliche Erkenntnis«: »Ziel der Wissenschaft ist es, unsere Erfahrungen zu erweitern (augment) und zu ordnen.« Für Bohr basiert jede empirische Kenntnis letztendlich auf Erfahrungen, die Eigentum eines wahrnehmenden Subjektes sind. Im

Rahmen der Wissenschaften können wir von diesem subjektiven Anfang zu der angestrebten objektiven Beschreibung der erfahrenen Phänomene dann gerade durch die Konstruktion der Komplementarität gelangen, wie Bohr häufig betont hat:

> »In Anbetracht des Einflusses, den die mechanistische Naturauffassung auf das philosophische Denken ausgeübt hat, ist es verständlich, daß man zuweilen im Komplementaritätsgesichtspunkt einen mit der Objektivität wissenschaftlicher Beschreibung unvereinbaren Hinweis auf den subjektiven Beobachter gesehen hat. Innerhalb jedes Erfahrungsbereichs müssen wir natürlich eine scharfe Unterscheidung zwischen dem Beobachter und dem Inhalt der Beobachtungen beibehalten. Andererseits müssen wir aber bedenken, daß die Entdeckung des Wirkungsquantums die Grundlagen der Naturbeschreibung an sich in ein neues Licht gerückt hat und uns bisher unbeachtete Voraussetzungen für die widerspruchsfreie Anwendung der Begriffe, auf denen die Mitteilungen über die Erfahrungen ruhen, enthüllt hat. Wie wir gesehen haben, ist in der Quantenphysik eine Beschreibung der Funktionen der Meßgeräte bei der Definition der Phänomene unentbehrlich, und wir müssen sozusagen zwischen Subjekt und Objekt in einer Weise unterscheiden, die in jedem einzelnen Fall die unzweideutige Anwendung der in der Beschreibung benutzten elementaren physikalischen Begriffe sicherstellt. Weit entfernt von einem dem Geiste der Wissenschaft fremden Mystizismus weist die Bezeichnung Komplementarität nur auf die mit unserer Stellung bei Beschreibung und Zusammenfassung von Erfahrungen im Bereiche der Atomphysik verbundenen logischen Bedingungen hin.«[7]

Diese Verschiebung der Unterscheidung zwischen Subjekt und Objekt wird weiter unten noch genauer angesprochen.

Sie wird von Bedeutung werden, wenn die Vorstellung der Komplementarität auf Biologie und Psychologie ausgedehnt wird. In der mechanischen Naturauffassung bestand hier ein starrer Schnitt, der primitiv zwischen Leib und Seele trennte und für die Beschreibung der menschlichen Situation unzulänglich blieb.

Hinsichtlich der allgemeinen Probleme der Erkenntnis wollen wir hier noch genauer auf die Beziehung eingehen, die zwischen Bohrs Komplementarität und Kants Erkenntnislehre besteht.[8] Zwar gibt es in Bohrs Arbeiten keinen Verweis auf Kant, aber auf den ersten raschen Blick scheinen beide Denksysteme vergleichbar zu sein. Während Bohr mit Hilfe der Komplementarität daran festhält, daß die klassischen Konzepte eine objektive Beschreibung aller Erfahrungen ermöglichen, wendet Kant die Kategorien Raum, Zeit und Kausalität a priori auf wahrgenommene Erscheinungen an. In Wahrheit bestehen aber trotz der oberflächlichen Übereinstimmungen riesige Differenzen zwischen den beiden Philosophen. In einem Vortrag hat Bohr einmal – ohne den Namen Kants zu erwähnen – seine Position der von Kant gegenübergestellt:

> »Die Erklärung der Bahnbewegungen der Planeten in unserem Sonnensystem aufgrund einfacher mechanischer Prinzipien und das allgemeine Gesetz der Schwere übten einen tiefgehenden Einfluß auf die allgemeine philosophische Einstellung in den folgenden Jahrhunderten (nach Newton; Anm. d. Verf.) aus, und sie bestärkten die Auffassung, daß sowohl Raum und Zeit als auch Ursache und Wirkung als apriorische Kategorien für die Zusammenfassung allen Wissens anzusehen sind.
>
> Das Anwachsen der physikalischen Erfahrungen in unserer Zeit hat jedoch eine durchgreifende Revision der Grundlagen für den unzweideutigen Gebrauch unserer einfachsten Begriffe notwendig gemacht und unsere Einstellung gegen-

über dem Ziel der Naturwissenschaften geändert. Vom heutigen Standpunkt aus ist die Aufgabe der Physik nicht so sehr das Studium von etwas, da a priori gegeben ist, sondern vielmehr die Entwicklung von Methoden zur Ordnung und Zusammenfassung menschlicher Erfahrungen. Im Hinblick hierauf muß es unser Ziel sein, solche Erfahrungen auf eine Weise zu erklären, die unabhängig von individuellem, subjektivem Urteil und daher objektiv in dem Sinne sind, daß sie unzweideutig mit Hilfe der gemeinsamen menschlichen Sprache mitgeteilt werden können.«[9]

Bohr betrachtete Kants Philosophie als den Versuch, die Universalität und Notwendigkeit des Newtonschen Rahmens zu beweisen, indem sie zeigte, daß hier Konzepte verwendet werden, die *vor* jeder Erfahrung geformt wurden. Kant hätte keiner physikalischen Entdeckung erlaubt, am Gebrauch dieser A-priori-Konzepte etwas zu ändern. Genau dies aber mußte Bohr tun. Mit dem Quantum der Wirkung konnte diese Einstellung nicht mehr aufrechterhalten werden. Hier war eine (wissenschaftliche) Erfahrung gemacht worden, die auf die Verwendung der Begriffe zurückwirken mußte. Bohr erkannte, daß *nach* dieser unerwarteten und mehr oder weniger zufälligen Entdeckung die Konzepte und Kategorien, die wir uns *vor* jeder Erfahrung (und noch ohne Wissenschaft) angeeignet hatten, den neuen empirischen Tatsachen gemäß abgeändert werden mußten.
Die Bedeutung der klassischen Konzepte wird also durch die Erfahrung beeinflußt, sie wird eingeschränkt. Komplementarität sollte dieser Begrenzung präzise Rechnung tragen und helfen, Widersprüche zu vermeiden. Bohrs Idee sollte den logischen Rahmen schaffen, in dem der unzweideutige Gebrauch von Konzepten sichergestellt ist. Dazu zählten Raum, Zeit, Energie, Impuls. Diese Begriffe spielen für Bohr ihre Rolle *nach* der Erfahrung, die mit ihnen objektiv beschrieben

werden kann. Für Kant treten Konzepte (Kategorien) *vor* der Erfahrung in Erscheinung, sie ordnen, was wahrgenommen wird.
Diese Auffassung trifft zu, solange es um die unseren Sinnen zugängliche und also ohne technische Hilfsmittel wahrnehmbare *Wirk*lichkeit geht. Nur dieser Teil der Welt hat im Verlaufe der Evolution auf uns ge*wirkt.* In diesem Rahmen wird heute auch der A-priori-Charakter der Kantschen Kategorien und ihre Eigenschaft, auf die wirkliche Welt zu passen, erklärt. Sie sind im Laufe unserer Stammesgeschichte als Ergebnis einer natürlichen Evolution entstanden. Die uns *vor* jeder individuellen Erfahrung zur Verfügung stehenden Kategorien sind in stammesgeschichtlicher Perspektive a posteriori, also *nach* vielen Erfahrungen, entstanden.[10]
Der von uns im Laufe der Phylogenese erfaßte Teil der Welt wird heute als Mesokosmos bezeichnet.[11] Es ist die Welt der mittleren Dimensionen, an die sich unser Erkenntnisapparat angepaßt hat. Der mesokosmische Ausschnitt der Welt ist der Teil, der anschaulich ist und den wir handhaben können. Er wird so erkannt, wie Kant es beschrieben hat. Das Quantum der Wirkung findet man hier nicht. Es hat keinen Platz im Mesokosmos, da es sich jeder Anschauung entzieht. Wenn ich nun den atomaren Bereich – also den Mikrokosmos, in dem das Quantum eine entscheidende Rolle spielt – verstehen und mit den gewohnten Begriffen beschreiben will, dann brauche ich dazu einen erweiterten Rahmen, in dem dies ohne Widersprüche möglich ist. Ihn liefert die Komplementarität.
Die Frage, ob der Rahmen der Komplementarität mit seiner Ausschließung und Einschränkung eine befriedigende Erkenntnistheorie liefern kann, bleibt hier offen. Es sollte aber beachtet werden, daß Komplementarität auch die Zusammengehörigkeit von zweierlei betont, das nicht zugleich stattfinden kann. Was diese Einheit sein kann, hat Hegel erläutert. Sie ist die Idee, die sich erweist »als das schlechthin mit sich

identische Denken, und dies zugleich als die Tätigkeit, sich selbst, um für sich zu sein, sich gegenüberzustellen und in diesem Anderen nur bei sich selbst zu sein«.[12]

Die Natur der Wirklichkeit

Die Idee der Komplementarität enthält neben dem bereits erwähnten instrumentalen Aspekt – er erkennt eine Begrenzung unseres Wissens über die Welt und findet seinen unmittelbaren Ausdruck in der Unbestimmtheit – auch einen metaphysischen Aspekt. Er sieht über die Grenzen der Beobachtbarkeit hinweg und auf das Wesen der Realität.[13] In dieser Sicht der Dinge wird behauptet, daß es so etwas wie ein Elektron mit gegebener Position und fester Geschwindigkeit oder ein Photon mit definierter Polarisation überhaupt nicht gibt. Die Konsequenz einer solchen Anschauung besteht darin, daß die Dynamik unbeobachteter Partikel auch nicht mehr der uns vertrauten Kausalität unterliegt.

Bekanntlich hat Albert Einstein trotz aller Bewunderung für Bohr das Konzept der Komplementarität abgelehnt. Einstein stimmte zwar der Auffassung zu, daß man um den instrumentellen Aspekt nicht herumkommt, er wandte sich aber gegen jede Ausweitung der Komplementarität über diesen Gesichtspunkt hinaus. Ihm schien es, daß Bohrs Idee »die Aufgabe des Konzeptes der Realität in der Physik« bedeutete, und dies wollte Einstein »verhindern«.[14] Um die Argumente in physikalische Bahnen zu lenken, konstruierte Einstein mit seinen Kollegen Boris Podolsky und Nathan Rosen ein Gedankenexperiment, das zeigen sollte, daß es ein Element der physikalischen Wirklichkeit gibt, das in der Quantenmechanik nicht repräsentiert ist. Diese Theorie der Atome wäre dann unvollständig und eine Interpretation – also die Komplementarität – eigentlich überflüssig.

Was zur Wirklichkeit gehört, wollten die drei Autoren durch folgendes Kriterium festlegen: »Kann man den Wert einer physikalischen Größe mit Sicherheit (das heißt mit der Wahrscheinlichkeit 1) vorhersagen, ohne ein System dabei in irgendeiner Weise zu stören, dann gibt es ein Element der physikalischen Wirklichkeit, das dieser Größe entspricht.«[15]
Sie konstruierten in ihrer Arbeit ein Beispiel, in dem es eine solche Größe aber doch gab, und zogen den Schluß, »daß die durch die Wellenfunktion vermittelte Beschreibung der physikalischen Realität unvollständig ist«.
In dem Gedankenexperiment wurden zwei Teilchen betrachtet, die sich aufeinander zu bewegen, zusammenstoßen und wieder auseinanderfliegen.

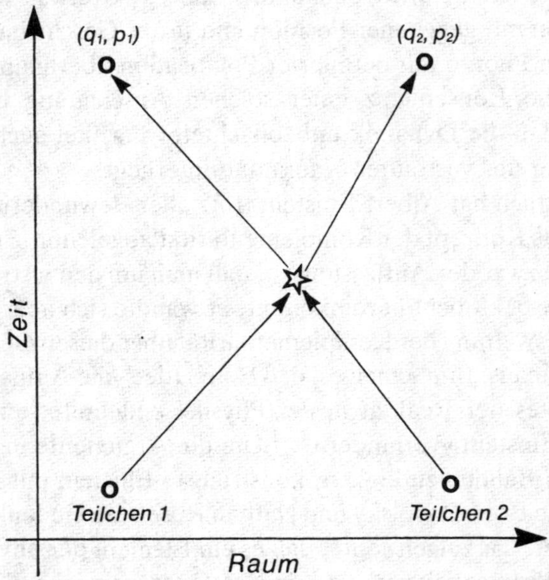

Abbildung 9: In einem einfachen Raum-Zeit-Diagramm sieht man die Darstellung zweier Teilchen, die zusammenstoßen und auseinanderfliegen. Nach dem Zusammenprall hat Teilchen 1 (2) am Ort q_1 (q_2) den Impuls p_1 (p_2). (Aus Max Delbrück, 1986)

Für solch eine Situation erlaubt die Quantenmechanik (kurioserweise), daß sowohl die Summe der Impulse als auch die Differenz der Orte (Abstand) gleichzeitig einen festen Wert haben. Außerdem legen die Erhaltungsgesetze der Physik fest, wie die entsprechenden Werte vor und nach dem Zusammenstoß korreliert sind. Nun kann ein Beobachter am Teilchen A zum Beispiel den Impuls experimentell bestimmen. Er ist damit in der Lage, den Impuls von Teilchen B vorherzusagen, der damit zu einem Element der physikalischen Wirklichkeit wird. In der Quantenmechanik hat B aber keinen festen Impulswert, die Theorie kann diesen Teil der Realität nicht beschreiben. Außerdem kann nun *gleichzeitig* mit dem Impuls der Ort von B mit beliebiger Genauigkeit bestimmt werden. Damit scheint man hinter den Vorhang schlüpfen zu können, den die Unbestimmtheitsrelationen (und mit ihr die Komplementarität) vor der atomaren Wirklichkeit hochgezogen haben.

Bohr reagierte sofort auf diese Herausforderung, und nur vier Monate später erschien seine Antwort auf die Frage »Kann die quantenmechanische Beschreibung der physikalischen Wirklichkeit als vollständig betrachtet werden?«[16]. Sie fiel natürlich positiv aus. Seine Argumentation wies dabei auf einen Zug von Quantensystemen hin, der heute als Ganzheit verstanden und akzeptiert (da experimentell nachgewiesen) ist: Ein beobachtetes Objekt und der zu seiner Messung verwendete Apparat bilden eine untrennbare Einheit, die also nicht getrennt analysiert werden kann. Die Kombination eines gegebenen Teilchens mit einer experimentellen Anordnung unterscheidet sich wesentlich von der Kombination desselben Teilchens mit einer anderen Anordnung. Die Beschreibung des Zustandes des ganzen Systems drückt eine Relation aus zwischen dem Teilchen und allen vorhandenen Meßvorrichtungen. Mit anderen Worten, selbst wenn keine Messung an Teilchen B erfolgt ist, so ist doch sein Zustand (also die physikalische Wirklichkeit, deren Teil es ist) nicht unabhängig von der Anwesenheit des Apparates, mit dem die Messung an Teilchen A vorgenommen wird. Daher scheitert – nach Bohr – das Argument von Einstein, Rosen und Podolsky.

Der entscheidende Punkt liegt für Bohr wieder »in dem mit Komplementarität bezeichneten Gesichtspunkt ..., unter dem die quantenmechanische Beschreibung physikalischer Systeme innerhalb ihres Geltungsbereiches allen rationalen Erfordernissen der Vollständigkeit genügt«. Im einzelnen wies Bohr darauf hin, daß in Einsteins Definition der Wirklichkeit der Ausdruck »ohne ein System zu stören« mehrdeutig ist. Natürlich stört ein Beobachter von Teilchen A das andere Teilchen B nicht direkt physikalisch. Seine Messung übt aber *»einen Einfluß auf die tatsächlichen Bedingungen (aus), welche die möglichen Arten von Voraussagen über das zukünftige Verhalten des Systems definieren«*. Diese Bedingungen gehören eben auch zur physikalischen Wirklichkeit, sie gehören zu der Beschreibung eines Phänomens, dem man Wirklichkeit bescheinigt. All dies könne mit der Komplementarität verstanden werden, »dieser neue Zug der Naturphilosophie (bedeutet aber) eine radikale Revision unserer Einstellung zur physikalischen Realität«.[17]

Mit der Komplementarität liegt also keine Abkehr vom Realismus allgemein vor, hier wird nur deutlich, daß die klassischen Vorstellungen von Wirklichkeit nicht mehr greifen. Die im Rahmen der klassischen Physik beschriebene Welt konnte stets in ihre Einzelteile zerlegt werden. Die Quantenrealität ist anders. Bei Quantenphänomenen findet man eine seltsame Korrelation, die als Ganzheit des Systems gekennzeichnet werden kann. Die Quantenwirklichkeit kann nicht zerlegt werden. In gewisser Hinsicht kann nur das Ganze als real angesehen werden. Isolierte Teile gibt es nicht (außer in dem Versuch der Physiker, Quantenphänomene zu verstehen). Wenn zwei Teilchen miteinander in Wechselwirkung treten, dann werden sie Teil eines physikalischen Systems, das nicht mehr erfaßt werden kann, wenn man nur seine Einzelteile beschreibt.

Schon Erwin Schrödinger hat als besonderen Zug der Quantenmechanik hervorgehoben, daß von ihr beschriebene Systeme immer durch Korrelationen zusammenhängen (ganzheitlich sein) können, wenn schon längst keine direkte Wechselwirkung mehr vorliegt. Er sprach in diesem Zusammenhang von »verschränkten Systemen«.[18] Die Quantenmechanik zeigt (und die Komplementarität beschreibt), daß die Gegenstände dieser Welt enger miteinander verknüpft sind, als sich die klassische Physik und der gesunde Menschenverstand vorstellen. Diese Verschränkung ist unvorstellbar, das heißt, sie ist unanschaulich. Wie bereits oben erwähnt, greift in solch einem Fall der prinzipiell ausgeschlossenen Anschaulichkeit die Komplementaritätsidee dem Verstehen als logische Stütze unter die Arme. Die Verschränkung wird dann durch die Vorschrift berücksichtigt, daß nur und stets komplementäre Gesichtspunkte zu beachten sind, wenn es darum geht, Erkenntnisse zu gewinnen. Von einem Punkt allein aus sieht man den Zusammenhang (die Verschränkung) des Ganzen nicht.

Die Korrelation ohne Wechselwirkung – die Verschränkung – besteht nicht zwischen den wirklich vorhandenen Teilchen, sie besteht zwischen den Quantenzuständen, die zusammen mit diesen Entitäten existieren. Genauer gesagt, besteht die Verschränkung zwischen den Wahrscheinlichkeitsverteilungen, die festlegen, wie die Quantenobjekte sich verhalten können. Diese unlösbaren Verknüpfungen beeinflussen die meßbaren Eigenschaften von realen Teilchen auch dann noch, wenn die Wechselwirkung zwischen ihnen (also etwa ein Zusammenstoßen) längst vergangen ist.

Diese unanschauliche Ganzheit zeigt sich erst recht in der besonderen Form der Wechselwirkung, die zum Meßvorgang gehört. Damit schließt sich dann auch der Kreis zum metaphysischen Aspekt der Komplementarität. Ein individuelles Teilchen, das ohne jede Wechselwirkung existiert, gibt es in der Realität nicht. Isolierte Objekte gehören nicht zur physikalischen Wirklichkeit.

Die seltsamen Erscheinungen der Quantenrealität gehören heute zu den experimentell gesicherten Tatsachen.[19] Der Weg zur Prüfung der Ganzheit wurde durch eine Entdeckung John Bells aus dem Jahr 1964 möglich.[20] Er fand einen Weg, um herauszufinden, bis zu welchem Grad Quantensysteme korreliert bleiben. Dieser Weg wurde in Experimenten mit Hilfe der Bellschen Ungleichung beschritten.

Dabei zeigte sich, daß die Quantenmechanik (und Bohrs Argumentation) richtig vorausgesagt hat, daß die Wirklichkeit verschränkt, also nicht lokal ist.[21]

Bohrs Idee bedeutet, daß komplementäre Beschreibungen von Phänomenen Informationen über eine unabhängige physikalische Wirklichkeit liefern. Gerade die Tatsache, daß es möglich ist, Begriffe komplementär zusammenzufügen, sagt uns etwas über das Objekt (das »Ding an sich«), auf dem die Erscheinungen beruhen. Bohr vertrat mit seinem Argument keine abgewandelte Form des Phänomenalismus, in dem behauptet wird, man könne nur die Erscheinungen selbst, aber nicht hinter sie sehen.

An einem konkreten und vertrauten Beispiel kann erläutert werden, wie wir Kenntnis von einer unabhängigen Wirklichkeit bekommen, wenn wir betrachten, wie es im Rahmen der Komplementarität aussieht.[22] Wir wollen dabei weder ein Elektron noch ein Proton, sondern eine Person beschreiben, die sicher als individuelles Objekt angesehen werden kann. Wie sieht bei der gewünschten Art der Betrachtung zum Beispiel die objektive Beschreibung einer einzelnen Person aus, von der wir als außenstehender Beobachter nur das Verhalten in verschiedenen Zusammenhängen kennen? Auf der einen

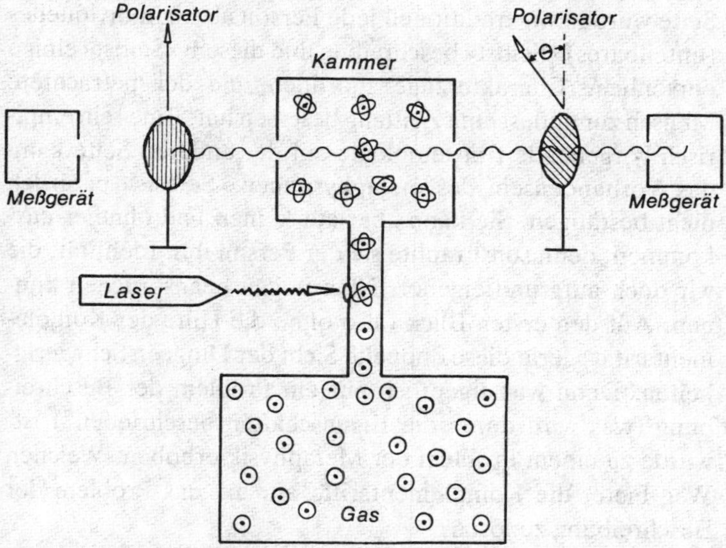

Abbildung 10: In dem Versuch, der die Vorhersagen der Bellschen Ungleichung testen sollte, bewegt sich ein Gas aus Kalziumatomen durch eine Röhre, in der sie von einem Laserstrahl getroffen werden können. Die Atome werden in einen angeregten Zustand versetzt und gelangen so in eine Kammer. Hier zerfallen sie wieder in den Grundzustand, wobei ein Paar aus Photonen emittiert wird. Diese beiden Photonen werden durch einen einzigen Quantenzustand beschrieben, selbst wenn sie meilenweit auseinander sind. Jedes Photon kann planar polarisiert sein, entweder parallel oder senkrecht zu einer angegebenen Richtung. Stimmt seine Richtung mit der Orientierung des Polarisators überein, auf den es trifft, wird es durchgelassen. Im Experiment wird in Abhängigkeit von dem Winkel zwischen den beiden Polarisatoren registriert, ob beide Photonen korreliert sind (ob beide durchtreten oder beide hängenbleiben) oder nicht. Die Quantenmechanik macht dabei andere Voraussagen als eine sogenannte realistische Theorie. Im Experiment bewährt sich die Quantentheorie. Sie tut dies auch dann, wenn die Orientierung der Polarisatoren erst (mit Hilfe eines Zufallsverfahrens) eingestellt wird, nachdem die Photonen losgeflogen sind. Wenn Information nicht schneller als Lichtgeschwindigkeit weitergegeben werden kann, wie können die Photonen doch noch miteinander korreliert sein? Nur, wenn sie verschränkt sind (durch die sogenannten EPR-Korrelationen).

Seite würden wir traditionell jede Person als ein individuelles (unteilbares) »Selbst« beschreiben und diesem »Selbst« einige persönliche Charakterzüge zuordnen, die der betrachtete Mensch zumindest eine Zeitlang besessen hat. Eine rein empirisch vorgehende Epistemologie auf der anderen Seite kann das Vorhandensein des metaphysischen »Selbsts« natürlich nicht bestätigen. Sie kann aber auf keinen Fall ohne es auskommen, denn sonst raubte sie der Person ihre Identität, die wir doch aufgrund eigener Erfahrungen beanspruchen können. Auf den ersten Blick (also ohne die Hilfe der Komplementarität) gerät diese doppelte Sicht der Dinge in Schwierigkeiten. Denn was eigentlich nur ein Problem der Beschreibung (was wird durch die Eigenschaften beschrieben?) ist, wurde zu einem Problem der Metaphysik erhoben. Welchen Weg bietet die Komplementarität an, um das Problem der Beschreibung zu lösen?

Betrachten wir dazu Herrn Meier und lassen ihn mit drei Systemen in Wechselwirkung treten: seiner Frau, seinen Kindern und seinem Chef. Von seiner Frau wird er als liebenswürdig und intelligent, von seinen Kindern als rechthaberisch und unberechenbar und von seinem Chef als entscheidungsschwach und feige beschrieben. Offenbar widersprechen sich einige dieser Beschreibungen, und es scheint, daß sie sich nicht auf ein und dasselbe Objekt (»Meier«) beziehen können. (Wenn man sie nicht als Neigungen versteht, sich in bestimmten Situationen zu verhalten.) Die Frage lautet, ob diese Beschreibungen auch den »wirklichen« Meier erfassen, wie er, unabhängig von dem Zusammentreffen mit den drei erwähnten »Systemen«, ist?

Bohr würde sagen, daß unsere Aufgabe darin besteht, einen konzeptionellen Rahmen und einen theoretischen Formalismus zu finden, der eine unzweideutige Mitteilung über Meier zuläßt. Die einzelnen Aussagen sind nicht eindeutig in dem Sinne, daß sie verschiedene phänomenale Objekte beschrei-

ben. Erst wenn wir eine Theorie des Verhaltens einer Persönlichkeit haben und seine Merkmale im Umgang mit verschiedenen Systemen voraussagen können, dann sind wir in der Lage, verschiedene Erscheinungen von Meier durch komplementäre Beschreibungen seines Selbsts zu beschreiben. Wir haben dann etwas über Herrn Meier gelernt. Da wir aber nichts weiter über den phänomenalen Herrn Meier (so, wie er uns erscheint) gelernt haben, kann das nur bedeuten, daß wir etwas über den wirklichen Herrn Meier (über das »Selbst«) verstanden haben. Genau darin liegt der Grund zu dem Anspruch, daß man etwas über das Ding an sich hinter den Erscheinungen (also die Wirklichkeit) gelernt hat, wenn man die verschiedenen Beschreibungen seiner verschiedenen Erscheinungen in Beziehung zueinander setzen kann.
Was bisher zu der Natur der Wirklichkeit gesagt wurde, betrifft ihren epistemischen Status und bezieht sich auf die Resultate von Messungen und unser Wissen. Hierauf bezieht sich auch das verwendete Argument der Komplementarität. Bohr hat sich zu der ontologischen Frage, wie die Eigenschaften der physikalischen Dinge an sich sind, nur spärlich geäußert. In der Tat stellt seine Philosophie keine Form einer Ontologie dar. Zumindest waren nur wenig positive ontologische Ansprüche von ihm zu hören.
Bohr hat lediglich gezeigt, daß der ontologische Status, den die klassische Physik ihren Objekten gab – nämlich eine materielle Substanz zu sein –, im Rahmen der Komplementarität ausgeschlossen wird. Ebenso wird von ihm die idealistische Konzeption verworfen, daß die Gegenstände der wissenschaftlichen Erkenntnis ontologisch den Zuständen des Bewußtseins gleich sind. Er schreibt, daß die Komplementarität »uns logische Mittel zur Ordnung weiterer Erfahrungsgebiete (bietet), die eine angemessene Beachtung der Trennungslinie zwischen Objekt und Subjekt notwendig macht. Da in der philosophischen Literatur zuweilen auf verschiedenen Stufen

von Objektivität und Subjektivität, ja sogar von Realität hingewiesen wird, darf hier betont werden, daß der Begriff eines letzten (ultimate) Subjektes – ebenso wie die Begriffe von Realismus und Idealismus – in einer objektiven Beschreibung, wie wir sie definiert haben, keinen Platz hat. Dieser Umstand bedeutet jedoch keine Begrenzung der Reichweite unserer Betrachtungen.«[23]

Komplementarität setzt eine unabhängige und zur Wechselwirkung fähige Realität voraus, die hinter den beobachtbaren Phänomenen steckt. Zur Konstruktion einer ontologischen Konzeption kann nicht auf die Begriffe der Erfahrung zurückgegriffen werden. Indem man verschiedene phänomenale Beschreibungen durch die formale Struktur der Quantenmechanik zu kombinieren in der Lage ist, kann man theoretische Erkenntnis der ontologisch unabhängigen Objekte erlangen, die als Wirklichkeit hinter den Erscheinungen liegen.

Es erscheint angebracht, diesen Abschnitt mit einer kleinen Anekdote zu beenden, die Bohr gerne erzählt hat: Die Mitglieder einer kleinen jüdischen Gemeinde beauftragen ihren intelligentesten Mitbürger, in das Nachbardorf zu gehen, um dort den Reden eines berühmten Rabbiners zuzuhören, der zu Besuch kommt. Der Gefragte tut, wie ihm geheißen. Als der Mann in seine Gemeinde zurückkehrt, wird er gefragt, was der Rabbi gesagt hat. Er erzählt: »Der Rabbi hat dreimal gesprochen. Die erste Rede war brillant. Klar und einfach. Ich habe jedes Wort verstanden. Die zweite Rede war noch besser. Tief und subtil. Ich habe zwar nicht viel verstanden, aber der Rabbi hat alles verstanden. Die dritte Rede war bei weitem die beste. Eine große und unvergeßliche Erfahrung. Ich habe kein Wort verstanden. Genausowenig wie der Rabbi selbst.«[24]

So war das wohl auch mit Bohr. Als er über die Physik geredet hat, haben ihn alle verstanden, und er hat alles gewußt. Als er über die Lektion der Atome gesprochen hat, wußte er genau, was er sagen wollte, aber wir konnten nicht alles verstehen (und Bohr hat nicht immer verstanden, was wir nicht verstanden). Als Bohr über die erforderlichen ontologischen Revisionen geredet hat, wurde weder für uns noch für ihn klar, worum es ging und geht.

Der kartesische Schnitt

Max Delbrück, der einflußreichste Schüler Bohrs in der Biologie, hat die Komplementaritätsidee einmal als »eine Verschwörung der Natur« bezeichnet, »die uns dazu zwingt, zwischen verschiedenen Aspekten der Realität zu wählen – entweder oder zu entscheiden –, die sich beim Vorgang der Beobachtung gegenseitig ausschließen«.[25] Die Möglichkeiten, zwischen denen der Beobachter wählen kann, unterscheiden sich durch die experimentelle Anordnung, also materiell, und sie können sich gegenseitig ausschließen, weil jedes registrierte Quantum unwiderruflich verloren ist.
Paradoxerweise trennt die Quantenlücke den Beobachter nicht von seinem Gegenstand, sie verbindet die beiden vielmehr auf unauflösliche Weise. Subjekt und Objekt sind miteinander verschränkt. Bei der Beschreibung von Versuchen mit der Natur müssen beide aber auseinandergehalten werden. Diese Trennung liegt jetzt aber nicht mehr eindeutig fest, sie ist zur Wahl des Subjektes geworden. Eine objektive Beschreibung in der Atomphysik muß eine Angabe darüber enthalten, wo der Schnitt zwischen Subjekt und Objekt angebracht worden ist oder werden soll. Dies unterscheidet die Quantenmechanik von der klassischen Physik, deren Gesetze die äußere Welt der Dinge autonom zu beschreiben scheinen, das heißt ohne Einbeziehung eines Beobachters.
Die klassische Physik baute damit in ihre Gesetze das ein, was uns im Laufe der Evolution eingegeben worden ist, nämlich

die Dichotomie von Subjekt und Objekt, von innerer und äußerer Welt, von Geist und Wirklichkeit. Auf dieser Trennung beruht der unmittelbare und naive Realismus, mit dem wir alle zunächst die Welt ansehen. Explizit formuliert hat diesen Schnitt zum erstenmal René Descartes vor 300 Jahren. In den »Leidenschaften der Seele« unterscheidet er zwei unvereinbare Substanzen, die *Res cogitans* und die *Res extensa,* den Geist und die Materie. Der Apfel, den ich sehe, und der Apfel, der vor mir liegt, sie sind verschiedene Dinge, die zu verschiedenen Welten gehören.
Die Idee einer unabhängigen (objektiven) Realität entwickelt sich in frühester Kindheit[26] aufgrund von Prozessen, die sich in Millionen von Jahren der Evolution herausgebildet haben. Diese Vorstellung fand direkten Eingang in die physikalischen Gesetze, die die klassische Physik im Anschluß an Newton hervorbrachte.
Stimmt es aber überhaupt, daß diese mathematisch formulierten Gesetze die äußere Welt ohne Hinweis auf einen Beobachter beschreiben? Dieser Frage ist Norbert Bischof nachgegangen, als er sich fragte, was Psychologie mit Kybernetik zu tun hat. In seiner Antwort weist er darauf hin, daß eine mathematische Relation zwischen Buchstaben beziehungsweise Zahlen erst dann zu einem physikalischen Gesetz wird, wenn wir wissen, daß die Zahlen Meßergebnisse von Größen repräsentieren, die auf eine uns bekannte Weise gewonnen werden können. Wir müssen die Situationen aber *kennen,* auf die sich die numerischen Relationen beziehen, um daraus Gesetze werden zu lassen. Auch ein klassisch physikalisches Gesetz beschreibt also nur eine Erfahrung, die ein Beobachter machen kann. Es existiert nicht losgelöst von Subjekten und allein für sich. Kein physikalisches Gesetz beschreibt eine äußere Welt, die unabhängig von Beobachtern ist.[27]
Die Illusion, daß ein Objekt vollständig losgelöst vom Beobachter existiert, wird vor allem durch unsere Redeweise ge-

nährt. Wir sagen, Wasser hat eine Temperatur von achtzig Grad, oder, ein Stein braucht vier Sekunden, um auf den Boden zu fallen, und erwähnen dabei die Person nicht, die dies ermittelt hat. Sie steckt aber implizit in diesen Sätzen. Denn diese Aussagen haben nur Sinn in einem linguistischen Rahmen, der unsere individuellen und kollektiven Erfahrungen in sich aufgenommen hat.

Delbrück zieht aus diesen Tatsachen den Schluß, daß die Unterscheidung zwischen einer inneren und einer äußeren Wirklichkeit, die uns unsere Intuition und die klassische Physik vorgaukeln, eine Illusion ist.[28] Der kartesische Schnitt zwischen Subjekt und Objekt muß verworfen werden, weil die physikalische Welt eine subjektive Komponente hat. Die Quantenmechanik und das Komplementaritätsargument haben uns nur an das erinnert, was in den Abstraktionen der klassischen Physik verlorengegangen war.

Die Rolle des Subjektes ist nur in der Physik aus den Augen verloren worden, wo dem Ideal der Objektivität nachgestrebt wurde. Die Philosophen haben – komplementär dazu – seit Kant gerade diesen Punkt betont. Kant sah in der Newtonschen Physik den Beweis, daß die Natur das Resultat einer ordnenden Tätigkeit des Geistes ist. Er schrieb in der »Kritik der reinen Vernunft«, um diese Stelle noch einmal zu zitieren: »Der Verstand schöpft seine Gesetze . . . nicht aus der Natur, sondern schreibt sie dieser vor.«

Diese Feststellung, daß wir nicht nur passive Zuschauer, sondern aktive Mitspieler der Natur sind, wird oft als »kopernikanische Wende« charakterisiert. Kant selbst hat diese Formulierung nicht verwendet, sich aber in der »Kritik der reinen Vernunft« sinngemäß geäußert:

> »Es ist hiermit ebenso als mit den ersten Gedanken des Kopernikus bewandt, der, nachdem es mit der Erklärung der Himmelsbewegungen nicht gut fort wollte, wenn er

annahm, das ganze Sternenheer drehe sich um den Zuschauer, versuchte, ob es nicht besser gelingen möchte, wenn er den Zuschauer sich drehen und dagegen die Sterne in Ruhe ließe. In der Metaphysik kann man nun, was die Anschauung der Gegenstände betrifft, es auf ähnliche Weise versuchen.«

Der Anspruch, Kants Standortwechsel stelle eine kopernikanische Wende dar, wird von der modernen Evolutionären Erkenntnislehre mit dem Hinweis bestritten, daß der Mensch im kopernikanischen System in keiner Weise ausgezeichnet ist, ebensowenig wie die Erde.[29] Gerade dies aber ist in der Kantschen Erkenntnislehre der Fall. Hier bekommt der Mensch eine Sonderstellung, und dadurch wird die von Kant vollzogene Wendung zu einer *Umkehrung* der kopernikanischen Wende. Erkenntnistheoretisch kehrt der Mensch zum Mittelpunkt der Welt zurück, aus dem ihn Kopernikus kosmologisch vertrieben hatte.
Diese Sonderstellung konnte der Mensch erst durch den Gedanken der Evolution verlieren, wie er sich in der Abstammungslehre von Charles Darwin in der zweiten Hälfte des 19. Jahrhunderts ausdrückte. Hierin wird der Mensch biologisch in eine Reihe mit allen anderen Lebewesen gestellt. Die konsequente Anwendung des evolutiven Gedankens auf Fragen des Wissens deutet die Erkenntnisfähigkeit des Menschen in seiner Passung auf die Welt. »Erst die (daraus resultierende) Evolutionäre Erkenntnislehre nimmt den erkennenden Menschen wieder aus seiner zentralen Stellung als ›Gesetzgeber‹ der Natur heraus und macht ihn zu einem Beobachter kosmischen Geschehens, das ihn einschließt ... *Erst die Evolutionäre Erkenntnistheorie vollzieht also eine echte kopernikanische Wende in der Erkenntnistheorie.*«[30]
Während damit in der Philosophie der Mensch aus der Mitte genommen und an den Rand gestellt wird, bringt in der Physik

die Idee der Komplementarität das in der klassischen Mechanik abwesende Subjekt überhaupt erst wieder zurück. Sie setzt den Beobachter im wissenschaftlichen Rahmen an die gleiche Stelle, die die Evolutionäre Erkenntnislehre für ihn im allgemeinen Rahmen vorsieht.

Der Beobachter ist nicht wegzudenken, er steht aber am Rand und bleibt aktiv an jedem Vorgang beteiligt. Er verschiebt dabei den kartesischen Schnitt und läßt an dieser Stelle keine starre und festliegende Trennung zwischen zwei Wirklichkeiten zu.

Wenn es den kartesischen Schnitt im ursprünglich fixen Sinne nicht gibt, wenn es also nur eine Wirklichkeit gibt, dann werden auch Geist und Materie gleichwertig. Beide werden dann zu komplementären Aspekten der Realität, beide sind komplementäre Wirklichkeiten. Alle Phänomene haben sowohl mentale als auch physikalische Komponenten. Die Entfernung eines Baumes etwa setzt eine räumliche Wahrnehmungsfähigkeit ebenso voraus wie ein nur vorgestellter Baum. Neuere psychologische und physiologische Befunde

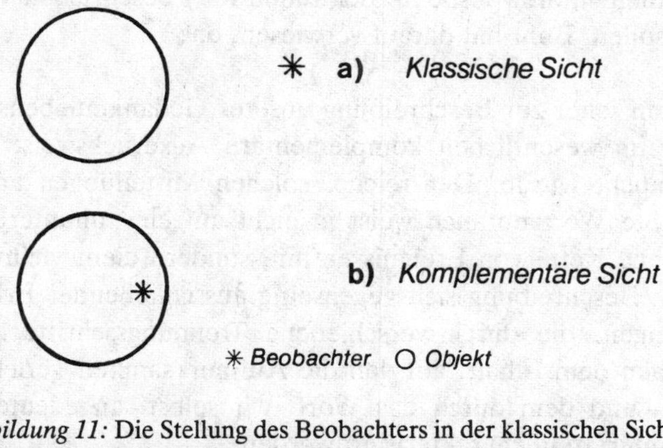

Abbildung 11: Die Stellung des Beobachters in der klassischen Sicht (a) – er sieht eine Welt, die unabhängig von ihm ihre objektiven Eigenschaften besitzt – und in der Sicht der Komplementarität (b), die die Aktivität des Subjekts mitzuberücksichtigen weiß.

deuten tatsächlich darauf hin, daß die der bildhaften Vorstellungskraft und der visuellen Wahrnehmung zugrundeliegenden neuralen Prozesse identisch sind oder zumindest eine gemeinsame Komponente haben.[31]

Aussagen über die äußere Welt (der Dinge) beziehen sich ebenso wie Aussagen über die innere Welt (der Gefühle) auf subjektive Erfahrungen. Diese halten wir so gering wie möglich, wenn wir die physikalische Realität erfassen. Wir lesen Meßgeräte ab. Die Wahrnehmungen für die innere Welt sind reichhaltiger. Neben den Farben, den Tönen und den Gerüchen gehören zum Beispiel auch Gesten dazu. Während die äußeren Wahrnehmungen mehr Quantität haben, zeigt sich bei den inneren Wahrnehmungen mehr die Qualität. Sie bleiben dennoch quantifizierbar und somit im gleichen Rahmen analysierbar.

Die zur Ordnung unserer Erfahrungen notwendige Beachtung der Trennungslinie zwischen Subjekt und Objekt spielt natürlich dann eine besondere Rolle, wenn das Subjekt selbst zum Objekt wird, wenn also Gedanken und Gefühle (die komplementären Aspekte der Innenwelt) beschrieben werden sollen. Bohr hat darauf verwiesen, daß

> »von jeher zur Beschreibung unseres Gedankenlebens eine im wesentlichen komplementäre Ausdrucksweise gebraucht wurde. Der reiche, solchen Mitteilungen angepaßte Wortgebrauch weist ja nicht auf eine ununterbrochene Kette von Ereignissen hin, sondern dient vielmehr zur Beschreibung sich gegenseitig ausschließender Erfahrungen, die durch verschiedene Trennungsschritte zwischen dem Inhalt, auf den die Aufmerksamkeit gerichtet ist, und dem durch das Wort ›wir selbst‹ angedeuteten Hintergrund charakterisiert werden. (...)
> Vom biologischen Standpunkt aus können wir die charakteristischen Züge psychischer Phänomene nur durch den

Schluß erklären, daß jedes bewußte Erlebnis eine Spur im Organismus hinterläßt, die einer irreversiblen Registrierung des Endergebnisses von Vorgängen im Nervensystem entspricht, die sich der Introspektion entziehen und mit Hilfe mechanistischer Begriffe kaum erschöpfend beschrieben werden können. (...) Wenn wir diese Betrachtungen weiter verfolgen, müssen wir natürlich damit rechnen, daß jeder Schritt zunehmende Schwierigkeiten mit sich bringt, und es ist klar, daß die einfachen Begriffe der Physik in wachsendem Grade ihre unmittelbare Anwendbarkeit verlieren, je mehr wir uns den an das Bewußtsein gebundenen Zügen lebender Organismen nähern.«[32]

Der kartesische Schnitt hat 300 Jahre lang als Grundlage der Naturwissenschaften gedient. In seinem Umkreis entwickelte sich die analytische Methode als Grundverfahren der Wissenschaft, also die Zerlegung eines Ganzen in seine Teile und die weitere Unterteilung der Teile in ihre Teile. Als wissenschaftlich galt nur der Blick auf die kleinsten Einheiten. Die Eigenschaften des Ganzen glaubte man durch ihre Analyse verstehen zu können. Auf diese Weise stellten sich nur Fragen, die wir gewohnt waren. Die Wirklichkeit wurde in lineare Kausalketten zerlegt. Ganzheitliche Ansätze, wie sie etwa in Form der Gestaltpsychologie versucht wurden, wurden mit dem Hinweis auf ihren Subjektivismus unbeachtet gelassen.
Von diesem kartesischen Weltbild hat sich die Physik schon im 19. Jahrhundert zu lösen begonnen, als sie den Begriff der Entropie erfand. Endgültig verabschiedet hat sie sich von dieser Sicht mit der Quantentheorie, die mit der Einsicht begann, daß ein Atom (seine Stabilität) nicht als Summe der Eigenschaften seiner Teile (Elektron, Proton) verstanden werden kann. Ein Atom ist nur mit Hilfe des Quantums der Wirkung zu verstehen, das als gegeben hingenommen werden muß. Eine Konsequenz seiner Existenz ist die Undurchführ-

barkeit des kartesischen Schnittes und damit die Rückgewinnung einer existentiellen Ganzheit, die wir im Laufe unserer biologischen Evolution verloren hatten, wie Rilke in seiner »Achten Duineser Elegie« beobachtet und beklagt hat:

»O Seligkeit der *kleinen* Kreatur,
die immer *bleibt* im Schooße, der sie austrug;
o Glück der Mücke, die noch *innen* hüpft,
selbst wenn sie Hochzeit hat; denn Schooß ist Alles.
Und sieh die halbe Sicherheit des Vogels,
der beinah beides weiß aus seinem Ursprung,
als wär er eine Seele der Etrusker,
aus einem Toten, den ein Raum empfing,
doch mit der ruhenden Figur als Deckel.

(...)

Und wir: Zuschauer, immer, überall,
dem allen zugewandt und nie hinaus!
Uns überfüllts. Wir ordnens. Es zerfällt.
Wir ordnens wieder und zerfallen selbst.

Wer hat uns also umgedreht, daß wir,
was wir auch tun, in jener Haltung sind
von einem, welcher fortgeht? Wie er auf
dem letzten Hügel, der ihm ganz sein Tal
noch einmal zeigt, sich wendet, anhält, weilt –,
so leben wir und nehmen immer Abschied.«

Die Anwendung der Komplementarität

»Ehrfurcht oder Freude zu empfinden oder von Schönheit angerührt zu sein, einen Entschluß zu fassen, etwas als wahr zu erkennen – dies alles sind komplementäre Regungen des menschlichen Geistes. Alle gehören zum geistig-seelischen Leben des Menschen. Keine kann die andere ersetzen, und wo sich die eine zeigt, schlummern die anderen.«

J. Robert Oppenheimer

Die Lektion der Atome

Komplementarität war von Bohr als Interpretation der Quantenmechanik ersonnen worden. Genauer gesagt, wollte er einen Begriff bereitstellen, um über die erkenntnistheoretische Situation reden zu können, in die die Physiker bei ihrem Weg zu den Atomen geraten waren. Von entscheidender Bedeutung ist dabei die Tatsache, daß mit den Atomen ein Erfahrungsgebiet betreten wurde, das auf besondere Weise unerforscht war. Die Struktur dieser Realität hat keine Spur in unseren Denkformen hinterlassen. Biologisch waren (und sind) wir darauf nicht vorbereitet.

Die Schwierigkeiten in dieser unbekannten Realität wurden durch die »Individualität« der Atomprozesse hervorgerufen, die im Quantum der Wirkung ihren Ausdruck findet. Die Unteilbarkeit atomarer Vorgänge zwingt dazu, prinzipiell auf die kausale Verbindung zwischen physikalischen Vorgängen zu verzichten, die vor der Quantenmechanik die unumstrittene Grundlage der Naturbeschreibung gewesen ist. Die Individualität macht es überdies unmöglich, zwischen dem unbeeinflußten Verhalten atomarer Objekte und ihrer Wechselwirkung mit Meßgeräten zu unterscheiden. Die Physiker konnten bei den Atomen nicht mehr zwischen dem Verhalten materieller Körper und ihrer Beobachtung unterscheiden. Damit war die Situation der neuen Atomphysik ohne Beispiel in der Geschichte der Wissenschaft. In der Geschichte der Menschen war sie aber schon erkannt und beschrieben worden, wie Bohr 1938 bemerkte:

> »Auf der Suche nach einer Parallele zu der Lehre, welche uns die Atomtheorie bezüglich der begrenzten Gültigkeit solcher allgemeiner Idealisierungen (wie in der klassischen Physik; Anm. d. Verf.) erteilt hat, müssen wir ... auf jene erkenntnistheoretischen Probleme zurückgreifen, welchen große Denker wie Buddha und Lao-Tse gegenüberstanden, als sie sich bemühten, einen Ausdruck für die Harmonie in dem großen Drama des Daseins zu finden, in dem wir zugleich Schauspieler und Zuschauer sind.«

Bohr fährt dann fort, daß uns die Erkenntnis einer solchen Analogie dazu ermutigt, »zu untersuchen, wie weit eine logische Lösung der unerwarteten Paradoxien, denen wir bei der Anwendung unserer einfachsten atomphysikalischen Begriffe begegnen, dazu beitragen könnte, begriffliche Schwierigkeiten auch in anderen Forschungsgebieten zu überwinden«.
Bohr empfahl die Verwendung seiner Denkfigur vor allem den Biologen und Psychologen, weil sie deren spezielle begriffliche Probleme lösen könne. Er riet den Wissenschaftlern allerdings, dabei sorgfältig vorzugehen. So sei zwar die Analogie zwischen den Ganzheitszügen der atomaren Prozesse und der holistischen Eigenart der Organismen naheliegend, aber daraus ließe sich nicht der Schluß ziehen, daß es eine unmittelbare Verbindung von der Existenz des Wirkungsquantums zum Leben selbst gebe. Das Wirkungsquantum erklärt das Leben ebensowenig wie die Komplementarität. Beide legen nur den Rahmen fest, in den eine Erklärung passen muß.

Das Hauptproblem in der Biologie liegt in diesem Zusammenhang darin, den finalistischen Charakter typischer Gesetzmäßigkeiten zu erklären. Bohr schlug vor, »die spezifisch biologischen Gesetzmäßigkeiten als Naturgesetze zu betrachten, komplementär zu jenen, die für eine Beschreibung der Eigenschaften unbelebter Körper geeignet sind, ganz in Analogie zu der komplementären Beziehung zwischen den Stabilitätseigenschaften der Atome und solchen Phänomenen, für deren Beschreibung eine raumzeitliche Koordinierung der einzelnen atomaren Teilchen in Betracht kommt«.[1]

Er zieht daraus einen wesentlichen und grundlegenden Schluß: »In diesem Sinne dürfte die Existenz des Lebens sowohl bezüglich Definition als (auch als) Beobachtung in der Biologie als eine gegebene Voraussetzung, die nicht weiter begründet werden kann, angesehen werden, in gleicher Weise wie die Existenz des Wirkungsquantums zusammen mit der atomistischen Struktur der Materie die elementare Grundlage der Atomphysik bildet.«[2]

Bohr wollte sich mit diesem Vorschlag zwischen die Physikalisten (Mechanisten) und die Vitalisten stellen. Um biologische Experimente und Untersuchungen zu beschreiben, braucht man sowohl die Begriffe der Physik und Chemie als auch die Konzepte der Biologie. Entsprechend kann keine Erfahrung in der Atomphysik ohne die Kriterien auskommen, mit denen wir unsere Sinneseindrücke ordnen.

Aus den Ausführungen Bohrs können zwei Dinge gelernt werden. Einmal arbeitet Bohr mit Analogien. Bekanntlich ist diese Schlußweise gefährlich, und wer sie verwendet, muß dabei vorsichtig zu Werke gehen, damit er Fehler vermeidet. Zum anderen zeigt sich eine Konsequenz des komplementären Denkens darin, daß nicht alles ableitbar ist. Das Quantum der Wirkung ist einfach da und das Leben ebenfalls. Beide müssen hingenommen und können nicht abgeleitet werden. Dieser Überlegung werden wir erneut begegnen, wenn nicht

nur das Vorhandensein des Lebens an sich, sondern bestimmte Eigenschaften lebender Systeme zu besprechen sind. Bevor wir uns im einzelnen in diesem Bereich umsehen, soll verfolgt werden, wie Bohr die Anwendung der Komplementarität sah, als er sich über Fragen der Biologie auf Fragen der Psychologie zubewegte. In den psychologischen Wissenschaften war schon immer aufgefallen, daß die Beobachtungsbedingungen für unterschiedliche Phänomene berücksichtigt werden müssen. In einer psychologischen Analyse ist es unmöglich, zwischen den Phänomenen selbst und ihrer bewußten Wahrnehmung zu unterscheiden. Dies zwingt von Anfang an dazu, auf eine einfache Kausalbeschreibung zu verzichten, wie sie in der klassischen Physik möglich ist.
Es ist oft spekuliert worden, daß diese sich im Verlust eines kausalen Zusammenspiels zeigende Abkehr von einem durchgehenden Determinismus einen Weg öffnet, an dessen Ende geklärt ist, woher die Freiheit unseres Willens stammt, die wir subjektiv unmittelbar und eindrucksvoll erfahren. Bohr hat in diesem Zusammenhang immer vor dem Mißverständnis gewarnt, daß eine »unmittelbare Verbindung zwischen Willensfreiheit und dem Versagen des Kausalitätsideals in der Atomphysik« besteht. Auch das Problem des freien Willens wird weder durch den Quantensprung noch durch die Idee der Komplementarität direkt gelöst. Es wird mit ihrer Hilfe nur besser faßbar. Es ist nämlich die Unmöglichkeit, »bei der Introspektion eine scharfe Grenze zwischen Subjekt und Objekt zu ziehen«, die »den notwendigen Spielraum des freien Willens schafft«[3]. Bohr hat dies einmal ausführlich dargestellt:

> »Zur Illustration dieses Gedankenganges wollen wir kurz an das alte Problem des freien Willens erinnern. Aus dem bisher Gesagten geht deutlich hervor, daß das Wort Willen bei einer erschöpfenden Beschreibung psychischer Phäno-

mene unentbehrlich ist. Es bleibt aber die Frage, wie weit wir von einer Handlungsfreiheit im Rahmen unserer Möglichkeiten sprechen können. Von einem rein deterministischen Gesichtspunkt aus ist eine solche Freiheit natürlich ausgeschlossen. Die allgemeine Belehrung der Atomphysik und insbesondere der begrenzten Reichweite mechanistischer Beschreibung biologischer Phänomene legt jedoch die Annahme nahe, daß die Fähigkeit des Organismus, sich seiner Umgebung anzupassen, das Vermögen in sich schließt, den für diesen Zweck am besten geeigneten Weg zu wählen. Angesichts der Unmöglichkeit, solche Fragen auf rein physikalischer Grundlage zu betrachten, ist es wichtig zu erkennen, daß psychische Erlebnisse selber das Problem in klareres Licht stellen dürften. Der entscheidende Punkt ist, daß wir bei einem Versuch vorauszusagen, wozu eine andere Person sich in einer gegebenen Situation entschließen wird, uns nicht nur bemühen, ihren ganzen Hintergrund zu verstehen – mit Einschluß ihrer Lebensgeschichte unter Berücksichtigung aller Einflüsse, die zu ihrer Charakterbildung beigetragen haben –, sondern uns auch klarmachen müssen, daß wir letzten Endes danach streben, uns in ihre Lage zu versetzen. Es ist natürlich nicht möglich zu sagen, ob ein Mensch etwas tun will, weil er glaubt, es zu können, oder ob er es kann, weil er es will; es kann aber kaum bestritten werden, daß wir das Gefühl haben, sozusagen aus den gegebenen Umständen das Bestmögliche herauszuholen. Vom Standpunkt objektiver Beschreibung aus kann hierzu nichts hinzugefügt oder davon weggelassen werden, und in diesem Sinne dürfen wir sowohl praktisch als auch logisch von der ›Freiheit unseres Willens‹ in einer Weise sprechen, die angemessenen Spielraum für den Gebrauch von Wörtern wie Verantwortung und Hoffnung läßt, wobei jedes für sich so wenig definierbar ist wie andere im menschlichen Verkehr unentbehrliche Worte.«[4]

Das von Bohr in diesem Zitat angesprochene Problem, das auftritt, wenn man sich in die Lage eines anderen versetzen will, findet sich in vergleichbarer Weise bei der naturwissenschaftlichen Darstellung eines philosophischen Systems wieder. Um das Denken eines anderen zu verstehen, muß man dessen Anschauungen sozusagen zu seinen eigenen machen. Wer etwa die Frage »Was können wir wissen?« ernsthaft in der Weise zu beantworten versucht, wie Kant das getan hat, kann schwerlich gleichzeitig seine eigene Lösung kennen und vortragen. Je intensiver man sich auf die Gedankenführung eines anderen einläßt, desto mehr tritt man selbst in den Hintergrund. Irgendwann weiß man dann überhaupt nicht mehr, was man selbst denkt. Und je mehr man von einem anderen Denksystem weiß, desto weniger kann man es mit seinem eigenen messen. Auch hier erkennt man die Komplementarität als eine Erfahrung, die man beim Denken machen kann.

Wir wollen noch einen weiteren Aspekt zum Problem des freien Willens erörtern. Zwar sind wir frei, alles zu tun, was wir können, wir tun dies aber nicht. Menschen unterwerfen ihr Handeln festen Regeln, wie sie etwa in den Zehn Geboten formuliert sind. Kann man erklären, wie sich aus dem freien Willen heraus eine Ethik entwickeln konnte? Wie kann das moralische Verhalten der Menschen erklärt werden? Und kann die Idee der Komplementarität hier helfen?

In den letzten Jahren ist über die Begründung der Ethik unter Biologen eine heftige Debatte entbrannt[5], die sich zwischen den klassischen Polen einer idealistischen (Plato) und einer naturalistischen (Aristoteles) Ethik abspielt. Sie wurde durch den Anspruch der Soziobiologen ausgelöst, Moral durch selektive Kräfte der Evolution erklären zu können. Ihre naturalistische Argumentation sieht moralische Vorschriften als adaptive Hervorbringungen im Rahmen der Evolution. Moral – so erklären sie uns – hilft uns beim Überlebenskampf.

Diese Ableitung bleibt aber einseitig. Wie kurzsichtig der Gedanke ist, hat bereits Kant gesehen. Er unterschied zwei völlig verschiedene metaphysische Welten, in denen wir leben. Da ist einmal die Welt der Wissenschaft, deren Objekte unter dem Einfluß deterministischer Gesetze gesehen werden. Da ist zum zweiten die Welt der Moral, deren Subjekte durch Gesetze beeinflußt werden, die sie sich freiwillig gegeben haben. Vom Standpunkt Kants aus gesehen, müßte man die metaphysischen Prinzipien entdecken und erklären, die bei moralischen Urteilen vorausgesetzt werden, wollte man zum Verständnis der Moral gelangen. Biologische Verallgemeinerungen über die Überlebenschancen oder über evolutionäre Mechanismen helfen nicht weiter. Diese metaphysischen Prinzipien können nur entdeckt werden, indem man die Tatsachen moralischer Erfahrung untersucht und die Logik moralischer Urteile analysiert.
Wie kann der Mensch im Rahmen der Evolution Objekt der biologischen Wissenschaft sein und zugleich autonom einen freien Willen entwickeln? Die Antwort findet sich natürlich darin, daß das Verhältnis zwischen Biologie und Ethik gerade komplementär ist. Unsere intuitive Einräumung eines freien Willens und die intuitive Sicht einer kausalen Notwendigkeit in der Natur widersprechen sich ebenso wie die Zuordnung eines Teilchen- und eines Wellenaspekts zum Licht. Wir können aber weder die Idee der moralischen Freiheit noch die Idee der wissenschaftlichen Notwendigkeit aufgeben, wenn wir das menschliche Verhalten verstehen wollen. Wir müssen jede Person von zwei sich gegenseitig ausschließenden Standpunkten aus betrachten. Einmal sehen wir sie – mit den Augen des Naturwissenschaftlers – als materielles Objekt, ein andermal – mit den Augen des Philosophen oder, allgemeiner, des Mitmenschen – als frei handelndes und intelligentes Wesen. Diese komplementären Gesichtspunkte schließen sich gegenseitig aus und setzen so der Analyse ethischer und moralischer

Phänomene eine Grenze. Wendet man Bohrs Art des Schließens konsequent an, dann folgt als Lektion der Atome für den Menschen, daß das Vorhandensein moralischen Verhaltens als Tatsache des Lebens hingenommen werden muß und nicht weiter erklärt werden kann. Moral gibt es, und mit ihr kann eine Ethik entworfen werden.
Die Lektion der Atome reicht in diesem Sinne noch weiter, wie Bohr wiederholt betont hat. Er hatte keine Bedenken, die Idee der Komplementarität auf viele Bereiche des Lebens auszudehnen, und er sprach zum Beispiel von der Komplementarität zwischen Gerechtigkeit und Liebe. Sie war ihm aufgefallen, als eines Tages einer seiner Söhne etwas Unentschuldbares getan hatte.[6] Wie konnte er das Kind gerecht bestrafen, ohne gleichzeitig aufzuhören, es zu lieben? In einem Rundfunkvortrag vom 1. April 1949 hat Bohr dänischen Schulkindern dieses Problem so geschildert:

> »Wir brauchen ja nur die komplementäre Weise zu denken, in der wir solche Worte wie ›Gedanken‹ und ›Gefühle‹ gebrauchen, um die Situationen zu beschreiben, in denen jeder Mensch sich tatsächlich befindet. Diese Worte weisen ja gerade auf Seiten unserer inneren Erlebnisse hin, die gleich wesentlich sind, die einander aber in dem Sinne ausschließen, daß selbst unsere wärmsten Gefühle vollständig ihre Art verlieren, wenn wir versuchen, sie auf dem Weg des klaren logischen Gedankens auszusprechen. Gleichartige Verhältnisse zeigen sich im Zusammenleben von uns mit Menschen, in dem keins der Worte ›Gerechtigkeit‹ und ›Liebe‹ entbehrt werden kann. Jedes Mädchen und jeder Junge versteht, wieviel ›fair play‹ bedeutet in Spiel und Sport und daß man sich selbst nicht achten kann, wenn man nicht danach strebt, gerecht gegeneinander zu handeln. Aber gleichzeitig müssen wir uns klarmachen, daß der Gebrauch des Gerechtigkeitsbegriffs in seiner äußersten Kon-

sequenz die Liebe ausschließt, zu der wir gegenüber unseren Eltern, Geschwistern und Kameraden aufgerufen sind.«

Bohr fand in vielen Religionen die Weisheit wieder, die sich ihm in der Gestalt der Komplementarität zeigte. Beim Reden darüber wurde ihm immer wieder bewußt, wie schwer diese einfachen Dinge zu sagen sind. Bohr erkannte so, daß wahre Philosophie mit der Erkenntnis dieser Schwierigkeit beginnt.

Vom Quantum zum Feld

So weit auch die Ursprünge der Komplementarität zurückverfolgt werden können und sosehr die erkenntnistheoretischen Probleme der Quantenphysik eine philosophische Lösung brauchten, die Idee der Komplementarität ist nie einhellig begrüßt worden, sondern von Anfang an umstritten gewesen. Was von Bohr als versöhnliche Interpretation gedacht war und die Physiker zusammenführen sollte, brachte sie nur noch mehr auseinander. Zwar spürte jeder, daß hier der Schlüssel zum Verständnis der neuen Physik lag, und auch schien Bohrs Idee so einfach zu sein, daß jedermann sie verstehen konnte, dennoch haben die Physiker die Relevanz der Komplementarität dreißig Jahre lang mehr diskutiert und weniger akzeptiert. Heute scheinen sie Bohrs Argument vergessen zu haben. Wenn überhaupt, dann weisen sie, wie Richard Feynman[7], auf diese »altmodische« Idee nur hin, um zu zeigen, wie man heute ohne sie auskommt. Tatsächlich scheint es bei der im Rahmen der Quantenelektrodynamik gelungenen Beschreibung von Licht und Materie überhaupt keinen Bedarf für irgendwelche Unbestimmtheiten zu geben. Bei genauerem Hinsehen bemerkt man aber, daß dieser »Gewinn« durch eine formale Beschreibung bezahlt wird, von der ihr geistiger

Vater Feynman selbst erklärt, daß er sie nicht versteht. Sie funktioniert, und daher nimmt er sie hin.[8]

Erkenntnistheoretisch verschiebt sich also nur das Problem, was hingenommen werden muß. Feynman leitet ohne Anleihe bei der Unbestimmtheit komplementärer Größen deren Konsequenzen ab, indem er zeigt, daß ein Lichtstrahl, den man auf einen Punkt zusammendrücken will, »sich weigert, dabei mitzumachen«, das heißt, die Quantenregeln erlauben ihm nicht, dies zu tun. Diese Quantenregeln verlangen aber von dem Licht, alle möglichen (damit ebenso die intuitiv unmöglichen) Wege zu gehen, von denen einige mit einer Geschwindigkeit bewältigt werden müssen, die *über* der *Licht*geschwindigkeit liegt. Es wird deutlich, daß die QED kein philosophischer Fortschritt ist, der als Einwand gegen den Vorschlag der Komplementarität geltend gemacht werden könnte. Sosehr auch die mathematische Eleganz und Präzision der QED gefeiert werden, philosophisch hilft sie nicht weiter. Es reicht nicht, Quantenregeln zu kennen. Sie müssen für Menschen verständlich sein.

Dennoch stellt sich angesichts der Tatsache, daß die Physiker meinen, ohne die Idee der Komplementarität auszukommen, die Frage, ob das Argument nicht doch seine historische Rolle zu Ende gespielt hat und eigentlich nichts mehr zum Verstehen der physikalischen Welt beiträgt.

Einstein vertrat diese Meinung von Anfang an. Er argumentierte vor allem gegen den Verlust einer eindeutigen »objektiven« Realität, den man sich seiner Ansicht nach bei einem Rückgriff auf die Komplementarität einhandelt. Ähnliche Überlegungen trug damals (und trägt heute noch) der Philosoph Karl Popper vor.[9] Popper sieht »keinen Grund, von der klassischen, naiven und realistischen Auffassung abzuweichen, daß Elektronen und andere subatomare Partikel eben nichts anderes sind als Partikel (Teilchen); das heißt, *daß sie einen Ort und einen Impuls* besitzen«.[10] Er schließt nicht aus, daß künftige Theorien (also solche, die die Quantenmechanik ablösen) zeigen *könnten,* daß seine Einstellung falsch ist, aber die gegenwärtig akzeptierte Theorie tue dies nicht. Bohrs Komplementarität scheint Popper von einem zu engen Verständnis von Verstehen auszugehen. Man versteht etwas nicht nur dann, wenn man Bilder und Modelle zur Verfügung hat. Worauf es Popper ankommt, »ist nicht das Verstehen von Bildern, sondern das Erfassen der logischen Kraft einer Theorie: ihrer Erklärungskraft, ihrer Beziehung zu relevanten *Problemen* und zu *anderen Theorien*«.[11]

Es ist natürlich schwierig, den uns angeborenen und intuitiv gegebenen Begriff eines Objektes hinter uns zu lassen und uns vom dinghaften Denken abzuwenden. Aber um die Unanschaulichkeit der atomaren Welt kommt man nicht mehr herum. Die Interpretation Poppers zeigt, daß er hinsichtlich der Kategorie eines Objektes (ein Gegenstand, der dauerhaft existiert und feste Eigenschaften hat) nicht bereit ist, seiner Intuition zu mißtrauen. Diese Haltung ist aber inkonsequent, denn zum Beispiel muß in der Relativitätstheorie Einsteins (die Popper selbstverständlich akzeptiert) der Raum anders als durch seine intuitiven euklidisch-geometrischen Eigenschaften verstanden werden, und auch die Gleichzeitigkeit verliert ihren naiven Sinn.

Poppers Kampf gegen die Quantenmechanik ist ein Kampf gegen das Eindringen des ihn abstoßenden Subjektivismus in die Physik. Er sieht in dem von der Kopenhagener Deutung nicht nur zugelassenen, sondern für sie sogar wesentlichen Beobachter nur ein »Gespenst« (»ghost«), das es auszutreiben gilt. Er versucht nun, den ihm verhaßten Subjektivismus aus der Quantenmechanik zu entfernen, indem er vorschlägt, neue *»physikalische Realitäten«* einzuführen, damit der Beobachter wieder dieselbe Aufgabe wie in der klassischen Physik übernehmen kann: *»Seine Aufgabe besteht darin, die Theorie zu testen.«*[12] Popper wollte erreichen, daß die Wellenfunktion einen realen Sachverhalt und nicht nur unser Wissen von einem Sachverhalt beschreibt. Das Quadrat der Wellenfunktion sollte nicht nur eine Aufenthaltswahrscheinlichkeit wiedergeben, es sollte etwas physikalisch Reales sein. Wieder versuchte Popper, die Theorie an die Intuition anzupassen und mit dem gesunden Menschenverstand zu versöhnen. Er führte sogenannte »Propensitäten« ein, die er als »Verwirklichungstendenzen« umschrieb und als »Maße oder Maßzahlen von Dispositionen« auffaßte. Die Wellenfunktion beschreibt jetzt eine reale Disposition, die Popper in Analogie zu den physikalischen Potentialen der Feldtheorie sieht. Die so errichtete Propensitätstheorie versucht zu beweisen, daß die Quantenmechanik in Wirklichkeit nichts als »eine Verallgemeinerung der klassischen statistischen Mechanik« ist.[13]

Wenn man die Propensität mit der Komplementarität vergleicht, stellt sich zunächst heraus, daß beide Theorien in dem übereinstimmen, was sie über Wahrscheinlichkeiten sagen. Wahrscheinlichkeiten sind auf der einen Seite Popper zufolge objektive Eigenschaften von Versuchsanordnungen, die vom untersuchten System ebenso abhängen wie von den physikalischen Bedingungen, unter denen es untersucht wird.[14] Und auf der anderen Seite hat Bohr völlig entsprechend betont, daß die statistischen Ergebnisse der Quantentheorie zu den experimentellen Bedingungen in Beziehung gesetzt werden müssen und daß einige ihrer Veränderungen nicht durch kausale Einwirkung erklärt werden können, sondern aufgrund einer Veränderung dieser Bedingungen.[15]

Bohr wollte mit dem Komplementaritätsgedanken eine »vollständige physikalische Erklärung« der Atomtheorie liefern, die Vorrang vor entsprechenden mathematischen Formulierungen hat. Deshalb betrachten wir nun weiter die physikalischen Tatsachen und weniger die mathematische Struktur der Quantentheorie. Worin Popper und Bohr sich unterscheiden, ist die Zuordnung der dynamischen Variablen wie etwa Ort und Impuls. Im Rahmen der Komplementarität werden auch sie aus dem einzelnen physikalischen System herausgenommen und der Versuchsanordnung übergeben, das heißt, erst wenn eine Verbindung zwischen Subjekt und Objekt hergestellt ist, bekommen die dynamischen Größen eine realistische Bedeutung. Nur »nichtdynamische« Eigenschaften wie etwa Ladung, Masse und Baryonenzahl bleiben beim Gegenstand selbst.

Daraus folgt – worauf schon hingewiesen worden ist –, daß Phänomene nur als Ganzes in Betracht zu ziehen sind und nicht unterteilt werden können; mit anderen Worten, dynamische Größen können nicht von ihren Anwendungsbedingungen getrennt werden. Diese Relativierung lehnt Popper ab. Für ihn sind auch atomare Objekte Teilchen, und die haben wohlbestimmte Bahnen. Er will nicht zulassen, daß Bohr die (postulierte) objektive Realität einfach in Luft auflöst.

Es ist aber leicht zu zeigen, daß die Natur anders ist, als Popper sie haben möchte. (Wir haben dies bereits in der Abbildung zum Doppelspaltversuch weiter oben getan.) Eine überzeugende Darstellung der Besonderheit von Quantenphänomenen gibt Richard Feynman in seinen Physik-Vorlesungen.[16] Wenn man einen Elektronenstrahl durch eine Wand mit zwei feinen Öffnungen leitet, kommt es zu Interferenzerscheinungen auch dann, wenn man nur einzelne Elektronen an einer Rückwand registriert. Die atomaren Bausteine werden zwar als Teilchen beobachtet, sie müssen aber (unbeobachtet) als Wellen durch die Öffnungen gelangt sein. Man kann mittels einer Lichtquelle prüfen, ob die Elektronen nicht doch nur durch eine Öffnung gelaufen sind; dabei verschwindet aber die Interferenz (also ihre Welleneigenschaft).

Quantitativ wird diese Situation durch die Unbestimmtheitsrelationen von Heisenberg erfaßt. Hierdurch kann abgeschätzt werden, in welchem Ausmaß eine Versuchsanordnung, die die Anwendung bestimmter Begriffe (Ort) ermöglicht, auch die Anwendung anderer Begriffe (Impuls) zuläßt. Unterhalb der durch diese Relationen festgelegten Quantitäten wissen wir nicht nur nichts über die entsprechenden Qualitäten. Es gibt auch *»keine entsprechende Eigenschaft in der Welt«*.[17] Elektronen haben also nicht immer eine Bahn, und Poppers Kritik übersieht diesen Aspekt der unanschaulichen und antiintuitiven Quantenwirklichkeit.

In letzter Zeit ist die Quantenmechanik mit Hilfe anderer Teilchen als Elektronen und neuartiger Techniken wieder mal einer strengen Prüfung unterzogen worden.[18] Auch dabei hat sich kein Resultat gezeigt, das nicht in Einklang mit der Kopenhagener Deutung steht. Bei diesen Versuchen wird ein Neutronenstrahl in einem sogenannten Interferometer zur Interferenz gebracht. Vor und hinter dem Gerät können die Neutronen als Teilchen identifiziert werden. In dem Bereich des Interferometers verhält sich das Neutron rein als Welle. Sein Weg wird hier – optisch gesprochen – in zwei Strahlengänge aufgespalten, die jeweils einem Verstärker zugeleitet werden. Die Intensität des Neutronenstrahls ist so gering, daß sich im allgemeinen nur ein Neutron in dem Apparat aufhält. Und tatsächlich zeigen die zwei Verstärker keine Koinzidenz, woraus folgt, daß Energie und Impuls jeweils nur in *einem* Strahl enthalten sind. Leitet man aber beide Strahlen wieder zusammen, tritt auch bei den geringen Intensitäten die bekannte Erscheinung der Interferenz auf.

Man kann nun einen sogenannten Phasenschieber in einen der Strahlengänge einschieben. Damit ändert sich die Verteilung der Intensität im Interferenzbild. Hieraus kann der Schluß gezogen werden, daß sich in *beiden* Strahlen etwas ausbreitet, das Informationen über die Phasenverschiebungen enthält: »Vom Ergebnis her sieht es so aus, als ob jedes Neutron an der Stelle der Superposition Information über die physikalische Situation in beiden weit voneinander getrennten Strahlwegen besäße.«[19]

Da die Information in einem Fall ohne Energie und ohne Impuls transportiert worden sein muß, stellt sich die Frage, wie eine Welle dieser Art überhaupt existieren und im Experiment nachgewiesen werden kann. Daneben bleibt das Problem, auf welchem Weg die Teilcheneigenschaften des Neutrons in dem Interferometer transportiert werden konnten. Nach Ansicht der Experimentatoren ist diese Frage »nicht zielführend und muß daher unbeantwortet bleiben«.[20]
Offensichtlich sind noch längst nicht alle Konsequenzen des Wirkungsquantums verstanden worden. Diese Aufgabe wird aber nicht erleichtert, wenn man die bewährte Interpretation leichtfertig aufgibt. Paul Feyerabend kommt daher in seiner Analyse der Komplementarität auch zu dem Schluß – dem wir vorbehaltlos zustimmen –, daß »der *erste Schritt* unseres Versuchs, einen Fortschritt in der Mikrophysik zu erzielen, eine *Rückkehr zu Bohr* sein« muß.[21]
Diese Auffassung steht natürlich in einem seltsamen Gegensatz zu der Tatsache, daß den Physikern der Rückgriff auf den Bohrschen Gedanken überflüssig zu sein scheint. Sie verweisen darauf, daß die Orts-Impuls-Unschärfe schon bei klassischen Wellenpaketen auftritt und daß man im Rahmen nichtlinearer Feldtheorien »Teilchen« aus Wellen machen kann (Solitonen). Als Problem scheint ihnen nur der Meßvorgang übrigzubleiben, welcher letzten Endes zu einer bestimmten Stellung etwa eines Zeigers führt. Das Problem in dieser Sicht der Dinge besteht nun darin, daß immer und grundsätzlich makroskopische Objekte (Zeiger) in einem Zustand beobachtet werden, der – wie die Physiker sagen – nahezu ein Ortseigenzustand ist. Diese Auszeichnung der Ortsdarstellung in der makroskopischen Welt hat keine Entsprechung in der Quantenmechanik. Die Beschreibung des Übergangs vom Mikro- zum Makrokosmos (besser: Mesokosmos) ist noch nicht vollständig gelungen. Wenn sie gelingt, wird man auch besser verstehen, wie es dazu kommt, daß die komplementä-

ren Eigenschaften der Mikroebene auf der Makroebene verschwinden. Philosophisch ergibt sich hier wegen der verschwindenden Unanschaulichkeit kein Problem.

Eine andere Frage aus der Physik stellt sich bei der Theorie der elementaren Teilchen. Wieso kann man angesichts der atomaren Komplementarität im Innersten der Welt dennoch beziehungsweise wieder von Teilchen reden? (Übrigens, der Name Elementar*teilchen*physik scheint aufgegeben worden zu sein; man redet heute lieber von Hoch*energie*physik, und Energie ist wesentlich schwieriger zu fassen als ein Teilchen.) Die heutige Physik ist gut in der Lage, die Kräfte zu beschreiben, die einen Atomkern zusammenhalten. Die hierfür verantwortliche starke Wechselwirkung berechnet sich im Rahmen der sogenannten Quantenchromodynamik (QCD), die die ursprüngliche Quantentheorie zwar erweitert, aber nicht ablöst. In der QCD wird die Welt von innen heraus durch elementare Konstituenten aufgebaut, die als *Quarks* bezeichnet werden.[22] Den Namen dieses hypothetischen Urstoffs unserer Welt hat in den sechziger Jahren (offenbar in Unkenntnis der deutschen Sprache) der amerikanische Physiker Murry Gell-Mann vorgeschlagen. Heute glaubt man, die Existenz von sechs verschiedenen Typen von Quarks entdeckt zu haben (fünf gibt es sicher), die in unterschiedlichen Zusammensetzungen die Bausteine (Nukleonen) der Atomkerne formen.

Über diese Quarks reden die Physiker scheinbar ohne anschauliche Schwierigkeiten, ohne auf komplementäre Gesichtspunkte zurückgreifen zu müssen. Auf den ersten Blick jedenfalls. Auf den zweiten Blick zeigen diese Quarks einige Besonderheiten. Sie können nicht isoliert existieren. Genauer gesagt, können Quarks in Hochenergieversuchen nicht als isolierte Teilchen erzeugt werden. Sie verlieren somit von vornherein die ganz wesentliche Eigenschaft der Individualität. Quarks existieren ausschließlich als Teilsysteme eines

Quantensystems. Sie ziehen sich also auf einen der beiden sich gegenseitig ausschließenden Begriffe der Quantenmechanik zurück und vermeiden somit den komplementären Rückgriff. Wenn aber Quarks nur Teilsysteme sind, wieso kann man dennoch von ihnen als Teilchen reden (und sie sich auch so vorstellen)? Die Antwort auf diese Frage schließt an den Verlust der Individualität an. In solch einem Fall – so fordert es die Theorie, genauer gesagt das Pauli-Prinzip – muß die quantenmechanische Wellenfunktion der Quarks bestimmte Symmetriebedingungen erfüllen. Als die Physiker versuch-

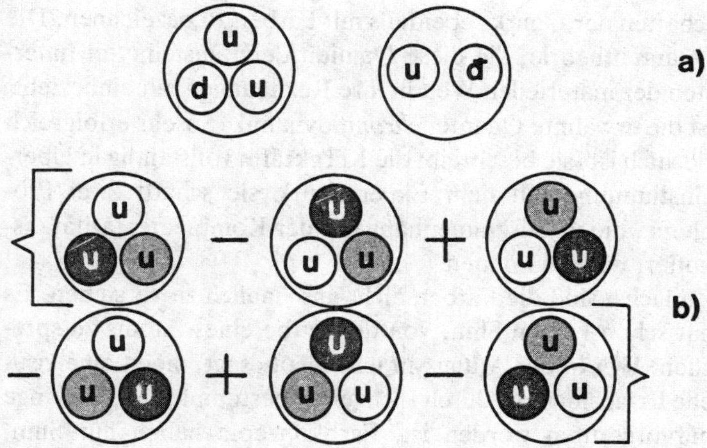

Abbildung 12: Im Quarkmodell der Teilchen besteht ein Hadron aus drei Quarks, ein Proton zum Beispiel setzt sich aus einem d-Quark und zwei u-Quarks zusammen. Mesonen werden aus einem Quark und einem Antiquark gebildet, ein Pion zum Beispiel baut sich aus einem u- und einem Anti-d-Quark auf (a). Die Buchstaben u und d stehen als Abkürzungen für »up« und »down«, die selbst keine Eigenschaften der Quarks beschreiben, vielmehr nur ihrer sprachlichen Unterscheidung dienen. Eigentlich »bestehen« Hadronen nicht aus Quarks, sie »bestehen« aus sechs verschiedenen Anteilen mit alternierenden Vorzeichen (b). Diese Anteile ergeben sich, wenn man die drei Farben so permutiert, daß in keiner Kombination eine Farbe zweimal vorkommt. Diese Anordnung ist erforderlich, um das Pauli-Prinzip nicht zu verletzen.

ten, dieser Forderung zu entsprechen, stellten sie fest, daß sie dazu nur in der Lage waren, wenn sie die Quarks mit gewissen Eigenschaften ausstatteten. Sie mußten annehmen, daß jedes Quarkteilchen auf *drei* verschiedene Weisen existieren kann. Die einzelnen Zustände unterscheiden sich durch eine Qualität, die nach außen (also für uns) nicht sichtbar wird, weil sich beim Vorliegen aller drei Eigenschaften die neue Qualität aufhebt.

Da die drei Farben des Lichtes Rot, Blau und Grün sich zu Weiß (farblos!) mischen, also nach außen keine Farbeigenschaften mehr erkennen lassen, lag es nahe, die neuen Eigenschaften der Quarks ebenfalls mit Farben zu bezeichnen. Die Quantentheorie, die diese Qualität der Bausteine im Innersten der materiellen Welt in ihre Rechnungen mit einbezieht, ist die erwähnte Quanten*chromo*dynamik. Sosehr erfolgreich sie auch ist (sie beschreibt die Kernkräfte vollständig in Übereinstimmung mit dem Experiment), sie schafft zwei Probleme, die in Zusammenhang mit der Komplementarität diskutiert werden können.

Zunächst sind die Farben nicht anschaulich zu verstehen. Es hat schon keinen Sinn, von der Farbe eines Atoms zu sprechen. Wer in der Alltagssprache »Rot« sagt, meint eine visuelle Erfahrung, die durch Licht einer bestimmten Wellenlänge hervorgerufen worden ist. Farbkonzepte haben nur Sinn, wenn man vor dem Hintergrund der elektromagnetischen Theorie des Lichtes argumentieren kann, und dies fällt bei den Quarks aus. Ihre Farben sind auch explizit nur als formale Eigenschaften definiert worden, die ausschließlich in Relation zu ähnlichen Qualitäten verstanden werden können. Damit verzichtet die QCD bei ihrer Beschreibung der subnuklearen Welt bewußt auf die Verbindung zur Sprache, die die Quantenmechanik noch beibehält. Beide physikalischen Denksysteme gehen über die Schranken der Intuition und der Anschauung hinaus, aber nur die Theorie der Quarks sprengt auch die Fesseln der Sprache. Sie gibt in den Farbbezeichnungen jeden metaphorischen Nexus zur ontologischen Wirklichkeit auf. Ihre Objekte, die Quarks, verlieren ihren Status als reale Dinge, sie werden zu bloß formalen Symbolen, deren Verhalten nicht mehr in linguistischen Bildern der Wirklichkeit beschrieben wird. Quarks werden sprachlich wie Zahlen behandelt. Zu deren Objektivierung wird keine Komplementarität mehr benötigt. Über Zahlen kann man immer unzweideutig sprechen.

Die seltsame neue Wirklichkeit der Quarks sieht man auch an einer zweiten Konsequenz ihrer Farben. Es ist nicht mehr so, daß zum Beispiel ein real existierendes Proton in seinem Inneren aus drei Quarks besteht. Vielmehr wird ein Proton durch die sechs möglichen Kombinationen aus drei Quarks aufgebaut, die dadurch zustande kommen, daß jedes der drei Quarks eine der drei möglichen Farben annimmt und keine zwei Quarks gleich aussehen. Die Wirklichkeit (zum Beispiel ein real existierendes und im Versuch nachweisbares Proton) setzt sich sozusagen ganz konkret aus Möglichkeiten zusammen. Die komplementäre Sicht bleibt also doch erhalten wie beim Atom und seinem Elektron, sie wird nur nicht mehr ausdrücklich benötigt. Wenn ich über ein Elektron allein rede, brauche ich nicht zu sagen, ob es Welle oder Teilchen ist. Dies wird erst erforderlich, wenn ich sagen will, wie es sich als individuelle Einheit im Atom verhält. Wenn ich von einem Quark allein rede, brauche ich nicht zu überlegen, wie es wirklich vorliegt. Will ich aber sagen, wie es als Nukleonenbaustein funktioniert, muß ich seine formalen Möglichkeiten in Betracht ziehen.

Damit wird deutlich, daß tatsächlich alle Quantensysteme komplementäre Aspekte haben, die sich unter gegenseitig ausschließenden Bedingungen zeigen. Bohrs Idee bringt alle Betrachtungen in einem versöhnlichen Rahmen zusammen. Die beiden angesprochenen Theorien der Physik, die QED und die QCD, sind im Grunde nur zwei Stufen, auf denen das Ziel der Vereinheitlichung aller Theorien der Physik erreicht werden soll.[23] Man hofft letztendlich, eine große einheitliche Theorie zu finden, die alle in der Natur beobachteten Kräfte

Name der Kraft	Auswirkung (Beispiel)	relative Stärke	Boten-teilchen	Reichweite
Gravitation	Schwerkraft	10^{-36}	Graviton	∞
Elektro-magnetismus	Elektrizität	10^{-2}	Photon	∞
Schwache Kraft	Betazerfall	10^{-14}	W^+, W^-, Z	10^{-16} cm
Starke Kraft	Kernkraft	10^{0}	Gluon	10^{-13} cm

als Auswirkungen einer Kraft, der »Urkraft« (»Superforce«), beschreiben kann. Schon Einstein hat in seinen späten Jahren daran gearbeitet, eine einheitliche Feldtheorie aufzustellen. Er wollte das elektromagnetische Feld (und die von ihm ausgehende Kraft) mit dem Gravitationsfeld (also der Schwerkraft) zusammenbringen. Sein Versuch scheiterte jedoch.
Auch heute hat man das von Einstein anvisierte Ziel noch nicht erreicht, obwohl große Fortschritte in der richtigen Richtung zu erkennen sind. So gelang es den Physikern, eine Theorie aufzustellen, in der die elektromagnetische Kraft mit der sogenannten schwachen Kraft vereint werden kann. Diese extrem kurzreichweitige Kraft sorgt für die Instabilität des Neutrons und ist dadurch für den Betazerfall der Kerne verantwortlich. Darüber hinaus ist es gelungen, eine Theorie zu formulieren, die auch noch die starke Kraft mit aufnimmt, die für den Zusammenhalt der Kernbausteine und also die Stabilität der Atomkerne sorgt. Zur großen Vereinheitlichung fehlt (ausgerechnet) noch die Gravitation; sie bleibt bislang davon ausgeschlossen.
Vielleicht kann der Gedanke der Komplementarität helfen, die Schwierigkeiten mit der Gravitation verständlich zu ma-

chen. Den bislang vereinigten Kräften ist gemeinsam, daß ihre Wirkung durch den Austausch von mehr oder weniger gut charakterisierbaren »Botenteilchen« vonstatten geht. Mit anderen Worten, hier ist es gelungen, die *Felder* durch *Teilchen* zu verstehen, was für sich alleine schon auf Komplementarität hinweist. Die Gravitation wird nun durch die Allgemeine Relativitätstheorie von Einstein beschrieben, und die geht genau anders herum vor. Die Wirkung einer Masse (also die Qualität eines Teilchens) wird durch die Krümmung des Raumes (also die Eigenschaft eines geometrischen Feldes) erfaßt und verstanden. Eine zutreffende Theorie der Urkraft – so läßt sich voraussagen – muß also komplementäre Größen enthalten und geeignet aufeinander beziehen.

In diesem Zusammenhang kann auch Einsteins Abneigung gegen die Quantentheorie neu begründet werden. In seinen Theorien der Relativität wollte er physikalische Qualitäten auf geometrische Zusammenhänge zurückführen, und er dachte dabei – einfach gesprochen – an stetige Feldlinien. Die Geometrie muß an jedem Punkt definierbar sein. Das Quantum der Wirkung steht diesem Plan im Weg. Mit ihm existiert eine Unstetigkeit, die neben die Geometrie tritt.

In den sechziger Jahren hat sich der amerikanische Physiker John A. Wheeler auf Einsteins Spuren begeben, um eine vollständige Begründung der Physik durch Geometrie zu versuchen. Seine »Geometrodynamik« wollte alle physikalischen Ereignisse auf den Raum und die Zeit zurückführen, also mit Hilfe des kontinuierlichen Denkens erfassen. Die diskreten Teilchen werden als topologische Konfigurationen der physikalischen Geometrie vorgestellt, die bestimmte Differentialgleichungen erfüllen.[24] Dieses Programm ist ebenfalls gescheitert. Die Schwierigkeit steckt, grob gesagt, darin, daß in solch einem Versuch die Eigenschaften der Raumzeit, in der wir leben, aus der Geometrie abgeleitet werden sollen, die eigentlich diese Raumzeit schon *ist*. Wheeler ist daher heute auch der Meinung, daß der wirklich fundamentale Baustein der Realität das Quantum ist, und er hofft auf eine Theorie, die die Eigenschaften einer Geometrie, in der die Urkraft wirken kann, mit Hilfe der Quantenphänomene zu beschreiben vermag.

An dieser Stelle bietet sich als Kommentar ganz von selbst an, daß Quantum und Geometrie komplementär zueinander sind und erst dann eine vollständige Begründung der Raumzeit gelingen kann, wenn dies berücksichtigt wird. Die erfolgreichsten Theorien der Physik haben als *Quantenfeld*theorien immer schon beide Aspekte in sich vereinigt.

Sosehr Quantum und Feld auch zusammengehören, so unüberbrückbar verschieden sind sie zur selben Zeit. Ihre Dualität erinnert an ein anderes Paar, das der Wissenschaft zugrunde liegt und die Werkzeuge für all die physikalischen Theorien liefert, die die Urkraft zu erfassen versuchen. Gemeint sind die Mathematik und die Dualität von Kontinuum und diskreter Zahl. Diese beiden Ideen des Diskreten (Unstetigen) und des Kontinuums (Stetigen) gliedern letztlich die mathematischen Disziplinen in zwei Gruppen auf, die, historisch gesehen, auch aus zwei verschiedenen Teilen der Welt kommen. Der Bereich der Mathematik, der seinen Ursprung in der Zahlentheorie und also im diskreten Denken hat und den man Algebra nennt, kam aus Indien und der arabischen Welt. Der Bereich der Mathematik, der seinen Ursprung in der Geometrie und also im stetigen Denken hat, stammt aus Griechenland. Spontanes mathematisches Denken scheint immer aus Aspekten zu bestehen, welche aus diesen Bereichen entnommen werden, die man als komplementär zueinander bezeichnen kann.[25]

Das Diskrete und das Kontinuierliche sind, vom mathematischen Standpunkt aus gesehen, komplementäre Aspekte der Welt. Dies ist analog zur Physik. Je nachdem, welches Problem behandelt werden soll, nimmt ein Mathematiker an,

etwas existiert entweder in einer geometrisch-kontinuierlichen Form oder in zahlenartig-diskreter Weise. Die Kunst besteht dann darin, die Verbindungen zu der komplementären Qualität herzustellen. So gesehen, werden auch die Bedeutung und der Erfolg der Mengenlehre verständlich, die sowohl geometrische als auch arithmetische Einheiten (Elemente) zu Mengen zusammenfaßt und gemeinsame Regeln zu ihrer Behandlung entwirft.
An dieser Stelle könnte man den Standpunkt eines Komplementaristen definieren und folgenden ontologischen Schluß aus den vorstehenden Betrachtungen ziehen (der durch noch zu beschreibende Ergebnisse der kognitiven Psychologie unterstützt wird): Die Grundeinheiten Zahl und Kontinuum oder Quantum und Feld und die mit ihnen verbundene Dualität und Komplementarität sind Qualitäten der Welt, in der wir leben. Indem es Materie gibt, gibt es auch das Diskrete und das Kontinuierliche. Eine Zahl und ein Maß gibt es auch dann, wenn niemand vorhanden ist, der sie zählen oder der es messen kann.

Vom Molekül zur Substanz

Die ursprüngliche Aufgabe der Komplementaritätsidee bestand darin, die Paradoxien aufzulösen und die Widersprüche aus der Welt zu schaffen, die bei der Interpretation experimenteller Befunde aufgetreten waren. Unter inkompatiblen Versuchsbedingungen zeigten sich die komplementären Charakteristiken ein und desselben Systems. Die von der Physik untersuchten Gegenstände erwiesen sich oftmals als elementare, das heißt nicht weiter zusammengesetzte, Einheiten, wie zum Beispiel das Elektron und das Photon. Wer über diesen Bereich hinausgeht, findet solche in diesem Sinne einfachen Objekte nicht mehr. Die Gegenstände, die von der Chemie

und der Biologie untersucht werden, sind zusammengesetzt, sie haben eine innere Struktur, in ihnen finden sich Teile zu einem Ganzen zusammen.
Es ist ganz natürlich, daß diese Objekte auf zwei zwar verschiedene, aber doch zusammengehörende (also komplementäre) Weisen erfahren werden können. Dazu ist kein Umweg über eine unangeschaute Wirklichkeit erforderlich. Der doppelte Blick besteht einfach aus den beiden Möglichkeiten, einen Gegenstand als Ganzes oder von seinen Teilen her zu analysieren. So selbstverständlich dies auch klingt, es wird häufig übersehen, und nur ein Blick – heute zumeist die molekulare Sicht der Dinge – wird als ausreichend empfunden, um einen Gegenstand begreifen zu können.
Daß erst komplementäre Betrachtungen gemeinsam ein Verstehen des betrachteten Objektes ermöglichen, wird vor allem in der Chemie deutlich, obwohl man hier immer wieder lesen kann, daß *Substanzen* ausschließlich und vollständig durch ihre *Moleküle* verstanden werden können. Kann man wirklich die Eigenschaften von flüssigem Wasser durch die Wechselwirkungen von H_2O begründen? Dies konstatieren zum Beispiel C. W. Kern und M. Karplus in ihrer Arbeit über das Wassermolekül, in der sie unter anderem behaupten, daß es »im Prinzip möglich ist, die Struktur und die Eigenschaften des Wassers vorherzusagen«[26]. Dies trifft aber nicht zu, wie Hans Primas deutlich macht:

> »Daß man reine Stoffe *nicht* durch ihre molekulare Zusammensetzung beschreiben kann, wurde von [J. D.] van der Waals und [Ph.] Kohnstamm in ihrem vorzüglichen ›Lehrbuch der Thermostatik‹ [1927] gezeigt. Beispielsweise ist flüssiges Wasser ein reiner Stoff, kann aber nicht als Stoff, welcher aus H_2O-Molekülen besteht, charakterisiert werden. Ja, man weiß nicht einmal, welche Polymeren von H_2O in flüssigem Wasser alle vorkommen. (...) In der

experimentellen Praxis werden reine Stoffe durch Anwendung der thermodynamischen Phasenregel charakterisiert, ein Vorgehen, das für den Theoretiker kaum befriedigend ist.«[27]

Die Vorherrschaft der molekularen oder atomaren Sicht unter Chemikern kann historisch erläutert werden. Die Vertreter ihres Faches waren schon längst von der Existenz der Atome überzeugt – nämlich in der Mitte des 19. Jahrhunderts –, als die Physiker noch heftig darüber stritten. Erst am Ende des letzten Jahrhunderts kam es zu der entscheidenden Debatte um die Frage, ob es Atome wirklich gibt.
Eine der Schwierigkeiten, die die Physiker mit dieser Konzeption hatten, lag in der Tatsache, daß der zweite Hauptsatz der Thermodynamik »unverträglich mit der Annahme endlicher Atome« ist, wie Max Planck in seiner Doktorarbeit 1879 schrieb. Dieser zweite Hauptsatz besagt, daß eine als Entropie bezeichnete Eigenschaft physikalischer Systeme nicht abnehmen kann. Die Entropie bleibt gleich, oder sie steigt an. Als Einstein dann 1905 unter der Voraussetzung, daß der zweite Hauptsatz auf der atomaren Ebene nicht gültig ist, eine Theorie der Brownschen Molekularbewegung lieferte, die eine »exakte Bestimmung der wahren Atomgröße« ermöglichte, da schien der Satz über den Anstieg der Entropie widerlegt zu sein.
Die Konzeption der Entropie war kurz nach Mitte des 19. Jahrhunderts eingeführt worden, um ein Maß für den Energieanteil eines Stoffes zu haben, der nicht mehr nutzbar gemacht, das heißt in Arbeit umgewandelt werden kann. In den folgenden Jahrzehnten wurde eine molekulare Deutung dieser phänomenologischen Größe Entropie versucht. Ludwig Boltzmann gelang es, hierin ein Maß für die Wahrscheinlichkeit zu entdecken, mit der ein bestimmter Zustand in einem physikalischen System eintritt. Da ein ungeordneter Zustand

wahrscheinlicher ist als ein geordneter, ist es seit dem Ende des 19. Jahrhunderts üblich, in der Entropie ein Maß für die Unordnung eines Systems zu sehen.
Damit schien die Physik (Thermodynamik) durch den Satz über die ansteigende Entropie Leben auszuschließen, denn sowohl beim stammesgeschichtlichen als auch beim individuellen Werdegang der Organismen nimmt der Grad der vorhandenen Ordnung deutlich zu. Allgemeiner schien der Entropiesatz die Entstehung von Strukturen auszuschließen. Doch trifft die Interpretation der Entropie als Maß für die Unordnung nur zu, wenn die Gesamtenergie des betrachteten Systems groß gegenüber anderen auftretenden Energien (zum Beispiel Bindungsenergien) ist. Im anderen Fall – so konnte gezeigt werden – tritt gerade das Umgekehrte ein, dann erzwingt der zweite Hauptsatz Strukturen wie Planetensysteme, Kristalle oder Moleküle.[28] Die Struktur wird dann ganz natürlich dem Chaos bevorzugt.
Zu Beginn dieses Jahrhunderts schienen sich all diese Konzepte und Ideen zu widersprechen, wie Primas schreibt: »Es ist ein Kuriosum der Geschichte, daß um diese Zeit niemand auf die Idee kam, daß Thermodynamik und Atomistik einander gar nicht widersprechen, sondern lediglich verschiedene Aspekte der Welt beschreiben. Nach heutiger Auffassung sind für ein Verständnis der materiellen Welt *sowohl* der thermodynamisch-energetische Aspekt *als auch* der molekulare Standpunkt notwendig. Beide Auffassungen sind richtig und miteinander vereinbar. Als widersprüchlich können sie nur jemandem erscheinen, der glaubt, mit einer Perspektive bereits die ganze Wirklichkeit erfaßt zu haben.«[29]
Die klassische Thermodynamik (und mit ihr der zweite Hauptsatz) ist im molekularen Bereich allein deshalb unzutreffend, weil ihre Begriffe dort sinnlos sind. Ein Molekül hat weder Entropie noch Temperatur. Diese nichtmechanischen Begriffe haben nur eine Bedeutung, wenn man sie auf Sub-

stanzen oder Stoffe anwendet. Die sich hier verbergende Komplementarität hat Niels Bohr bemerkt und vorgestellt. In seiner sogenannten Faraday-Vorlesung sprach er 1932 über die Frage, wie die »Chemie und die Quantentheorie des Atombaus« zusammenhängen. Dabei stellte er fest, daß die vollständige mechanische Beschreibung eines Objektes komplementär zu seiner thermodynamischen Erfassung ist.

»Ein typisches Beispiel (für den Gedanken der Komplementarität; Anm. d. Verf.) bietet die statistische Theorie der Wärme. Ihr zufolge steht das Konzept der Temperatur selbst in einem ausschließenden Verhältnis zu einer detaillierten Beschreibung des Verhaltens der Atome in dem betrachteten Körper.«[30] Mit anderen Worten, die Möglichkeit, einem System eine wohldefinierte Temperatur zuzuordnen, ist komplementär zu der mechanischen Beschreibung seiner Moleküle. Beides ist berechtigt (und auch erforderlich), aber nicht gleichzeitig durchführbar. Temperatur ist ein (thermodynamisches) Konzept, das nicht aus mechanischen Gesetzen abgeleitet werden kann. Temperatur ist nicht reduzierbar.

Allgemeiner ausgedrückt, steckt hierin die bereits eingangs erwähnte Behauptung, daß nicht nur das Atom (Physik) ohne Komplementarität nicht faßbar ist, sondern auch das, zu dem sich die Atome zusammenfinden können, also die Substanzen oder Stoffe (Chemie). Erst komplementäre Beschreibungen geben das vollständige Bild einer Gegebenheit dieser Welt. Dabei verstehen wir unter komplementären Gesichtspunkten ein und derselben Wirklichkeit solche Aspekte, die nicht gemeinsam zur Beschreibung eines einzelnen Versuches verwendet werden können. Keine komplementäre Beschreibung kann der anderen untergeordnet oder auf sie zurückgeführt werden. Sie sind gleichberechtigt und gleichbedeutend.

Damit ist es im Grunde möglich, die Idee der Komplementarität in den umfassenderen Rahmen einer projektiven Erkenntnistheorie einzubauen.

Komplementäre Aspekte sind dann verschiedene Projektionen der Realität in einem besonderen Kontext. Allgemein nimmt das projektive Modell der Epistemologie für die Beziehung zwischen realer Welt und den Sinneseindrücken an, daß wir bei jeder Wahrnehmung versuchen, wirkliche Gegenstände auf unsere Beobachtungsebene zu projizieren, wobei der Begriff der »Projektion« nicht im bildlichen Sinn verstanden werden darf.[31] In diesem Modell wird der Dualismus von Welle und Teilchen so verstanden, daß zwei verschiedene Projektionen der Realität Elektron auf den Schirm unseres Erkenntnisapparates möglich sind. Wir werden diese Thematik erneut aufgreifen, wenn es im Rahmen der Biologie um die Komplementarität bestimmter Wahrnehmungen geht.
Hier soll zunächst an weiteren Beispielen gezeigt werden, wie sich vor allem in der Chemie die Komplementarität »mit auffallender Klarheit« zeigt, wie Hans Primas schreibt[32], der sich in vielen Beiträgen mit dem Bohrschen Konzept befaßt

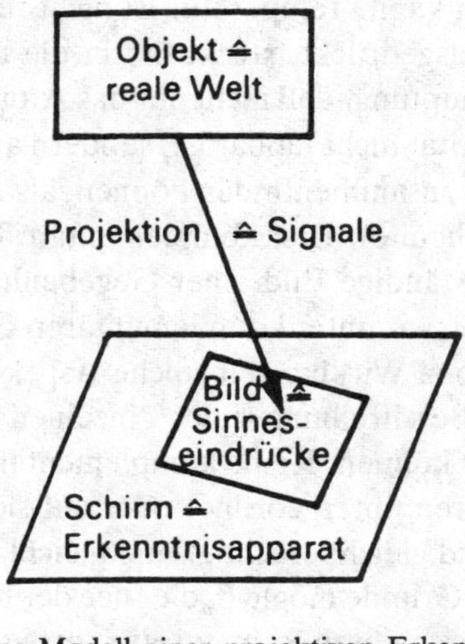

Abbildung 13: Das Modell einer projektiven Erkenntnistheorie nach Gerhard Vollmer (1986).

hat.[33] Er versteht seine Analysen »als Hinweis darauf, wie die Chemie helfen könnte, das Denken in komplementären Wegen zu lernen und die Komplementarität in eine weitere Perspektive zu stellen«.
Für Primas macht die Quantenmechanik (macht Bohrs Entdeckung) deutlich, daß »die Dialektik von Ganzem und Teil . . . viel komplizierter ist als in den klassischen physikalischen Theorien«[34]. Die Welt stellt sich – im Sinne von Schrödinger – als ein verschränktes System (ein Ganzes) heraus, das aber nur beschrieben werden kann, wenn die Existenz nichtverschränkter Untersysteme (isolierbarer Teile) postuliert wird. Daher kann – wie Bohr immer betont hat – die Quantentheorie nicht sagen, was sie weiß, ohne zu erwähnen, auf welche Art ihre Kenntnis zustande gekommen ist. Phänomene werden dadurch natürlich kontextabhängig (eine experimentelle Anordnung ist solch ein Kontext), sie können aber nun – im neuen Sinne – objektiv beschrieben werden.
Da wir immer ein Ganzes untersuchen – also etwas, »wovon keine andere als eine komplementäre Beschreibung gegeben werden kann«[35] –, kann man keine Betrachtungsweise mehr als wahr im trivialen Sinn bezeichnen. Ihr Gegenteil ist nämlich nicht falsch, sondern wieder wahr. Bohr meinte entsprechend, daß eben dadurch eine *tiefe* Wahrheit ausgezeichnet sei. Nur die vielen wahren komplementären Beschreibungen zusammen repräsentieren »die ungeteilte Realität«.
In seinem Buch »Chemistry, Quantum Mechanics and Reductionism« zeigt Primas, daß »Komplementarität auf keinen Fall ein mysteriöses oder vages Konzept« ist, vielmehr steht es dem »durchdringenden Geist« »offen«. Er baut im Anschluß an Arbeiten von Carl Friedrich von Weizsäcker[36] eine Logik der Komplementarität auf, die die formale Definition von komplementären Theorien erlaubt, wenn diese in eine übergreifende Theorie (Sprache) eingebettet sind. »Die übergreifende (covering) Theorie ist weder eine Mechanik noch eine

Theorie mit spezifischem physikalischen Inhalt, sie repräsentiert das ungeteilte Ganze der Welt des Diskurses (›universe of discourse‹).«[37]

Mit diesem Werkzeug ausgestattet, ist Primas in der Lage, den Beweis zu führen, daß die Newtonsche Punktmechanik und die Quantenmechanik komplementäre Theorien sind. Dies ist nun von Bedeutung für die molekulare Sicht in der Chemie. Moleküle werden hier theoretisch nach den Vorschriften der Quantenmechanik behandelt. Dies macht solange Sinn, solange man sich für die Gestalt der Moleküle (oder gar die Orbitale der Elektronen) interessiert, etwa wenn die Ergebnisse hochauflösender spektroskopischer Experimente besprochen werden sollen. Diese dabei entstehenden gequantelten molekularen Systeme müssen von den Molekülen unterschieden werden, die der Chemiker im Auge hat, wenn er eine Strukturformel aufschreibt. Solch eine Strukturformel (Strichfiguren) enthält schon klassische Elemente, die durch eine Beschreibung zustande kommen, die als »Born-Oppenheimer-Approximation« bekanntgeworden ist.

Abbildung 14: »Ein molekulares System besteht aus elektrisch geladenen Elementarteilchen (wie Elektronen und Atomkernen), die immer mit ihrem elektromagnetischen Strahlungsfeld energetisch gekoppelt sind. In einer vollen quantenmechanischen Beschreibung sind Molekül und Strahlungsfeld durch EPR-Korrelationen verschränkt, so daß eine Molekel als individuelles Objekt nicht existiert. Macht man durch einen geeigneten Grenzübergang das Strahlungsfeld klassisch, so verschwinden diese Korrelationen. Die bei diesem Übergang neu entstehende klassische Observable beschreibt die *Individualität* der Molekel (chemisch ausgedrückt durch Angabe der Bruttoformel).
Die nächste hierarchische Ebene erreicht man durch den Born-Oppenheimerschen Grenzübergang $m/M \to 0$, die dabei auftauchende klassische Observable beschreibt die *Gestalt* der Molekel. Erst auf dieser Stufe ist es möglich, der Molekel eine Strukturformel zuzuordnen. Die hierarchisch höchste Stufe der Molekülbeschreibung gibt die Quasielektronentheorie, sie entsteht durch Abstraktion von den EPR-Korrelationen zwischen den Elektronen.« (Aus Primas, 1985)

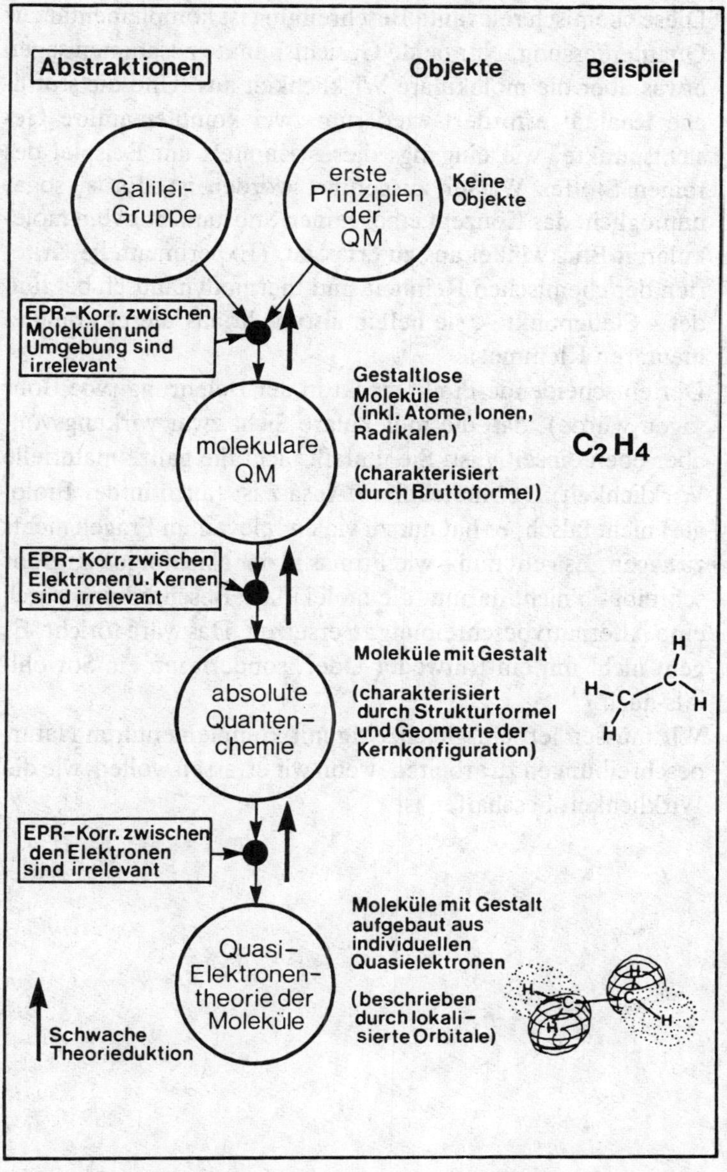
Abstraktionen
Objekte
Beispiel
Galilei-Gruppe
erste Prinzipien der QM
Keine Objekte
EPR-Korr. zwischen Molekülen und Umgebung sind irrelevant
Gestaltlose Moleküle (inkl. Atome, Ionen, Radikalen)
molekulare QM
(charakterisiert durch Bruttoformel)
C2 H4
EPR-Korr. zwischen Elektronen u. Kernen sind irrelevant
Moleküle mit Gestalt
absolute Quanten-chemie
(charakterisiert durch Strukturformel und Geometrie der Kernkonfiguration)
EPR-Korr. zwischen den Elektronen sind irrelevant
Moleküle mit Gestalt aufgebaut aus individuellen Quasielektronen
Quasi-Elektronen-theorie der Moleküle
(beschrieben durch lokalisierte Orbitale)
Schwache Theorieduktion

Diese chemisch relevante Beschreibung ist komplementär zur Quantenfassung. Nur beide Gesichtspunkte zusammen sagen etwas über die molekulare Wirklichkeit aus. Und die stoffliche Realität erfordert wiederum zwei komplementäre Gesichtspunkte, wie eingangs dieses Kapitels am Beispiel des reinen Stoffes Wasser ausgeführt worden ist. Es ist sogar unmöglich, das Konzept einer reinen Substanz nur vom molekularen Blickwinkel aus zu erfassen. (Experimentelle Kriterien der chemischen Reinheit sind thermodynamisch begründet – Siedepunkt –, sie helfen also nicht aus dieser komplementären Klemme.)
Der entscheidende Punkt steckt in der Belehrung (wie Bohr sagen würde), daß die molekulare Sicht zwar wirkungsvoll, aber eben einseitig ist. Sie umfaßt nicht die ganze materielle Wirklichkeit. Der molekulare Ansatz ist (auch in der Biologie) nicht falsch, er hat nur zu vielen relevanten Fragen nichts zu sagen. Es geht nun – wie Primas in der Nachfolge von Bohr schreibt – »nicht darum, die molekulare Beschreibung durch eine Alternativbeschreibung zu ersetzen. Das wäre töricht. Es geht nicht um ein Entweder-Oder, sondern um ein Sowohl-Als-auch.«[35]
Wir müssen lernen, gleichzeitig mit komplementären Naturbeschreibungen zu arbeiten, wenn wir erfassen wollen, wie die Wirklichkeit beschaffen ist.

Komplementarität in der Biologie

Beobachtung
Zufällig
einen Blinden beobachtet:
Sein insektenartiges Tasten
über die Braille-Schrift hin.
Finger statt Augen:
Wie die Welt faßbar wird
und doch unsichtbar bleibt
und fand daran nichts
Neues.

Günter Kunert

Licht und Leben

Seit Mitte der vierziger Jahre gibt es eine molekulare Biologie, die nicht von Biologen gemacht worden ist. Es waren Physiker und Mediziner, die sich der Frage »Was ist Leben?« annahmen und versuchten, die den Erscheinungen des Lebenden zugrundeliegenden Mechanismen in den physikalischen beziehungsweise chemischen Griff zu bekommen. Dabei entstand die heutige Wissenschaft der Molekularbiologie, die mit immer noch zunehmender Geschwindigkeit Eigenschaften von Biomolekülen erkennt und zu beeinflussen lernt. Sie tritt mit dem Anspruch an, das Leben auf molekulare Wechselwirkungen und die dabei auftretenden Kausalketten reduzieren und in diesem Sinne erklären zu können.
Ihre Grundannahme besteht darin, daß Lebewesen sich aus den Atomen und Molekülen (und nichts anderem) zusammensetzen, die die Physiker und Chemiker kennen. Wenn wir nun, so argumentieren die Molekularbiologen, eine umfassende Kenntnis all dieser Atome und Moleküle (einschließlich ihrer Konfiguration und Position) eines Organismus erworben haben, dann können wir hiermit unter Zuhilfenahme der Gesetze von Physik und Chemie die Eigenschaften dieses

Organismus neu definieren und die Gesetze ableiten, denen sein Verhalten folgt.
Experimentell bleibt einer Wissenschaft natürlich keine Alternative zu dem Versuch, den traditionellen Pfad der zerlegenden Methode zu Ende zu gehen. Doch wer die daraus resultierenden Einsichten in die molekularen Lebenszusammenhänge betrachtet, ohne Widersprüche oder die Notwendigkeit von Ergänzungen zu erwarten, übersieht möglicherweise die wirklichen Rätsel, die das Leben zu bieten hat. Die Idee der Komplementarität bezeichnet ein antireduktionistisches Programm, also die Hoffnung, auf dem eingeschlagenen Weg in ein Paradoxon zu laufen.
Die heutige Molekularbiologie versucht auf ihre Weise in Form eines molekulardarwinistischen Ansatzes die Entstehung des Lebens zu erklären. Die Einlösung dieses Anspruchs wäre unvereinbar mit der komplementaristischen Auffassung von Bohr, derzufolge Leben nicht ableitbar ist, sondern als elementare Tatsache hingenommen werden muß. Er steht auch im Widerspruch zu der im Rahmen der Betrachtungen über die Chemie aufgestellten Behauptung, daß die molekulare Sicht allein nie die ganze Wirklichkeit beschreibt. Wenn man vom molekularen Bereich aus in Schichten höherer Organisation aufsteigt, tauchen immer neue Eigenschaften des Systems auf (Emergenz), die unerwartet sind. In den bekanntesten Beispielen entsteht eine Flüssigkeit (Wasser) aus zwei Gasen (Wasserstoff und Sauerstoff) und ein Schwingkreis aus zwei Stromkreisen, in denen die Spannung entweder abfällt (Spule) oder ansteigt (Kondensator). Möglicherweise kann die Emergenz von Eigenschaften nur komplementär zu den reduzierenden Aspekten beschrieben werden.
Die Untersuchung des Anspruchs der Molekularbiologie, die Erscheinungen des Lebens mit ihren Mitteln vollständig erklären zu können, sollte daran erinnern, daß der Wegbereiter der neuen Biologie den molekularen Zugang zum Leben para-

doxerweise gerade auf der Suche nach einer Bestätigung des Bohrschen Argumentes gefunden hat. Max Delbrück hat nach 1932 konkret versucht, die Komplementarität in die Biologie einzuführen, und dabei gehofft, eine Unbestimmtheit des Lebens zu finden.[1] Er war noch als Physiker zu Bohr gekommen, hatte sich aber unter dem Eindruck der Komplementaritätsidee entschlossen, den Versuch zu unternehmen, »dem schlecht verwendeten Begriff Biophysik Bedeutung zu verleihen«.[2] Max Delbrück wollte das Leben wie das Licht verstehen.

Seinen entscheidenden Anstoß erhielt Delbrück durch eine Vorlesung, die Bohr im August 1932 hielt. Unter dem Thema »Licht und Leben« trug Bohr in Kopenhagen zum erstenmal öffentlich seine Ansicht vor, daß die Erscheinungen des Lebens nicht auf Vorgänge der Physik zurückgeführt werden können. Er war der Auffassung, daß der physiologische und der physikalische Aspekt des Lebens komplementär zueinander sind, und er glaubte, daß es eine Art Unbestimmtheitsrelation des Lebens gibt. Auf jeden Fall mußte man – Bohr zufolge – erwarten, daß eine biologische Theorie Konzepte enthielt, die nicht durch physikalische Begriffe definiert werden konnten. Bohr schrieb 1932:

> »Wenn wir imstande wären, die Analyse des Mechanismus der lebenden Phänomene ebensoweit zu treiben wie die Analyse der Atomphänomene, so könnten wir kaum erwarten, ein Verhalten zu finden, das irgendwie von dem der anorganischen Stoffe abweicht. In diesem Dilemma müssen wir jedoch daran denken, daß die Bedingungen bei biologischen und physikalischen Untersuchungen nicht unmittelbar miteinander verglichen werden können, da die Notwendigkeit, das Untersuchungsobjekt am Leben zu halten, für jene eine Einschränkung bedeutet, die bei diesen kein Gegenstück aufzuweisen hat. So würden wir zweifellos ein

Tier töten, wenn wir versuchten, eine Untersuchung seiner Organe so weit durchzuführen, daß wir den Anteil der einzelnen Atome an den Lebensfunktionen angeben könnten. In jedem Versuch an lebenden Organismen muß daher eine gewisse Unsicherheit in bezug auf die physikalischen Bedingungen, denen sie unterworfen sind, bestehen bleiben; und es drängt sich der Gedanke auf, daß die geringste Freiheit, die wir in dieser Hinsicht den Organismen zugestehen müssen, gerade groß genug ist, um ihnen zu ermöglichen, ihre letzten Geheimnisse gewissermaßen vor ihnen zu verbergen. Von diesem Gesichtspunkt aus muß die Existenz des Lebens als Elementartatsache aufgefaßt werden, für die keine nähere Begründung gegeben werden kann und die als Ausgangspunkt für die Biologie genommen werden muß, in ähnlicher Weise wie das Wirkungsquantum, das vom Standpunkt der klassischen mechanischen Physik aus als ein irrationales Element erscheint, zusammen mit der Existenz der Elementarpartikel die Grundlage der Atomphysik ausmacht. Die behauptete Unmöglichkeit einer physikalischen oder chemischen Erklärung eigentlicher Lebensfunktionen dürfte in dem Sinne analog zu der Unzulänglichkeit der mechanischen Analyse für das Verständnis der Stabilität der Atome sein.«[3]

Bohr schlug in seinen Vorträgen vor, die Biologie in Analogie zur Physik zu sehen: In beiden Fällen tritt ein individueller Charakterzug hervor – einmal das Quantum der Wirkung, dann die Erscheinung des Lebens –, der nicht erklärt werden kann (sondern hingenommen werden muß). Diese Besonderheit verhindert eine mechanische (und letzten Endes reduktionistische) Beschreibung des untersuchten Gegenstandes. Denn um ein Organ mechanisch zu beschreiben, muß es als isoliertes physikalisches System behandelt werden; dann lebt es aber nicht mehr, weil sein Leben die Wechselwirkung mit den es umgebenden Dingen erfordert. Zu dieser Umgebung gehört auch der Beobachter, der in diesem Fall ausschließlich als Subjekt auftritt.

Beschreibt man (komplementär dazu) einen Organismus durch seine Wechselwirkung mit der Umgebung, dann gelangt das zur Beobachtung verwendete System auf die Objektseite des Phänomens. Mit anderen Worten, die Beschreibung eines lebenden Organismus – er befindet sich in Wechselwirkung mit seiner Umgebung – und die Beschreibung eines isolierten Organismus handeln von *verschiedenen* Objekten. Diese Beschreibungen liefern komplementäre Einsichten, da sich die dazugehörigen physikalischen Situationen gegenseitig ausschließen.

Als Beispiel dazu kann man das Begriffspaar Struktur und Funktion heranziehen. Nach dem oben Gesagten ist es offensichtlich, daß Struktur (immer ohne Wechselwirkung) und Funktion (ohne Wechselwirkung sinnlos) komplementäre Beschreibungsarten eines lebenden Systems sind, die erst beide zusammen zum Verstehen eines Organismus führen.

Bis hierher läßt sich die von Bohr verwendete Analogie zur Physik problemlos durchführen. Darüber hinaus ist sie aber nicht mehr tragfähig. In der Physik wird der komplementäre Rückgriff erforderlich, weil die Ganzheit des Phänomens (also das Zusammenhängen von Beobachter und Beobachtetem) den Schnitt zwischen Subjekt und Objekt willkürlich werden läßt, wenn man eine Beobachtung beschreibt. Dieses unteilbare Ganze gibt es in der Biologie gewöhnlich nicht, es sei denn, das Quantum der Wirkung selbst spielt eine Rolle (was aber noch nicht beobachtet werden konnte). Die Komplementarität tritt nun in der Biologie nicht durch diese physikalische Ganzheit auf, sondern dadurch, daß wir die Beschreibung der biologischen Phänomene auf zwei Ebenen suchen müssen: einmal auf der Ebene der Organismen, die durch Funktion oder Zweck beschrieben werden können, und dann

auf der Ebene der molekularen Mechanismen (Strukturen), die es den Organen erlauben, ihre Funktionen auszuüben.
Mit anderen Worten, es kann in der Biologie zwei Formen der Komplementarität geben. Die erste entspräche der Komplementarität aus der Physik. Sie kann sich bemerkbar machen, wenn man mit atomarer Genauigkeit wissen will, was in lebenden Organismen stattfindet, und dabei das Quantum der Wirkung interferiert. Die zweite Form wäre spezifisch für die Biologie und beträfe neben physikalischen Größen auch biologische Konzepte. Wir werden Beispiele hierfür in den folgenden Kapiteln diskutieren.
Die bisher gegebenen Erläuterungen zu Bohrs Vorschlag, den Gedanken der Komplementarität in die Biologie zu übertragen, wurden ganz selbstverständlich vor dem Hintergrund einer molekularen Biologie gestellt. Diese gab es aber 1932 noch nicht einmal in Ansätzen. Dreißig Jahre später lag sie dann als nahezu perfektes Paket vor. Nach einer stürmischen Periode, die in den vierziger Jahren begann und in den fünfziger Jahren einen großen Höhepunkt erlebte, waren 1962 die grundlegenden Mechanismen der genetischen Moleküle bekannt. Es war deutlich geworden, daß physikalische und chemische Erklärungen ausreichten, um zu verstehen, wie Lebewesen gleiche Lebewesen als Nachkommen erzeugten. James Watson und Francis Crick hatten 1953 das Erbmaterial entdeckt und der Biologie das beschert, worauf die Physiker 1912 vergeblich gehofft hatten, nämlich ein Modell, das keine Abweichungen vom intuitiven Denken erforderte und doch den Mechanismus der Verdoppelung erklärte.
Bohr formulierte damals, am Ende seines Lebens, seine Überlegungen neu, und er unterzog seinen Vorschlag in Anbetracht der inzwischen entstandenen Molekularbiologie einer kritischen Überprüfung (»Licht und Leben – noch einmal«).
In einem Vortrag 1962 in Köln erkannte Bohr diesen Fort-

schritt zwar als »Wendepunkt« an, er hielt nun auch nicht mehr an der ursprünglichen Position fest, daß man Lebewesen töten müsse, um eine mechanische Beschreibung ihrer vitalen Prozesse zu geben, er gab aber insgesamt seinen Standpunkt nicht auf, daß eine komplementäre Beschreibung des Lebens erforderlich ist, um es zu verstehen. Einmal vermutete er, daß etwa die Feinstruktur der Muskeln oder die Details von Nervenzellen bislang unentdeckte physikalische Mechanismen verwenden. Zum anderen blieben natürlich die Struktur und die Funktion komplementäre Manifestationen organischer Phänomene. Es ist interessant, daß Bohr diese Auffassung schon als junger Student geäußert haben soll, als er behauptete, Kausalität und Teleonomie seien in ihrer Beschreibung von Eigenschaften lebender Formen gleichwertig.[4]
Die die Struktur eines Organismus betreffenden Beschreibungen sind komplementär zu denen über seine Funktion, weil die teleologisch vorgehende Darstellung des Funktionierens eines Organs den Ausgangspunkt für eine mechanische Analyse der physikalischen Struktur bildet, die diese Funktion erst ermöglicht. Die mechanische Analyse eines Organismus muß ohne eine Wechselwirkung mit der Umgebung auskommen, sein Zustand muß dazu physikalisch isoliert sein. Bohr wies nun darauf hin, daß man bei der Beschreibung von regulatorischen Mechanismen nicht mehr scharf unterscheiden kann zwischen der genauen Konstruktion dieses Mechanismus und der Funktion, die er zur Aufrechterhaltung des Lebens erfüllt. Die mechanische Beschreibung eines Regelvorgangs setzt notwendig eine teleologische Beschreibung voraus, ohne die eine mechanische Analyse gar nicht erst möglich ist. In Bohrs eigenen Worten:

> »Beim Studium regulatorischer biologischer Mechanismen ist es vielmehr so, daß keine scharfe Unterscheidung gemacht werden kann zwischen der Feinstruktur dieser Me-

chanismen und den Funktionen, die sie bei der Aufrechterhaltung des Lebens im Organismus erfüllen. Viele in der praktischen Physiologie angewandten Ausdrücke spiegeln eine Untersuchungsmethode wider, bei der man – ausgehend von der Erkenntnis der Funktion der einzelnen Teile des Organismus – eine physikalische und chemische Beschreibung ihres feineren Baus und der Prozesse, an denen sie teilnehmen, anstrebt. Solange man aus praktischen oder erkenntnistheoretischen Gründen von Leben spricht, werden solche teleologischen Begriffe gewiß zur Ergänzung der molekularbiologischen Terminologie gebraucht werden. Dieser Umstand an sich bedeutet jedoch keine Begrenzung der Anwendung der bekannten atomphysikalischen Prinzipien auf die Biologie.«[5]

Bohr weist in diesem Zusammenhang noch einmal darauf hin, daß unser Verstehen von der Natur nicht dadurch vorankommt, daß wir mehr Wissen anhäufen, sondern dadurch, daß wir unsere Konzepte besser verstehen, daß wir verstehen, wie diese funktionieren, wenn sie Erfahrungen beschreiben. Dies gelingt nicht durch Einengung des Vokabulars auf wenige korrekte Ausdrücke, es gelingt vielmehr durch konstantes Erweitern des konzeptionellen Rahmens, mit dem wir zuerst nur die Erfahrungen unseres alltäglichen Lebens erfassen.
Zu ihnen gehört auch das Leben selbst. Wir lernen unmittelbar und eindringlich kennen, was Leben ist. Und obwohl wir mit diesem Phänomen so vertraut sind (oder gerade deshalb), fällt es uns später schwer, genau zu definieren, was mit diesem Begriff gemeint ist. Heute wird dies durch eine Liste von Eigenschaften (Kriterien) festgelegt. Lebende Systeme zeichnen sich durch die Fähigkeit zum Stoffwechsel bei gleichbleibender Form aus (Metabolismus), sie können sich selbst vermehren (Selbstreproduktivität) und tun dies mit einer Genau-

igkeit, die Änderungen (Mutationen) zuläßt. Die Mutabilität kann zusätzlich auf äußere Einflüsse reagieren.
Die Frage einer Definition des Lebens wird besonders dann konzeptionell schwerwiegend, wenn wir anschließend Leben erklären wollen, um herauszufinden, ob dies vollständig im Rahmen von Physik und Chemie möglich ist. Im Grunde kann diese Frage nämlich mit einem Blick auf die Definition beantwortet werden. Verwendet man in der Definition des Lebens nur Begriffe, die aus Physik und Chemie stammen, dann ist Leben auf den Apparat dieser Wissenschaften reduzierbar. Verwendet man umgekehrt wenigstens einen irreduziblen (»lebensspezifischen«) Begriff, dann verzichtet man eigentlich von vornherein auf die Möglichkeit, Leben zu erklären.
Die Qualität und Vollständigkeit einer Definition des Lebens hängen davon ab, ob der Übergang vom Unbelebten kontinuierlich oder diskontinuierlich erfolgt. Mit anderen Worten, es stellt sich die Frage, ob es etwas gibt, das zwar nicht mehr tot ist, aber auch noch nicht richtig lebt. In diesem Zwischenreich scheinen sich Viren aufzuhalten. Diese biologischen Objekte leben nur innerhalb einer Wirtszelle, für sich alleine sind sie ohne Leben.
Nimmt man die Existenz der Viren zum Anlaß, den Übergang vom Nichtleben zum Leben als fließend anzusehen, dann muß jede Definition des Lebens, die mit physikalischen Begriffen auskommt, unvollständig sein. Paradoxerweise macht gerade diese Schlußfolgerung die Suche nach einer physikalischen Erklärung der Lebenserscheinungen überhaupt erst sinnvoll. Mit anderen Worten, ein Physikalist wird nie vollständig verstehen, was Leben ist, er wird aber immer danach fragen (und in diese Richtung forschen) können. Ein Holist (»Vitalist«) wird keine Definition ohne tautologische Elemente (irreduzible Begriffe) angeben können und also Leben erst gar nicht definieren wollen; er nimmt es hin. Seine postulierte diskontinuierliche Entstehung wird er am Beispiel der Viren durch die

Idee der Komplementarität erhalten. Jedes Objekt kann als Individuum oder als Teil eines Ganzen gesehen werden. Diese Betrachtungsweisen sind komplementär zueinander. Ein Virus ist nur unter einem dieser Aspekte ein lebendes System. Wieder verhindert die Verwendung der Komplementarität, daß Widersprüche auftreten. Sie werden auf diese Weise auch zwischen den Physikalisten und den Holisten vermieden. Denn die Definition eines Begriffes (Leben) ist komplementär zu seiner Anwendung. Molekulare Biologie benutzt ihren Begriff von Leben, um seine Eigenschaften zu verstehen. Dabei wird ein genauerer Begriff von Leben entstehen; er wird aber nie den anderen ablösen, der komplementär zu ihm ist und bleibt.
In diesem Zusammenhang wird ersichtlich, wie vertrackt die Frage nach der Entstehung des Lebens ist. Jede Theorie wird zunächst Auskunft über den verwendeten Lebensbegriff geben müssen. Auch der Ursprung des Lebens wird damit also nur im Rahmen der Komplementarität gesehen werden können. Dies zeigt sich unmittelbar daran, daß heute ein *doppelter* Ursprung des Lebens als eine ernst zu nehmende Hypothese vertreten werden kann.[6]
Der tiefere Grund hierfür steckt in der Tatsache, daß Leben in molekularer Hinsicht dual strukturiert ist. Wir können deutlich grundsätzlich verschiedene Funktionen unterscheiden, die einerseits von den die genetische Information tragenden Nukleinsäuren (DNS, RNS) und andererseits von den die chemischen Umsetzungen ausführenden Proteinen (Enzymen) erfüllt werden. Auf der höheren Ebene der Organismen wird daraus die Aufteilung in Replikation und Stoffwechsel. Diese beiden Charakteristiken des Lebens stehen nicht isoliert nebeneinander. Die logische Verbindung zwischen Metabolismus und Vermehrung wurde bereits 1948 durch den Mathematiker John von Neumann gezogen, als er das Funktionieren von lebenden Organismen mit dem von mechanischen

Automaten (Computern) vergleichen wollte.[7] Ein Apparat, der seine eigene Vermehrung anleitet, muß – so begründete von Neumann – eine Komponente haben, die Informationen aufnimmt und speichert. Sie wurde Software genannt. Er muß noch eine zweite Komponente haben – die Hardware –, die in der Lage ist, mit dieser Information etwas anzufangen und sie zu verarbeiten. Diese Komponenten findet man in Lebewesen in Form der oben beschriebenen Moleküle: Die Proteine machen die Hardware, und die Nukleinsäuren machen die Software des Lebens aus.

Wichtig ist nun, daß diese Bestandteile sowohl in der Maschine als auch im Leben logisch zu trennen sind, woraus sich die Berechtigung ableitet, den Schluß zu ziehen, daß das Leben zweimal begonnen hat.[8] Leben hat einmal in einem Geschöpf angefangen, das in der Lage war, Stoffwechsel zu treiben, das sich aber nicht präzise replizieren konnte. Leben ist dann noch einmal entstanden in einem Gebilde, das sich zwar präzise verdoppeln konnte, das aber den Stoffwechsel nicht beherrschte. Da logisch gesehen die Hardware der Software vorausgehen muß – Hardware kann ohne Software auskommen, aber ein Programm ohne konkrete Maschine wird es nicht geben –, ergibt sich in dieser Hypothese der Schluß, daß am Anfang des Lebens allein die Proteine gestanden haben. Dies fügt sich gut mit den molekularen Versuchen zum Ursprung des Lebens zusammen, in denen gezeigt werden konnte, daß UV-Licht in einer Ursuppe mit reduzierender Atmosphäre in der Lage ist, Aminosäuren hervorzubringen, also die Bausteine der Proteine.[9]

Auch wer das Leben (und seinen Anfang) verstehen will, muß zwei zueinander komplementäre Aspekte miteinander in Beziehung bringen. Durch die Zusammenführung von Funktionen, die nicht überlappen, wird wirklich und spürbar etwas geschaffen.

Was ist ein Gen?

Als Bohr 1932 zum erstenmal seine Ansichten über »Licht und Leben« vortrug, waren die Geheimnisse des Lebens, vom Standpunkt der Physik aus betrachtet, ziemlich undurchdringlich. Zellphysiologen hatten viele Wege gefunden, mit denen Zellen intelligent auf sich ändernde Umweltbedingungen reagieren können. Und Embryologen hatten solch erstaunliche Kunststücke fertiggebracht wie zum Beispiel, ein vollständiges Tier aus zwei geteilten Embryonen wachsen zu lassen. Dies erinnerte Bohr und Delbrück an die Ganzheit des Atoms und die Stabilität der stationären Quantenzustände. Vor allem die Stabilität der Gene und ihre in den Mendelschen Regeln zutage tretende Algebra schienen Delbrück darauf hinzuweisen, daß hier grundlegende Eigenschaften des Lebendigen vorliegen, die den Phänomenen der Quantenmechanik verwandt sind.

Bohr hatte prophezeit, daß eine Komplementarität des Lebens gefunden werden könnte, und Delbrück nahm die Herausforderung 1932 an. Er wollte in historischer Analogie zur Physik vorgehen, das heißt, Delbrück suchte in der Biologie die Sackgasse, in der die präkomplementäre Physik 1911 gelandet war, als die Versuche scheiterten, ein klassisches Atommodell zu entwerfen. Die Lektion der Atome wurde von ihm so verstanden, daß sich früher oder später experimentelle Paradoxien zeigen würden, wenn man sich einem Gegenstand mit Hilfe von verschiedenen Methoden (Erfahrungen) näherte.

Delbrück entschloß sich 1932 zu dieser Vorgehensweise, fünf Jahre nach einer wichtigen Entdeckung Herman Mullers. Muller hatte zeigen können, daß sich in Fliegen *(Drosophila melanogaster),* die Röntgenstrahlen ausgesetzt wurden, die Zahl der Mutationen stark vermehrte. Strahlen konnten also genetische Veränderungen induzieren. Delbrück erkannte, daß gerade in diesem Bereich die Möglichkeit bestand, ein experimentelles Paradoxon zu finden, das der Biologie auf ähnliche Weise weiterhelfen konnte, wie es das Spektrum des schwarzen Körpers in der Physik getan hatte. Anfang des Jahrhunderts war der Versuch der Physiker gescheitert, das Gleichgewicht zwischen *Strahlung* und (toter) *Materie* klassisch zu verstehen. Delbrück hoffte, daß in Analogie dazu auch eine Erklärung der Wechselwirkung zwischen *Strahlung* und *lebender Materie* (Erbanlagen in *Drosophila*) scheitern würde. In Zusammenarbeit mit einem Genetiker (N. W. Timoféeff-Ressowsky) und einem Strahlenphysiker (K. Zimmer) analysierte er 1935 die Natur der Genmutation und der Genstruktur.

Zu dieser Zeit stand zwar die Wissenschaft der Genetik in hoher Blüte, aber die Natur des Gens selbst war ihr verborgen geblieben. Diese Erbelemente oder Erbfaktoren hatte Gregor Mendel im 19. Jahrhundert entdeckt. Seine Hypothese, daß es im Inneren der Organismen – Mendel arbeitete mit Erbsen – Gebilde gibt, die sichtbare Eigenschaften bestimmen und an nachfolgende Generationen weitergeben können, fand erst Anklang, als seine Ergebnisse zu Beginn unseres Jahrhunderts (gleich dreifach) wiederentdeckt wurden. Eine Wissenschaft von der Vererbung entstand, die 1906 den Namen Genetik erhielt und 1909 den Begriff Gen in die Welt setzte.[10]

Es ist sicher kein Zufall, daß der Neubeginn der Genetik und die Anfänge der Quantentheorie zeitlich zusammenfallen. In beiden Fällen – und hier deutet sich eine tiefe Verbindung zwischen Physik und Biologie an – wurden *unstetige* Elemente in der Natur entdeckt und akzeptiert. Bis dahin dachte man mehr an einen kontinuierlichen und allmählichen Charakter der Naturvorgänge.[11] Dann wurden in der Physik das »Quantum« und in der Biologie die »Mutation« eingeführt. In seiner *Mutationstheorie* führte Hugo de Vries das Wort »Mutation«

für die plötzliche Erzeugung neuer Arten ein. Er schreibt: »Mutationen ... bilden eine besondere Art der Variabilität. Sie geschehen ohne Übergänge, sie sind selten, während die gewöhnlichen Variationen continuirlich und stets vorhanden sind.«[12] Die Übereinstimmungen zwischen den Konzeptionen Mutation und Quantensprung sind nicht zu übersehen.

Nach diesem anfänglichen Gleichklang zu Beginn des Jahrhunderts entwickelten sich die Physik und die Genetik in unterschiedliche Richtungen. (Sie fanden dann etwa eine Generation später wieder zusammen, und bei dieser Vereinigung entstand die Molekularbiologie.) Die Physiker produzierten die Quantenmechanik, und den Genetikern gelang in den nachfolgenden Jahrzehnten der Aufbau einer exakten Vererbungswissenschaft, die unabhängig von Physik und Chemie eigene Gesetze aufstellte und bald alles über die Gene wußte. Sie konnte nur die Frage nicht beantworten, woraus Gene eigentlich bestanden. Sie waren – auch im Mikroskop – nicht zu sehen. Erkennbar waren nur Chromosomen, die Gene beherbergen mußten. In der Tat, Versuche mit *Drosophila* konnten sogar zeigen, daß Gene auf einem Chromosom wie Perlen auf einer Kette angeordnet waren.

Mullers Entdeckung bot dann die Möglichkeit, Gene direkt zu untersuchen und etwa zu fragen, wie es eigentlich möglich ist, ihre Stabilität (oder die ihrer Mutationen) über Generationen hinweg zu erhalten. Delbrück hoffte dabei, in Widerspruch zu den Analysen der klassischen Genetik zu geraten, mit physikalischen Erklärungen Schiffbruch zu erleiden und zu einer komplementären Deutung des Gens gezwungen zu werden. Es kam dann aber gerade andersherum als erwartet. Statt eines Widerspruchs fanden Delbrück, Timoféeff-Ressowsky und Zimmer eine nützliche Tatsache. Sie zeigten, daß Gene, die bis dahin nur als Atome der Biologie unangreifbar im Inneren der Körper existierten und von denen man keine materielle Vorstellung besaß, als Ziele von Röntgenstrahlen die gleichen physikalisch-chemischen Eigenschaften wie gewöhnliche Moleküle haben. Mit anderen Worten, Gene sind Moleküle – Delbrück sprach damals von einem »Atomverband«.[13] Von besonderer Ironie ist nun, daß es gerade die Quantenmechanik und die von ihr erklärten möglichen stationären Zustände von Molekülen sind, die sowohl die Stabilität als auch die Flexibilität der Gene ohne Rückgriff auf ungewöhnliche Denkstrukturen erklären können. Ein Röntgenstrahl überträgt (mit Hilfe des zellulären Mediums) seine Energiequanten auf ein Genmolekül, das dadurch eine neue Konfiguration einnimmt, die ebenso stabil (das heißt hier vererbbar) sein konnte, wie es die ursprüngliche Anordnung war. Das veränderte Gen nennen die Biologen eine Mutation, und ihre physikalische Stabilität erklärt ihre biologische Vererbbarkeit.

Es wurde somit bald klar, daß keine Komplementarität erforderlich ist, um zu erklären, wie ein Gen stabil sein kann. Die Arbeit von 1935 identifizierte Gene als Moleküle und machte somit die Frage nach ihrer Struktur sinnvoll. Sie wurde im Jahr 1953 beantwortet, als Watson und Crick die Doppelhelix entdeckten.[14]

Kurioserweise findet man im Inneren des genetischen Moleküls eine strukturelle Besonderheit, die ebenfalls als Komplementarität bezeichnet wird. Durch geeignete Anordnung chemischer Bausteine (Nukleotide, Basen) werden die Oberflächen der einzelnen DNS-Stränge komplementär zueinander. Diese oberflächliche Komplementarität darf nicht mit dem tiefen epistemologischen Argument Niels Bohrs verwechselt werden.

Die Entdeckung der Doppelhelix markiert den Höhepunkt einer Entwicklung, die Ende der dreißiger Jahre angefangen hat. Damals begannen die Biologen mit systematischen Untersuchungen an Mikroorganismen, deren Ziel es war, die Natur des Gens zu entdecken. Die Frage, was ein Gen *ist,*

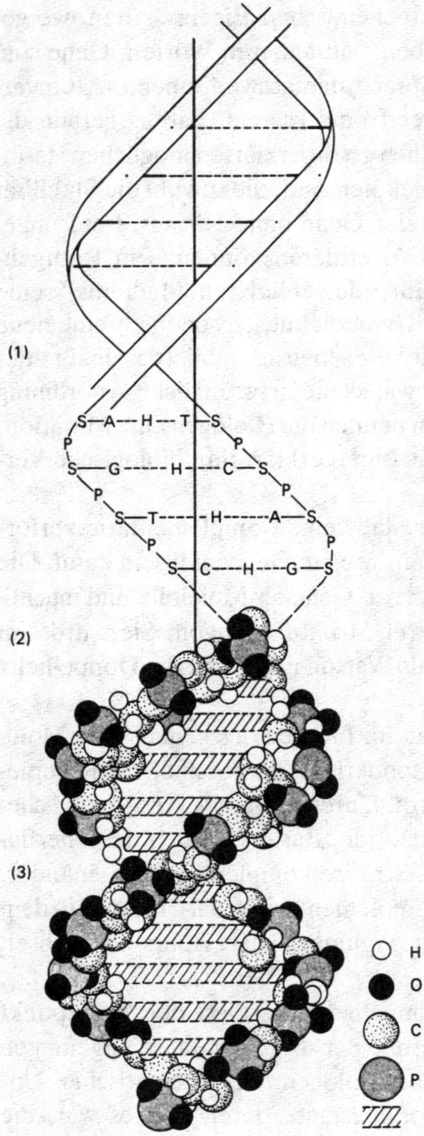
(1)
S—A---H---T—S
P P
S—G---H---C—S
P P
S—T---H---A—S
P P
S—C---H---G—S
(2)
(3)
H
O
C
P

(C)

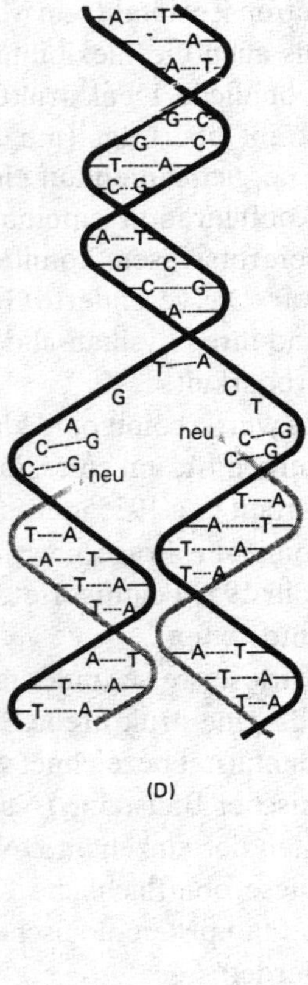
A---T
A---T
G---C
G---C
T---A
C---G
A---T
G---C
C---G
A
T---A
G
C
T
A
C---G
C---G
neu
neu
C---G
C---G
T---A
T---A
A---T
A---T
T---A
T---A
T---A
T---A
A---T
A---T
T---A
T---A
T---A
T---A

(D)

wurde von der Frage abgelöst, was ein Gen *macht*. Delbrück lenkte sein Interesse ebenfalls von *Drosophila* weg und zu den Viren hin, nachdem es dem Amerikaner Wendell M. Stanley gelungen war, das Tabakmosaikvirus zu kristallisieren. Er hielt damit »ein lebendes Molekül«[15] in seinen Händen, und dies schien eine vollständig physikalische (also ohne Rückgriff auf die Komplementarität auskommende) Erklärung des Lebens mehr als wahrscheinlich zu machen.

Delbrücks Suche nach einem biologischen System, das geeignet quantifizierbar war, um die Genetik an die Physik anzuschließen, brachte den Bakteriophagen an den Tag und in das Blickfeld der Genetiker.[16]

Dieses System bot die beste Möglichkeit, eine Grundeigenschaft des Lebendigen – seine Fähigkeit, sich zu vermehren – quantitativ zu analysieren, in der Hoffnung, bei den entsprechenden Versuchen ein Ergebnis zu erhalten, das nicht in den gegebenen wissenschaftlichen Rahmen paßte. 1946 mußte Delbrück zugeben, daß er »dieses Rätsel des Lebens noch nicht gelöst hatte«[17] – er wußte also noch nicht, wie die Vermehrung des Virus funktioniert –, es war aber deutlich geworden, daß hier »nur ein Trick der organischen Chemie« und somit keine Komplementarität vorlag.

In der Tat wurde in den Jahren nach dem Zweiten Weltkrieg entdeckt, daß sowohl Viren als auch Bakterien die Fähigkeit zur Rekombination haben. Damit war endgültig der Weg für

Abbildung 15: Verschiedene Darstellungen (1, 2, 3) der Doppelhelix, die auch als Watson-Crick-Spirale bezeichnet wird. Die Phosphatgruppe wird mit P, der Zucker mit S, Wasserstoff mit H, und die Basen werden mit ihren Anfangsbuchstaben A, G, C und T bezeichnet (Adenin, Guanin, Cytosin, Thymin). Bei der Replikation (R) werden die neuen Spiralen durch Verdopplung jeder der beiden alten Helices hergestellt. Die Details dieses Vorgangs liegen noch sehr im dunkeln (siehe Abbildung 18).(Nach Berns, 1977)

eine Mikrobengenetik frei, die wegen der kurzen Generationszeiten und der leichten Mutationsfähigkeit ungeheuer schnell vorankam und bald – mit der Aufklärung der Struktur des Erbmaterials – zur Molekularbiologie wurde. Als die Doppelhelix entdeckt wurde, verschwand die Hoffnung, beim Studium der Vererbungsmechanismen einen Widerspruch analog zu dem zu finden, der die Physik zum Quantendenken gezwungen hatte. Im Gegenteil! Die Doppelhelix ermöglichte in der Biologie genau das, worauf viele klassische Physiker auf ihrem Gebiet gehofft hatten. Sie löste alle Fragen im gewohnten kategoriellen Rahmen, keinerlei Umdenken war erforderlich, um die Moleküle der Genetik zu verstehen. Vererbung funktioniert wie ein Kinderspiel und kann problemlos in illustrierten Zeitschriften erklärt werden.

Das Besondere der Doppelhelix besteht darin, daß sie als Molekül, also als ein Teil, eine Eigenschaft besitzt, nämlich die der Verdoppelung, die nur der lebenden Zelle als ganzer zugetraut wurde. In der Sprache des Schichtenaufbaus der realen Welt konnte also eine auf der Ebene des Lebens angesiedelte Qualität auf einer niederen Ebene (der molekularen Schicht) wiedergefunden werden. Damit entfällt folgerichtig jede Notwendigkeit, komplementäre Gesichtspunkte bei der Erklärung der Vermehrung zu verwenden. Vererbung funktioniert klassisch einfach. Hier verbirgt sich kein Rätsel des Lebens.

Delbrück sah in den späten fünfziger Jahren aber immer noch die Chance, daß doch nicht *alle* genetischen Mechanismen eine vollständige physikalische Erklärung finden. Damals hatte man angefangen, mit Hilfe der genetischen Rekombination die Anordnung von Genen auf Chromosomen zu ermitteln. Die Biologen sprechen in diesem Zusammenhang von *genetischen Karten,* die angefertigt werden. Sie greifen bei diesen Versuchen nicht in den Organismus ein. Wenn man nun eine *physikalische Karte* anfertigen will – das heißt, die

Reihenfolge der Bausteine in der DNS soll bestimmt werden –, dann muß die DNS zunächst isoliert werden. Die Biologen greifen also in den Organismus ein. Physikalische und genetische Karten werden demnach unter sich gegenseitig ausschließenden experimentellen Bedingungen gewonnen. Vielleicht stimmen beide nicht überein – so argumentierte Delbrück –, und der Vorgang der Rekombination kann nicht auf physikalisch-chemische Weise erklärt werden.[18]
Diese erhoffte Komplementarität würde sich – wie bereits erwähnt – von der aus der Physik her bekannten durch einen wichtigen Punkt unterscheiden. Während in der Physik zwei gleichartig meßbare Größen (etwa Ort und Impuls) komplementär zueinander sind, würde in diesem biologischen Beispiel eine Größe, die sich in das physikalische Meßsystem fügt (die physikalische Karte), mit einer anderen verglichen werden, die das nicht tut. Es ist zu erwarten, daß eine biologische Komplementarität zwischen physikalischen Größen (Konzentration, Länge, Spannung) und biologischen Konzepten (Potenz, Gedächtnis, Angst) besteht.
Die Hoffnung, die Komplementarität in der Rekombination zu finden, verflog in den sechziger Jahren, als es mit Hilfe der Elektronenmikroskopie (und der Reassoziation denaturierter DNS-Stränge) gelang, Mutationen auf einem Genom zu lokalisieren. Die physikalische und die genetische Karte stimmen überein, und die Rekombination enthält kein Geheimnis, das der Physik unbekannt wäre.[19]
Wird damit die Idee der Komplementarität in der Genetik überflüssig? Ist sie gar widerlegt? Ich glaube nicht. Wir können zwar die Struktur, die Verdoppelung und sogar die Neukombination der Moleküle beschreiben, aus denen Gene bestehen, aber wir wissen damit noch nicht, was ein Gen ist. Mit anderen Worten: Es ist klargeworden, daß auch bei der Vererbung die Physik und die Chemie gelten, aber damit ist noch kein biologisches Konzept vorhanden. Ein Gen *besteht* zwar

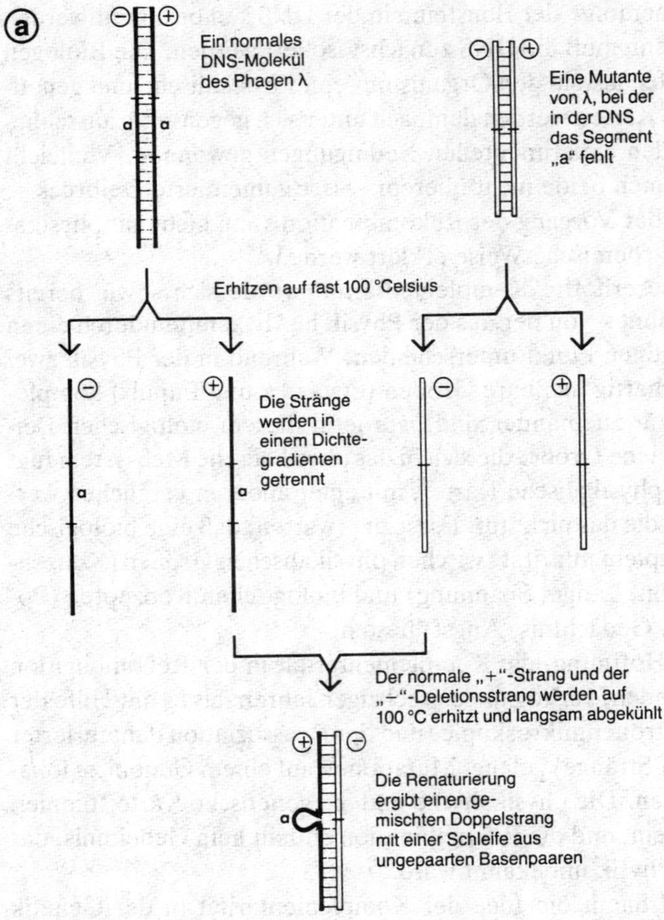

Abbildung 16: Der Beweis, daß die physikalische und die genetische Karte übereinstimmen, gelang mit Hilfe der Elektronenmikroskopie, die es gestattete, Deletionen durch Renaturierungsexperimente sichtbar zu machen (a). In (b) sieht man einen Heteroduplex von zwei unterschiedlichen DNS-Strängen des Bakteriophagen Lambda, der zwei Deletionen erkennen läßt. Der Vergleich der genetischen Karte von Lambda mit der elektronenmikroskopisch gewonnenen physikalischen Karte (c) zeigt deren eindeutige Übereinstimmung. (Aus Watson, 1976)

(b)

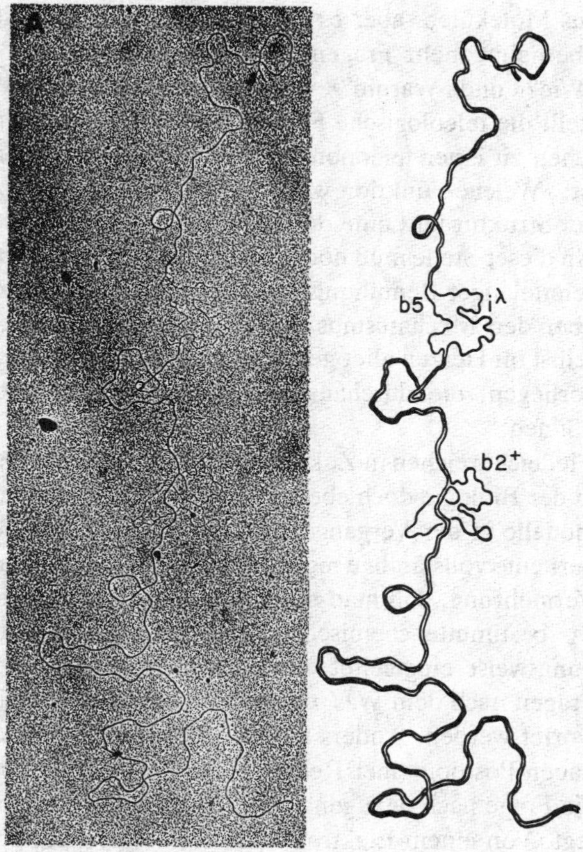
A
b5
iλ
b2+

(c)

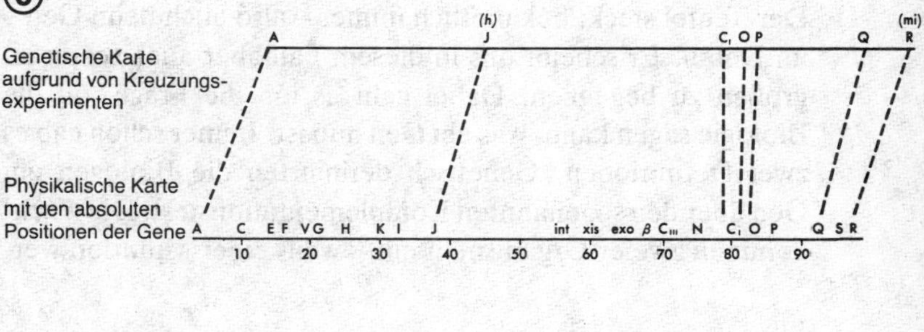
Genetische Karte aufgrund von Kreuzungsexperimenten
A
(h) J
C I O P
Q
(mi) R
Physikalische Karte mit den absoluten Positionen der Gene
A C E F V G H K I J int xis exo β C III N C I O P Q S R
10 20 30 40 50 60 70 80 90

aus Molekülen, aber es *ist* mehr als das. Die Biologie stellt überhaupt mehr Fragen als die Physik. Sie fragt nicht nur »Wie?« und »Warum?«, sie fragt auch »Wie geworden?« und stellt die teleologische Frage »Wozu?« (die allerdings inzwischen zu einer teleonomischen Frage umformuliert worden ist: »Welche Funktion wurde durch den arterhaltenden Wert der Struktur im Laufe der Selektion ausgewählt?«).
An dieser Stelle muß noch angemerkt werden, daß trotz jahrzehntelanger Bemühungen immer noch keine letzte Klarheit über den Mechanismus der Replikation herrscht, daß also selbst im Herzen aller genetischen Dinge noch offene Fragen vorliegen, die durchaus zu paradoxen Situationen führen können.
Vielleicht reichen in Zukunft die klassischen Strukturmodelle in der Biologie doch ebensowenig wie die klassischen Atommodelle in der Vergangenheit der Physik. Schließlich erfordert eine vollständige molekulare Analyse der Details bei der Vermehrung, daß man mit nahezu atomarer Präzision weiß, wo bestimmte chemische Umwandlungen eintreten beziehungsweise eingeleitet werden. Möglicherweise können die Fragen nach dem Was und dem Wo nicht gleichzeitig beantwortet werden. Anders ausgedrückt, die Frage nach der genauen Position einer Reaktion kann ebenso sinnlos sein wie die Frage nach dem genauen Weg, den ein Elektron zurücklegt. Von einem Elektron kann man auch nicht zugleich sagen, was es ist (Welle oder Teilchen) und wo es sich befindet (durch welchen Schlitz es geht).
Der Teufel steckt bekanntlich immer – also auch beim Gen – im Detail. Er scheint uns in diesem Fall aber auch schon im großen zu begegnen. Dabei geht es um die Frage, ob die Biologie sagen kann, was ein Gen nun ist. Immer schon gab es zwei Definitionen. Genetisch definierten die Biologen ein Gen über den sogenannten Komplementationstest: Die Nachkommen zweier Organismen mit jeweils einer Mutation wer-

den untersucht. Findet sich der Wildtyp (Normalfall) unter ihnen, konnten sich die Mutationen ausgleichen. Sie betrafen also zwei verschiedene Gene. Tragen alle Nachkommen die Mutation der Eltern, war nur ein Gen betroffen. Wir wollen nicht im einzelnen auf diese genetische Festlegung eingehen, aber es ist klar, daß sie komplementär bleiben wird zu einer molekularen Fassung. Ein Molekül und eine Einheit der Vererbung sind tatsächlich nur unter Bedingungen zu fassen, die

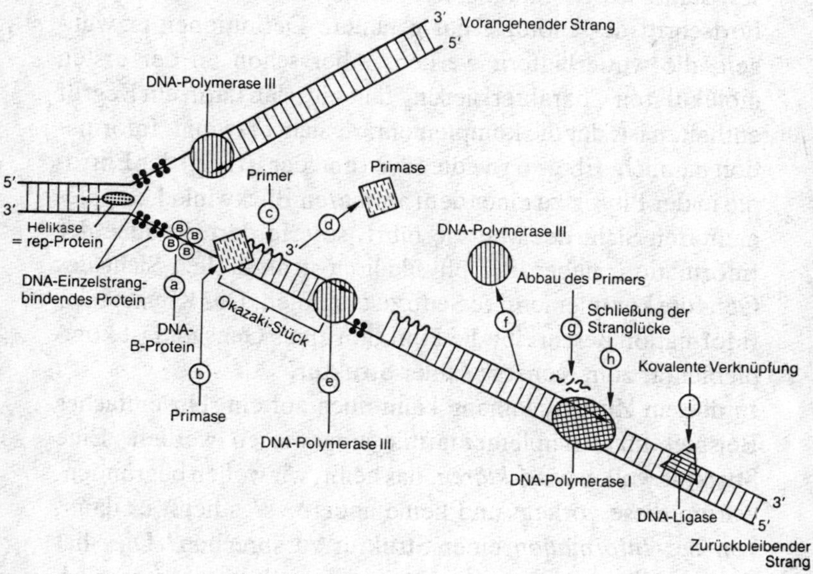

Abbildung 17: Die verwirrende Vielfalt der Enzymaktivitäten in der Replikationsgabel der DNS von *E. coli.* (Aus Kaudewitz, 1983)

sich gegenseitig ausschließen. Dem fügt sich auch die Logik der Gene: Ein Genetiker kann nie sagen, ein Gen ist für eine bestimmte sichtbare Erscheinung (*Phäno*men) zuständig. Er kann nur sagen, daß entweder die Abwesenheit (die Wirkungslosigkeit) eines Gens zu einem bestimmten Merkmal (oder seinem Verschwinden) führt, oder er kann sagen, daß der Unterschied zwischen zwei *Phäno*typen durch ein Gen bewirkt worden ist.

Biochemisch konnte ein Gen als der Abschnitt auf einem Chromosom (einer sichtbaren Struktur) definiert werden, der für die Synthese eines Proteins verantwortlich ist. Genauer gesagt: Ein Gen enthält die Information für ein Protein. Dieser Stand wurde Anfang der vierziger Jahre erreicht. Der Fortschritt der Biologie hat genauere Definitionen erzwungen, die wir erläutern werden. Aber schon an der ersten molekularen Charakterisierung fällt auf, daß darin ein Begriff enthalten ist, der die komplementäre Sicht erzwingt, Information nämlich. Ebenso wie die Idee (und der Erfolg) der Entropie in der Physik zu einer dem atomaren Blickwinkel komplementären Sicht der Materie führt, so erfordert die Idee der Information, neben der physikalisch-strukturellen Sicht des Gens die komplementäre Seite zu erkennen. Das Konzept der Information beschreibt die Funktion eines Gens und ist komplementär zum Konzept seiner Struktur.

In diesem Zusammenhang kann noch auf ein sehr einfaches Beispiel für Komplementarität hingewiesen werden. Eine Struktur wollen wir *erklären,* das heißt, wir wollen begründen, warum diese vorliegt und keine andere. Was heißt es dann, von der *Information* einer Struktur zu sprechen? Dies hat doch nur Sinn, wenn auch noch andere Strukturen möglich sind, die man ebensogut erklären kann. Information und Erklärung einer Struktur sind in diesem Sinne komplementär zueinander. Information kann nicht durch eine Struktur erklärt werden.

Es ist in diesem Rahmen nicht möglich, den Begriff der Information in all seinen Facetten zu beleuchten. Dies hat sehr ausführlich und genau Bernd-Olaf Küppers getan, als er über den »Ursprung biologischer Information« nachgedacht hat.[20] Da die Frage nach dem Gen sich dafür interessiert, welche Anweisungen die Erbanlagen an ihren Träger geben, kümmert uns nur der pragmatische Aspekt der Information, den Carl Friedrich von Weizsäcker einmal so definiert hat: »Information ist nur, was verstanden wird.« »Information ist nur, was Information erzeugt.«[21] Hieran orientiert sich auch Küppers, der anschließend zeigt, daß weder die Zufallshypothese (»Die biologische Urinformation entstand rein zufällig bei der spontanen Synthese biologischer Makromoleküle«) noch der teleologische Ansatz (»Die biologische Urinformation entstand als Folge lebensspezifischer Naturgesetze«) innerhalb des von Physik und Chemie gespannten Rahmens behandelt werden können. Der Zufall ist unbeweisbar, die Teleonomie ist unwiderlegbar. Durchgeführt werden kann der molekulardarwinistische Ansatz, der behauptet, daß die biologische Urinformation evolutiv durch schrittweise Optimierung biologischer Makromoleküle entstanden ist. Im Grunde weist schon die Wortwahl »Molekulardarwinismus« auf die komplementären Elemente hin, die in dieser Sicht vereinigt werden.

Was immer über den Ursprung der biologischen Information gesagt werden kann, letzten Endes muß sie von einem Gen festgehalten werden. Es ist klar, daß die Molekularbiologie nicht sagen kann, was ein Gen ist, ohne zum komplementären Konzept der Information zu greifen. Dies bezog sich auf die biochemische Definition des Gens, die zu Beginn der vierziger Jahre gelungen ist. Inzwischen mußten an dieser Feststellung viele Modifikationen vorgenommen werden.[22] Zuerst stellte sich heraus, daß für Proteine, die aus mehreren Polypeptidketten bestehen, der Begriff Gen präzisiert werden mußte.

Ein Gen enthält die Information für eine Polypeptidkette. Weiter wurde es erforderlich, zwischen Strukturgenen und Regulatorgenen zu unterscheiden. Nur Strukturgene enthalten die Hinweise für die Zelle, welche Reihenfolge der Aminosäuren in einer Polypeptidkette vorliegt. Regulatorabschnitte koordinieren die Verwendung der Strukturgene durch die zelluläre Maschinerie.

Damit aber nicht genug. Neue genetische Techniken (Recombinant DNA) erlaubten einen immer genaueren Blick auf die genetischen Moleküle und offenbarten unerwartete Eigenschaften. Es stellte sich heraus, daß Gene in höheren Organismen nicht aus einem Stück bestehen.[23]

Vielmehr sind Abschnitte, die Information für die Sequenz eines einzelnen Proteins enthalten, durch Zwischenstücke voneinander getrennt, die dies nicht tun. Diese stummen Regionen heißen Intron, da sie sich in ein Gen schieben und dabei zwei sich ausdrückende Abschnitte trennen (bzw. verbinden), die Exon genannt werden. Hier wird besonders deutlich, daß ein Gen nicht einfach als Molekül verstanden werden kann. Auf molekularer Ebene sind Exon und Intron nicht zu unterscheiden. Die Zerstückelung signalisiert auch das Ende des reduktionistischen Verfahrens in der Molekularbiologie. Beim Versuch, ein Gen in seine molekularen Teile zu zerlegen, ist das Gen selbst abhanden gekommen.

Diese Auflösung des Gens kann so formuliert werden: Ein Gen ist nicht etwas, das in einer Zelle *ist,* ein Gen ist etwas, das in einer Zelle *wird.* Das Werden findet mindestens in zweifacher Hinsicht statt (selbst wenn der Aspekt der Evolution unbeachtet bleibt). Erstens: Bei der Synthese eines Proteins werden zuerst auch die stummen Intronregionen mitgelesen und in RNS übertragen. Erst auf dieser Ebene der Verarbeitung wird die uns überflüssig erscheinende Information ausgeschnitten (mit Tricks und Raffinessen, die noch viele – auch grundsätzliche – Überraschungen bereithalten

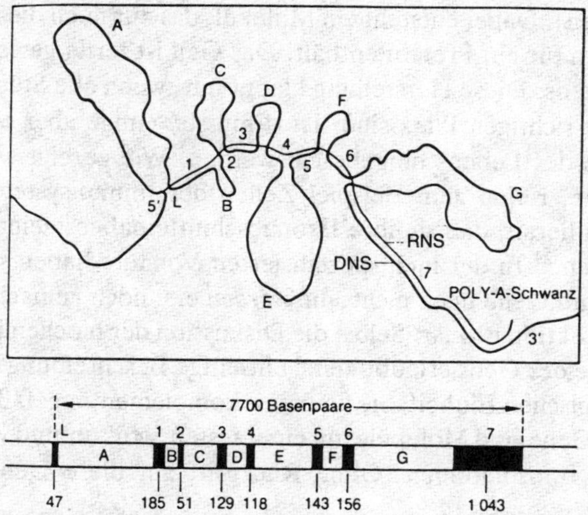

Abbildung 18: Schemazeichnung nach einer elektronenmikroskopischen Aufnahme, bei der die fertige Boten-RNS mit dem ursprünglichen Gen zum Doppelstrang verbunden ist.

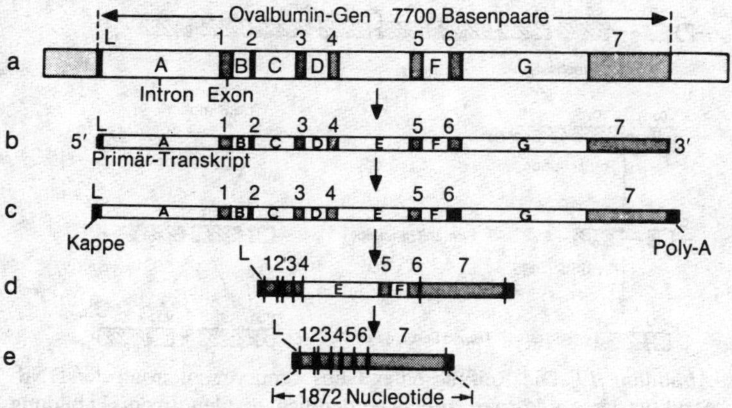

Abbildung 18a: Die Mosaikstruktur (»Exon«, »Intron«) eines eukaryontischen Gens (für das Protein Ovalbumin). Die gesamte Information wird in ein Primär-Transkript übersetzt, aus dem in vielen Einzelschritten das Botenmolekül herausgearbeitet wird, das zuletzt den zellulären Bau eines Proteins anleitet. (Aus Kaudewitz, 1983)

können). Dabei entsteht ein Molekül, das nur noch die Information für ein Protein enthält. Das Gen ist fertig geworden. Zweitens: Diese Herstellung klappt nur, wenn alle Stücke an ihrem richtigen Platz sind. Dort müssen einige aber erst im Laufe des Lebens hingebracht werden. Wie gezeigt werden konnte, reifen zum Beispiel Zellen des Immunsystems dadurch heran, daß sie ihre Exonabschnitte näher zueinanderbringen.[24] In der nichtspezialisierten Vorstufe haben sie bestimmte Gene noch nicht, die *werden* erst noch gemacht.

Die Lektion ist klar: Selbst die Diskussion der biochemischen Ebene des Gens erlaubt keine einseitige Beschreibung dieser biologischen Einheit. Sie kann nur komplementär gefaßt werden: Gene sind Moleküle mit einer festen Struktur und vielfältigen Informationen. Ohne Rückgriff auf diese Denkfigur

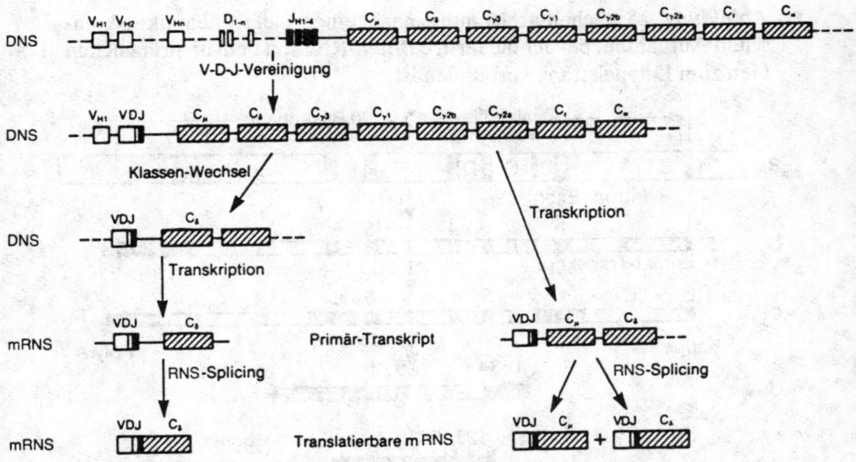

Abbildung 19: Die Reifung eines Gens kann vor allem an der DNS-Struktur der Antikörperproteine verdeutlicht werden. In der Abbildung werden viele Schritte gezeigt, auf die es im einzelnen gar nicht ankommt. Wichtig ist nur, daß die Umlagerung *auf der Ebene der DNS selbst* vorgenommen wird, das heißt, daß Zellen im Laufe ihrer Existenz Gene »herstellen« können. Gene sind nicht, Gene werden. (Aus Kaudewitz, 1983)

versteht man nur die Eigenschaften, die ein Molekül haben kann, und gewinnt keinen Einblick in die Biologie, die von ihm ermöglicht wird.
An einem Beispiel läßt sich zeigen, wie dies konkret im molekularbiologischen Terrain aussieht. In diesem Beispiel geht es um eine Struktur, die nur durch eine funktionelle Erklärung verstanden werden kann. In den genetischen Molekülen aus DNS kommt als eine der beiden Pyrimidinbasen die Verbindung mit Namen Thymin vor. In den entsprechenden RNS-Molekülen findet sich statt dessen die damit verwandte Base Uracil (Thymin ist chemisch gesehen 5-Methyl-Uracil). Man kann nun die (strukturbezogene) Frage stellen, warum nicht auch die DNS das Uracil enthält.
Die Antwort, die nicht in der Struktur selbst steckt, kann heute gegeben werden. Es gibt Enzyme, die Uracil aus einem DNS-Molekül entfernen. Diese Reparatur der DNS ist erforderlich, da Uracil spontan durch eine chemische Umlagerung (Desaminierung) aus der zweiten Pyrimidinbase Cytosin entstehen kann[25] und weil solch ein Ereignis eine Mutation ist. Die DNS enthält also die Base Thymin, um die Zahl der spontanen Mutationen zu reduzieren.
Diese Antwort kann nicht die organische Chemie geben, sie entstammt einem Bereich, der sich komplementär dazu orientiert. Mit anderen Worten, schon allein die Struktur der DNS ist nicht auf Chemie reduzierbar (und dann erst recht nicht auf Physik). Eine biologische Struktur versteht nur, wer komplementär dazu ihre Funktion erkennt.
In diesem Zusammenhang verdient eine Beobachtung Aufmerksamkeit, die Alexander Rosenberg im Hinblick auf die Geschichte der Biologie gemacht hat.[26] Ihm ist aufgefallen, daß ein Biologe vor dem Zweiten Weltkrieg (damals war die Wissenschaft vom Leben noch nicht molekular geworden) in der Hauptsache damit beschäftigt war, eine Struktur zu suchen, die eine schon erkannte und analysierte Aufgabe er-

füllte. Seit dem Weltkrieg (und der molekularen Umorientierung) besteht die Schwierigkeit eines Biologen mehr und mehr darin, eine Funktion für eine Struktur zu finden, die er schon längst entdeckt und charakterisiert hat.

Diese Unterscheidung trifft natürlich nicht scharf zu. So wurde zum Beispiel die DNS (als Struktur) 1869 von Friedrich Miescher gefunden, ohne daß er damals schon wußte, welche Funktion dieser Stoff ausübt. Sie wurde erst 1944 entdeckt (und war dann immer noch jahrelang umstritten). Es stimmt aber, daß die immer besseren analytischen Methoden Strukturen im Inneren der DNS an den Tag bringen (Exons, Introns, Pseudogene, repetitive Abschnitte, Spacer), deren Funktionen viele Rätsel aufgeben. Dabei ist unter dem Aspekt der Komplementarität von Interesse, daß die Biologen es langsam aufgeben, nach *physiologischen* Funktionen zu suchen, und ihr Suchen mehr in Richtung auf mögliche *evolutionäre* Funktionen lenken, also fragen, wie die betrachtete Struktur ihrem Träger helfen konnte, sich im Lauf der Stammesgeschichte durchzusetzen.

Diese beiden Sichtweisen sind in zeitlicher Hinsicht natürlich gerade komplementär zueinander. Während physiologische Aufgaben in einer *synchronischen* Analyse zu erkennen sind – der Organismus wird zu einem bestimmten Zeitpunkt betrachtet –, können evolutionäre Wirkungen nur in einer *diachronischen* Analyse verstanden werden, das heißt, die sich im Lauf der Zeit an den Organismen vollziehenden Änderungen werden betrachtet. Die synchronische und die diachronische Beschreibung sind offensichtlich komplementär zueinander, denn sie schließen einander zwar aus, doch bedingen sie sich gleichzeitig.

Die Tatsache, daß die beiden Ansätze komplementär sind, bedeutet natürlich nicht, *daß* jede Struktur auch eine Funktion haben muß. Wenn für eine Struktur keine physiologische Aufgabe gefunden werden kann, liegt natürlich der Schluß nahe, daß sie einem adaptiven Prozeß geholfen hat, weil sie sonst im Rahmen der Selektion längst verschwunden wäre. Diese Folgerung ist aber nicht zwingend.

Wege der Wahrnehmung

Unter Wahrnehmung verstehen wir die Umwandlung äußerer Reize (physikalischer Signale) in innere Qualitäten (Farben, Töne). Die Wahrnehmung der äußeren Welt stellt die einfachste Form ihrer Erkenntnis dar, wenn wir unter Erkenntnis ganz allgemein die interne Rekonstruktion und Identifikation äußerer Objekte verstehen.[27] Dieser Vorgang geschieht hinsichtlich der Wahrnehmung ohne Zutun des Bewußtseins. Wenn im folgenden gezeigt werden soll, daß die Erklärung der Wahrnehmung nicht ohne den komplementären Rückgriff auskommt, dann müssen zwei Behauptungen unterschieden werden. Einmal (als unbewußte Stufe der Erkenntnis) erfolgt die *Wahrnehmung* selbst mit Hilfe komplementärer Prinzipien. (Dies soll am Beispiel der akustischen Perzeption beschrieben werden.) Zum anderen benötigt die *Erklärung* der Wahrnehmungsmechanismen (als bewußte und kritische Stufe der Erkenntnis) komplementäre Blickwinkel. (Dies soll am Beispiel der visuellen Perzeption diskutiert werden.)
Bei der Analyse der Wahrnehmung drängt sich in gewisser Weise die Analogie zum quantenmechanischen Meßprozeß auf. Jede Form der Beobachtung, ob sie nun durch ein physikalisches Meßgerät oder durch ein menschliches Sinnesorgan erfolgt, gelingt mit Hilfe irreversibler Verstärkungsprozesse. Es ist ja gerade die Irreversibilität, die in einer Messung das Mögliche zum Wirklichen wandelt und die in der Wahrnehmung das Empfangene festhält und dem Bewußtsein zugänglich macht. Diese Fixierung kann nur gelingen, wenn das Organ (oder der Apparat) sich *aktiv* der *passiv* erhaltenen

Informationen (etwa durch die Augenlinse als abbildendes System oder das Mittelohr als akustischem Transformator) bemächtigt. Dabei entsteht eine Rückkopplung, die an die Rückwirkung des Meßsystems auf das Meßobjekt erinnert.[28]

Die Wahrnehmung und die Verarbeitung von Sinnesinformationen sind sehr früh im Verlauf der Evolution aufgetreten.[29] Schon Prokaryonten und photosynthetisch arbeitende Bakterien können sich zum Beispiel mit Hilfe des Lichtes orientieren (Phototaxis), und viele primitive Eukaryonten zeigen eine deterministische Wachstumsreaktion zum Licht hin (Phototropismus). Aus lichtempfindlichen Zellen sind im Lauf der Evolution Augen geworden, die ihre visuelle Reizung über Nervenfasern in ein Gehirn leiten, wo schließlich eine hochgradig vorbewußt verarbeitete Information eintrifft. Unser Bewußtsein erhält keine Rohdaten aus der Welt, es »sieht« nur die ausgewählten Eindrücke.[30] Die mit dem stammesgeschichtlichen Werden des Auges zusammenhängenden Fragen werden im Hinblick auf mögliche komplementäre Erfordernisse weiter unten aufgegriffen.
Hier geht es zunächst nur um den Weg des Lichtes aus dem Auge ins Gehirn. Die weitergehende Frage, wie dort aus Licht Sehen wird und ob bei dieser Leistung des Gehirns auch eine Form der Komplementarität gefunden werden kann, wird ebenfalls später diskutiert. An dieser Stelle geht es darum, ob wir eine vollständige Erklärung des Weges geben können, den das Licht zurücklegen muß, um in das Gehirn zu gelangen. Es geht um die Frage, wie das physikalische Lichtsignal in den Zellen der Netzhaut zunächst zu einem chemischen und dann zu einem elektrischen Signal umgewandelt werden kann, das schließlich ins Gehirn gelangt und uns sehen läßt.
Dieser Mechanismus soll als Beispiel für ein allgemeines Problem beschrieben werden, das die biologische Wissenschaft zu klären hat, wenn sie sich molekular orientiert. Um behaupten

zu können, sie habe einen organischen Vorgang vollständig auf molekularer Basis verstanden, muß sie in der Lage sein, den Weg oder die Umwandlung eines Signals lückenlos anzugeben. Solche Ketten können in allen Gliedern beschrieben werden, wenn chemische Signale (wie etwa Hormone) auf chemische Moleküle (wie etwa Gene) wirken und deren Aktivität beeinflussen. Die Frage, die sich stellt, lautet, ob solche Ketten auch dann geschlossen werden können, wenn Umwandlungen der Signale eine Rolle spielen, wie das beim Sehen der Fall ist.

Natürlich stellt sich bei dem Einfluß eines Moleküls auf ein anderes – etwa beim Einwirken eines Proteins von der Art eines Repressors auf einen als Promotor bekannten Abschnitt eines Nukleinsäuremoleküls oder beim Einfangen eines Sauerstoffatoms durch das Protein Hämoglobin – die Frage nach der Signalkette auf dem atomaren Niveau neu, sie wird aber hier zu einem physikalisch-chemischen Problem, das nicht weiterverfolgt werden soll. Von Interesse ist nur der Hinweis, daß die Biologen in diesem Zusammenhang davon reden, daß sich die Moleküle *erkennen.* Und tatsächlich kommt dieses Erkennen nur durch die Komplementarität der Strukturen (Oberflächen) zustande. Diese Art des Erkennens (A paßt auf B) hat direkt nichts mit der zu tun, die unser Gehirn leistet (A erkennt B als C).

Kehren wir zur Signalkette des Lichtes zurück. Wir fühlen uns deshalb berechtigt, sie im Rahmen einer Diskussion der Komplementarität anzuführen, weil Delbrück allgemein in der Konstruktion solcher kausalen Ketten eine Chance sah, seine Suche nach der Bohrschen Denkfigur mit Erfolg abzuschließen. Delbrück hoffte, dabei auf ein beobachtbares Paradoxon zu treffen, also auf ein Glied der Signalkette, das unter verschiedenen experimentellen Bedingungen unterschiedliche Antworten gab, die zu keinem einheitlichen Bild zusammengesetzt werden konnten.[31]

Aus heutiger Sicht wird die visuelle Signalkette etwa wie folgt beschrieben[32]:

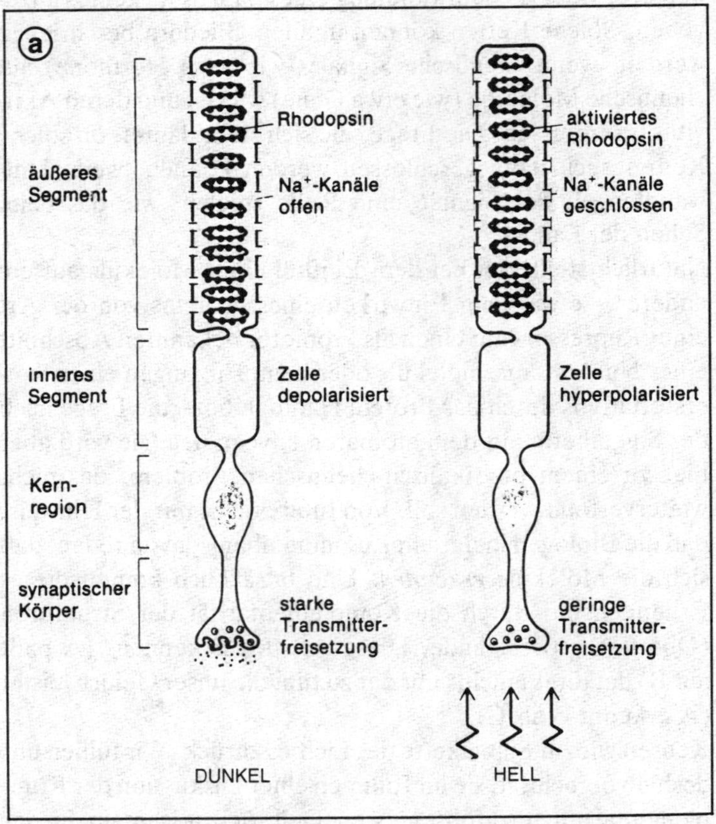

Abbildung 20: Die Signalübertragung im Inneren einer Sehzelle (Stäbchen) (a) beginnt mit der Aktivierung eines die Membran durchspannenden Proteins (Rhodopsin) (b). Dessen aktive Form R* (siehe Skizze in [a]) ruft eine Kaskade von Reaktionen hervor, die letztendlich dazu führen, daß Natriumkanäle im äußeren Segment der Zelle geschlossen werden. Die Teilnehmer der Kaskade (Rhodopsin R, das Protein G, die Phosphodiesterase PDE) sitzen alle in molekularen Maßen weit von dem Kanal für Natrium entfernt (c). (Aus Bruce Alberts, 1986)

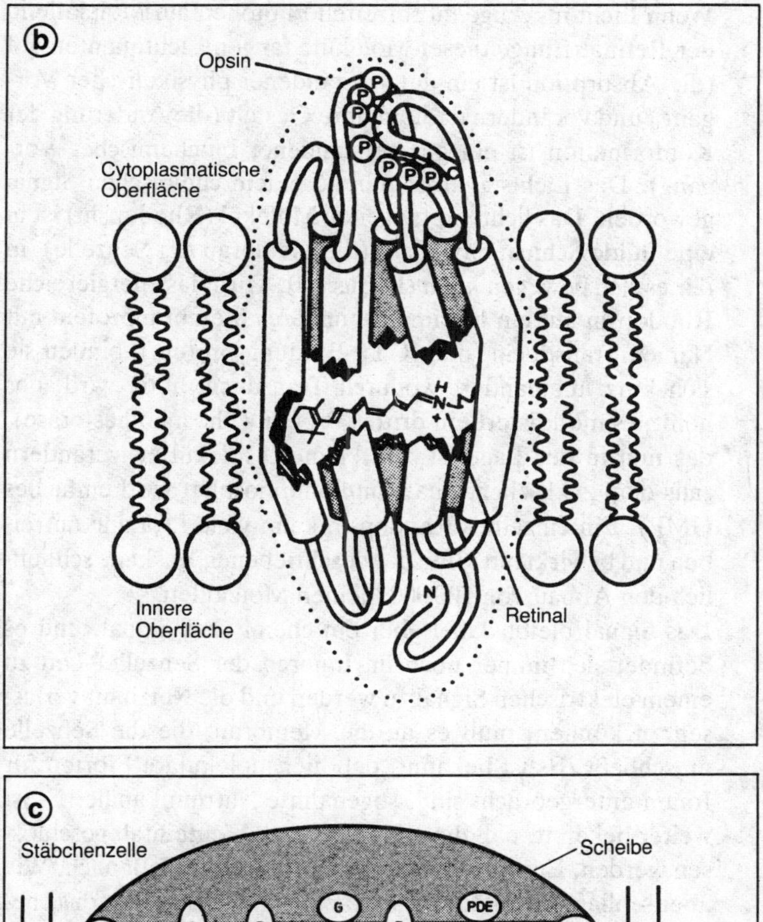
b
Opsin
P
Cytoplasmatische
Oberfläche
H
N
+
N
Retinal
Innere
Oberfläche

c
Stäbchenzelle
Scheibe
R
G
PDE
Natrium-
kanal

Wenn Licht ins Auge fällt, treffen Photonen auf Moleküle in der Retina. Einige dieser Moleküle fangen Lichtquanten auf (die Absorption ist ein gut verstandener physikalischer Vorgang) und verändern dadurch ihre Gestalt (die Änderung der Konformation ist ein gut verstandener biochemischer Vorgang). Das Lichtsignal ist nun zu einem chemischen Signal geworden. Das lichtempfangende Molekül (Rhodopsin) ist in eine fluide Schicht eingebaut (die Membran der Sehzelle), in der es sich bewegen kann (Diffusion). Trifft das energiereiche Rhodopsin auf ein bestimmtes anderes Membranprotein mit Namen Transducin (oder GTP-Bindungsprotein), binden sie sich kurz aneinander, wodurch Transducin aktiv wird, das heißt, es modifiziert ein drittes Protein (Phosphodiesterase), das nun in der Lage ist, ein kleines Molekül zu verändern (aus dem zyklischen *G*nanidin*m*ono*p*hosphat wird einfaches GMP). Ein einzelnes Rhodopsin kann viele Proteine antreiben und bewirkt mit Hilfe der beschriebenen Kaskade schließlich den Abbau von 100 000 kleinen Molekülen.
Das Signal bleibt dabei aber ein chemisches Signal, und es befindet sich immer noch im Inneren der Sehzelle. Um zu einem elektrischen Signal zu werden und die Netzhaut verlassen zu können, muß es an die Membran, die die Sehzelle umschließt. Es ist bekannt, daß hier molekulare Pforten für Ionen untergebracht sind, sogenannte Natriumkanäle. Es ist weiter bekannt, daß diese Kanäle nach Lichteinfall geschlossen werden. Ein sonst fließender Dunkelstrom läßt nach. Wie aber schließt die Natur diese Kanäle und verwandelt das chemische in ein physikalisches (elektrisches) Signal? Wie erfahren die Natriumkanäle, daß Licht eingetroffen ist?
Diese Frage ist zur Zeit noch ungeklärt.[33] Viele Möglichkeiten werden diskutiert – beispielsweise ein direkter Einfluß des zyklischen GMP, das an Kanäle binden soll und sie im Dunkeln offenhält –, aber eine Lösung des Problems steht noch aus, obwohl viele Wissenschaftler seit Jahrzehnten daran ar-

beiten. Vielleicht liegt hier ja auch ein prinzipielles Problem. Die Biophysiker wollen nicht nur herausfinden, welche chemischen Reaktionen stattfinden, sie wollen auch mit atomarer Genauigkeit wissen, wo sie stattfinden. Dabei verwenden sie zwangsläufig unterschiedliche Methoden, und diese schließen sich immer noch gegenseitig aus. Die Reaktionen laufen nur unter Bedingungen ab, die keine Lokalisierung zulassen (in Lösungen im Reagenzglas), und wird eine Lokalisierung versucht, muß man die Proben (für ein Elektronenmikroskop) so vorbereiten, daß die Reaktionen nicht mehr stattfinden. Die heutige Praxis ist also komplementär. Es kann ja sein, daß dies im Prinzip so ist, daß sich die Fragen nach der Reaktion und ihrem Ort prinzipiell gegenseitig ausschließen. Vielleicht ist die Frage nach einer lückenlosen Kette der Signale genauso sinnlos wie der Versuch, den Weg eines Elektrons durch eine Wand mit zwei Löchern lückenlos (in anschaulichen Bildern) zu beschreiben. Noch bietet selbst das molekulare Bild des Sehens hinreichend offene Stellen, an denen eine komplementäre Sicht der Dinge Platz finden könnte.

Diese Art der Komplementarität wäre genauso wie in der Physik. Ob sie beim Weg des Lichtes gefunden werden kann, bleibt heute noch offen. Beim Licht gibt es aber eine viel einfachere (und ältere) Art des Komplementärseins, die an dieser Stelle beschrieben werden soll. Sie wurde zum Beispiel 1777 vom jungen Goethe auf einer Winterwanderung durch den Harz beobachtet. Goethe beschreibt im Paragraphen 75 seiner Farbenlehre, was ihm im Licht des Abends auffiel:

> »Waren den Tag über, bei dem gelblichen Ton des Schnees, schon leise violette Schatten bemerklich gewesen, so mußte man sie nur für hochblau ansprechen, als ein gesteigertes Gelb von den beleuchteten Teilen widerschien. Als aber die Sonne sich endlich ihrem Niedergang näherte und die ganze mich umgebende Welt mit der schönsten Purpurfarbe über-

zog, da verwandelte sich die Schattenfarbe in ein Grün, das nach seiner Klarheit einem Meergrün, nach seiner Schönheit einem Smaragdgrün verglichen werden konnte.«

Goethe beschreibt hier, was die Physiologen als simultanen Farbkontrast bezeichnen. Die Farbe eines Schattens wird durch die Farbe der angrenzenden Umgebung hervorgerufen und ist zu dieser komplementär (im physiologischen Sinne). Der simultane Farbkontrast kommt in Abhängigkeit von den Beobachtungsbedingungen verschieden deutlich zum Vorschein. Wenn ein Maler verhindern will, daß sich der Farbkontrast anders einstellt als beabsichtigt, muß er auf schwarze Schatten verzichten und sie statt dessen farbig malen.
Der simultane Farbkontrast ist ein neurophysiologisches Phänomen, und alle Anzeichen sprechen dafür, daß er durch die Hemmung benachbarter Neuronen bewirkt wird. Danach unterdrücken Nervenerregungen, die zur Empfindung rot führen, entsprechende Signale in ihrer Nachbarschaft. Die verbleibenden Erregungen sorgen dann für die komplementäre Empfindung grün. Der farbige Simultankontrast kann hingegen nicht etwa durch Effekte von Streulicht erklärt werden.[34]
Diese Art der Komplementarität hat natürlich keine direkte Verbindung zu dem epistemologischen Argument oder der logischen Beziehung. Es bleibt aber als Tatsache, daß die mit diesem Begriff bezeichnete Spannung zwischen zwei Polen eine wichtige Rolle in der Wahrnehmung spielt, mit der schließlich alle Erkenntnis anfängt. Die Rolle von komplementären Positionen in der Wahrnehmung wird noch deutlicher, wenn wir im folgenden die auditiven Mechanismen ins Auge fassen.

Bei Fragen der Wahrnehmung interessieren nicht nur die jeweiligen molekularen Details und Zusammenhänge, es geht vor allem auch um die damit verbundenen Erkenntnismechanismen. Wenn es nämlich eine »Einheit der Erkenntnis« gibt – und nach Bohr zeigt sie sich gerade direkt in der Komplementarität –, dann sollte sie bei den Wahrnehmungsorganen selbst sichtbar werden. Und in der Tat kann diese Einheit besonders gut am Beispiel der akustischen Wahrnehmung deutlich gemacht werden.[35] Wir beschränken uns dabei auf das Innenohr, das im wesentlichen mit mechanischen Mitteln untersucht werden kann. Wir wollen unter anderem zeigen, daß ohne eine Rückwirkung des Ohrs auf das einwirkende Schallfeld nicht verstanden werden kann, wie das auditive System seine Leistung erbringt. Dabei taucht eine Art von Ganzheit auf, die ihre Verwandtschaft mit der Komplementarität nicht leugnen kann.

Hören beginnt mit dem Eintritt von longitudinalen Schall*wellen* über die Ohrmuschel in das Außenohr. Dabei kommt es bereits zu einer ersten (noch passiven) Rückwirkung des Ohres, da einige der Wellen von seiner Struktur reflektiert werden. Die resultierende Interferenz führt zu einer richtungsabhängigen Verstärkung der einlaufenden Wellen. Dieser Effekt ermöglicht es, mit den Ohren zwischen vorne und hinten zu unterscheiden. Er erlaubt es außerdem, mit nur einem Ohr die Richtung festzustellen, aus der ein Signal kommt. Dazu sind wir Menschen anders als zum Beispiel Katzen und Vögel in der Lage.

Eine *aktive* Rückwirkung wird durch Rückkopplungsprozesse im Innenohr ermöglicht. Bevor das akustische Signal dort eintrifft, muß es den Gehörgang passieren, der es auf das Trommelfell lenkt, dessen Schwingungen schließlich mit Hilfe der Gehörknöchelchen (Hammer, Amboß und Steigbügel) auf die Membran des sogenannten ovalen Fensters übertragen werden. Dort beginnt das Innenohr. Das akustische Signal gelangt hier hinein, indem es mechanisch auf die Hörschnecke (Kochlea) übertragen wird, die mit einer inkompressiblen Flüssigkeit (Perilymphe) gefüllt ist.

Sie wird durch die Schwingungen am ovalen Fenster verschoben. Dabei entsteht – so beschreibt es die derzeit gängige Theorie – eine Wanderwelle, durch die die zwei Membranen

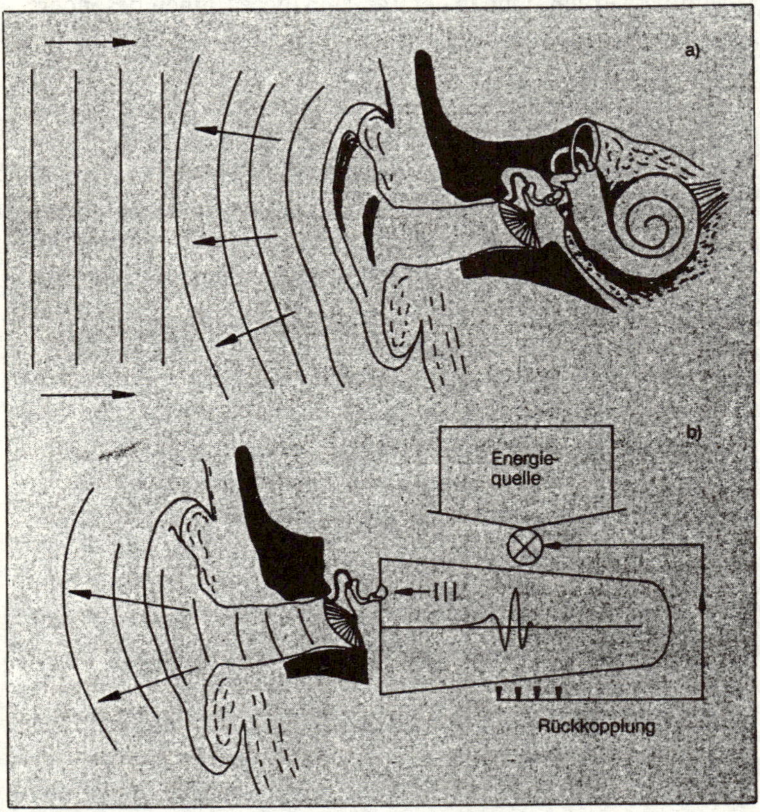

Abbildung 21: Die zwei Arten, mit denen das Ohr auf das einlaufende Schallfeld einwirkt. Bei der passiven Rückwirkung (a) reflektiert das Außenohr das zu empfangende Signal. Bei der aktiven Rückwirkung (b) greifen Rückkopplungsprozesse im Innenohr ein, die einen Ton produzieren. Das Gehör kehrt die von der Schallerzeugung her bekannten Mechanismen zur Erzeugung selbsterregter Schwingungen um. Dabei können einfallendes und erzeugtes Wellenfeld »zu einer Ganzzeit« verschmelzen. (Aus Euler, 1985b)

bewegt werden – sie heißen Basilar- und Reissnersche Membran –, die an einen inneren Schlauch (Scala media) anstoßen, der sich den Schneckengang entlangzieht.

So weit sind sich die Physiologen einig. Wie das gehörte Signal dann weiterverarbeitet wird, ist nicht mehr unumstritten. Klar ist nur, daß das Gehirn mit Hilfe von winzigen Haarzellen informiert wird, die zwischen der Basilarmembran und dem Schlauch sitzen. Wenn diese Haarzellen in Bewegung versetzt werden, entstehen elektrische Impulse, die in das Gehirn gelangen. Offenbar »hören« wir das Muster der Erregung unter den Härchen. Die Frage stellt sich, wie das Muster zustande kommt.

Die auch heute noch weitgehend akzeptierte Theorie hat Georg von Békésy entwickelt, der damit in den fünfziger Jahren Vorstellungen ablöste, die Hermann von Helmholtz formuliert hatte.[35] Eine Theorie des Hörens muß zum Beispiel verständlich machen, wie die Höhe eines Tones wahrgenommen wird – seine Frequenz also – und wie wir Instrumente durch ihre charakteristischen Obertöne unterscheiden können (Klangfarbe), die ein Vielfaches der Grundfrequenz aufweisen.

Békésy schlug nun vor, daß die Frequenz eines gehörten Tones als Wanderwelle auf der Basilarmembran abgebildet wird. An einer bestimmten Stelle entsteht dabei eine maximale Amplitude, die von den Haarzellen registriert und dem Gehirn vermittelt wird, das auf diese Weise die Schallfrequenz identifiziert. Békésy wollte und konnte damit den Befund erklären, daß einzelne Schallfrequenzen an verschiedenen Stellen der Kochlea gehört werden. Doch darüber hinaus bleibt es mit seinem Vorschlag schwierig, die oben erwähnten Fragen zu beantworten.

In einem neueren Modell wird versucht, diesen Problemen durch Berücksichtigung der experimentell ermittelten Tatsache zu begegnen, daß ein Ohr nicht nur als Empfänger fungiert, sondern auch ein Sender ist.[37] Es sendet kontinuierlich einen ganz leisen Pfeifton aus. (Wir haben sozusagen einen kleinen Mann im Ohr, der pfeift.) Der (asymmetrische) Referenzton kommt aus dem Mittelohr, er trifft mit dem einlaufenden Signal zusammen und sorgt dafür, daß ein Interferenzsignal in der Kochlea analysiert wird. Dabei stellt sich heraus, daß eine Beschreibung dessen, was hier passiert, wesentlich einfacher gelingt, wenn die Schall*wellen* als Strom aus einlaufenden *Teilchen* aufgefaßt werden[38], denen eine Wellenlänge nach der Relation von de Broglie (die Wellenlänge ist gleich dem Quotienten aus dem Wirkungsquantum und dem Impuls)

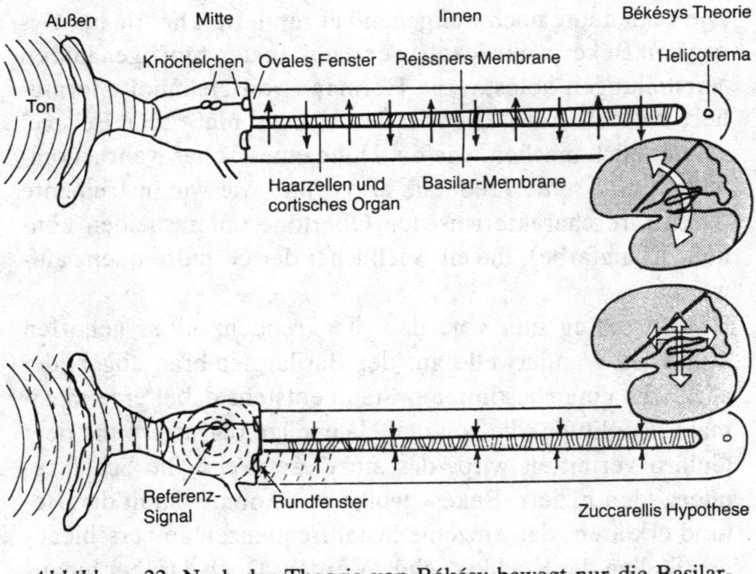

Abbildung 22: Nach der Theorie von Békésy bewegt nur die Basilarmembran die Tektorialmembran (Nebenskizze). Die neue Sicht (Zuccarelli) gibt der Reissnerschen Membran die Aufgabe, die Tektorialmembran tangential zu bewegen, während die Basilarmembran sie biegt. Dabei resultiert ein Schwingungsmuster der Haarzellen, das dem äußeren Interferenzmuster entspricht, das durch den Referenzton des Ohrs erzeugt wurde. (Aus »New Scientist« vom 10. November 1983)

zugeordnet wird. Diese Teilchen gelangen in die zwei Kanäle, die durch die Reissnersche und die Basilarmembran gebildet werden. Beide Membranen vibrieren unabhängig und selbständig und beeinflussen auf unterschiedliche Weise eine dritte Membran, die die Haarzellen bedeckt (Tektorialmembran). In den Härchen wird so ein Interferenzmuster erzeugt, das eine innere Repräsentation des äußeren Interferenzmusters ist. Es ist nun diese Repräsentation, die das Gehirn schließlich erfährt und somit »hört«.
In diesem Modell kann man sich weiter vorstellen, daß der Referenzton durch das unter dem ovalen Fenster gelegene runde Fenster ebenfalls in die Kochlea gelangt und so auch innen mit dem gehörten Ton zusammenfindet, der durch das ovale Fenster eintrifft. Dadurch wird die tatsächliche Vibration der Membranen in der Kochlea minimal und stellt einen Mechanismus bereit, der auf Frequenzen reagieren kann. Mit diesen Hilfsmitteln kann die Theorie sehr gut erklären, daß Menschen mit normalem Gehör gerade Frequenzen zwischen 20 und 20000 Hertz wahrnehmen können.
Aus der Tatsache, daß das Gehör kein passiver Schallempfänger wie ein Mikrofon ist, das nur zum Mitschwingen angeregt wird, kann noch mehr abgeleitet werden. Wenn das Ohr autonome Schwingungen ausführt, vollzieht es den akustischen Reiz auf mehreren Ebenen aktiv nach. Das Innenohr kann dabei als Prototyp eines selbstorganisierenden Prozesses aufgefaßt werden. Es arbeitet im thermodynamischen Ungleichgewicht und pumpt Energie aus einem kontinuierlichen Reservoir (Stoffwechselenergie) in einen periodischen Vorgang (Basilarmembranschwingung) durch Rückkopplungsprozesse, die bislang noch ungeklärt sind. Dabei spielen nichtlineare Zusammenhänge eine große Rolle, die sich etwa dadurch äußern, daß es zu Kombinationstönen kommt.
Das aktive Einschwingen des Innenohres sorgt nicht nur für die extreme Empfindlichkeit des Hörsinnes, es macht den

eigentlichen Schallempfänger auch zu einem Sender, der auf das erregende Schallfeld zurückwirkt. Er tut dies mit einer charakteristischen Verzögerungszeit durch die sogenannte akustisch stimulierte Emission.

Die Rückwirkung wird immer bedeutender, wenn das empfangende Signal schwächer wird. Das Beobachtete (der akustische Reiz) wird immer mehr durch den Beobachter (das hörende Subjekt) beeinflußt. Was zunächst – also bei normaler Lautstärke – noch als klassische Rückwirkung verstanden werden kann, gerät in der Nähe der Hörschwelle immer mehr aus diesem Bereich heraus.

Wie der makroskopische Wahrnehmungsapparat an mikroskopische Schwankungen angekoppelt ist, zeigt sich in dem vertrauten Phänomen des »Meeresrauschens«. Kreislaufrauschen, Umgebungslärm und die Rückwirkung durch die Eigenaktivität des Gehörs fachen Schwingungen des akustischen Hohlraumresonators »Muschel« an. Das »Meeresrauschen« besteht aus nichts anderem als den sich aufschaukelnden Fluktuationen des Untergrundes. Auf analoge Weise präparieren die physikalischen Meßgeräte sozusagen als Verlängerung unserer Meßgeräte die Quantenphänomene aus dem Untergrund der Quantenfluktuationen aktiv heraus.

Das Innenohr funktioniert also durch die Prozesse der Selbstorganisation komplementär. Es ist im Prinzip von innen (subjektive Wahrnehmung) und von außen (objektive Messung) zugänglich, und es macht zwei gegensätzliche Dinge gleichzeitig. Das Innenohr erzeugt und vernichtet Information. Die Produktion der Information gelingt mit der Verstärkung, das heißt, indem die mikroskopischen Fluktuationen auf die makroskopische Ebene des Bewußtseins gehoben werden. Die Vernichtung von Information (Datenreduktion) vollzieht sich im Innenohr, wenn der akustische Reiz in einzelne Kanäle (kritische Bänder) geordnet wird.

Das Innenohr kann als System von gekoppelten aktiven Oszillatoren verstanden werden. Um seine komplementären Eigenschaften in den Griff zu bekommen, reichen die Eigenschaften der Offenheit (Entkopplung von Energie), Rückkopplung und Nichtlinearität aus. Steigt man in der Hierarchie des akustischen Systems von der Peripherie zur Zentrale auf, müssen viele Rück- und Querkopplungsschleifen beachtet werden, die sich mehrfach wiederholen.[39] Dabei zeigt das Ohr immer wieder seine Fähigkeit zur komplementären Arbeitsweise.

Auch als Filtersystem zeigt das Ohr komplementäre Eigenschaften. Dies kann demonstriert werden, wenn man analysiert, wie der eben noch wahrnehmbare Frequenzunterschied (Δf) zweier Töne von dem Frequenzbereich abhängt, dem die Töne entstammen. Aus den experimentellen Daten wird ersichtlich, daß das Ohr zwei Arbeitsweisen beherrscht. Unterhalb von 500 Hz besitzen wir ein konstantes Auflösungsvermögen, das heißt, f ist frequenzunabhängig. Oberhalb von 1 Kilohertz ist die sogenannte *relative* Auflösung konstant, damit ist das Verhältnis $\Delta f/f$ gemeint. Um dies zu erklären, postulieren wir zwei verschiedene Mechanismen der Frequenzanalyse. Unterhalb von 500 Hz zählt das Ohr die Frequenzen selbst. Es verwendet dazu als seine Information die Periodizität des Signals. Diese Hypothese paßt mit der Tatsache zusammen, daß das neuronale System in diesem Frequenzbereich in der Lage ist, periodische Signale zu generieren. Ein ganzer Zellverband kann quasi analog reagieren und periodische Signale durch kohärente Aktivität erzeugen.

Im Frequenzbereich über 1 Kilohertz postuliert man einen Satz von Filtern (Resonatoren), die in der Kochlea entlang der Basilarmembran verteilt sind. Dies läßt sich physikalisch im Innenohr verifizieren. In dieser Situation besteht zwischen den Positionen der Maxima längs der Basilarmembran und der Frequenz eine logarithmische Beziehung, die die Konstanz der relativen Auflösung zur Folge hat.

Damit können wir nun die hier vorliegende Komplementarität beschreiben. Im oberen Frequenzbereich ist die Information für das Ohr durch die Maxima auf der Basilarmembran lokalisiert. Die Frequenz wird aus einem Ort im Innenohr ermittelt, und dies entspricht einer teilchenartigen Verrech-

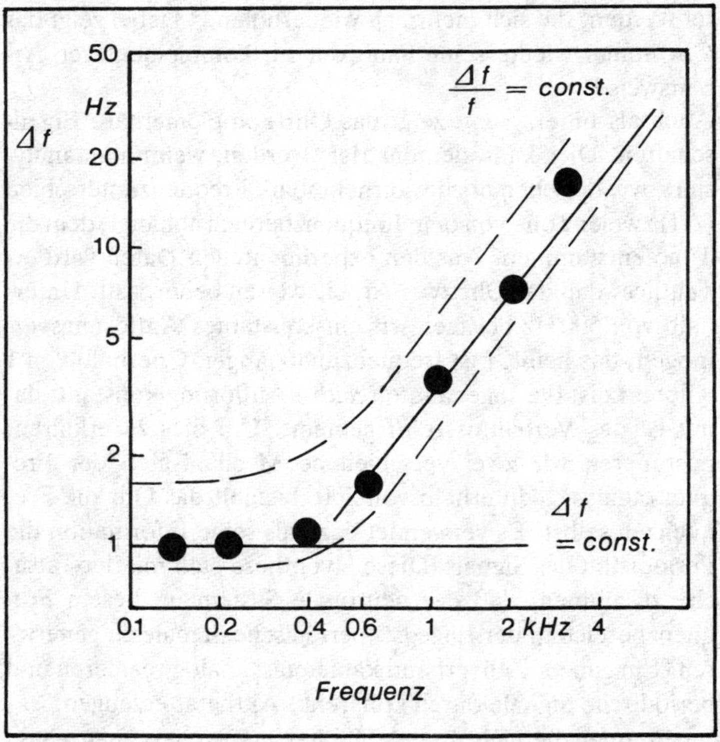

Abbildung 23: Die Frequenzabhängigkeit eines eben noch wahrnehmbaren Frequenzunterschiedes für aufeinanderfolgend dargebotene Töne. Die obere Linie gibt die Breite des kritischen Bandes wieder, womit man den Frequenzbereich auf beiden Seiten einer festen Mittelfrequenz meint, in dem die Tonwahrnehmung durch einen zweiten Reiz beeinflußt werden kann. Die untere Linie nennt man Tonunterscheidungsschwelle, weil man von dieser Differenz an die Töne getrennt hört.

nung. Komplementär dazu tritt im Bereich kleiner Frequenzen ein wellenartiger (delokalisierter) Aspekt der Verrechnung in den Vordergrund, der sich in der Verarbeitung neuronaler Periodizitätsmuster zeigt.

Wahrnehmung gelingt also durch das Zusammenwirken zweier zueinander komplementärer funktionaler Prinzipien. Je nach experimenteller Situation[40] überwiegt der wellenartige oder der teilchenartige Verrechnungsmodus. Beide Mechanismen zusammen (Orts- und Periodizitätsprinzip) sorgen dafür, daß ein Optimum an Information unter den gegebenen Umständen extrahiert werden kann. Beide komplementären Aspekte müssen herangezogen werden, um die Ganzheit des Gehörs zu beschreiben, die sich wahrnehmbar äußert. Die Kooperation beider Mechanismen erlaubt es, eine Klangsituation zu antizipieren. Dies könnte zusammen mit nichtlinearen Mechanismen eine Grundlage des musikalischen Empfindens ergeben. In der Residuumtonwahrnehmung wird ein unvollständiges Klangbild durch Hinzufügen der fehlenden Grundfrequenz zu einem Ganzen zusammengesetzt. Die beiden komplementären Verrechnungsmodi ergänzen automatisch eine defekte akustische Gestalt.[41] Die fehlende akustische Ganzheit wird durch komplementäre Orts- und Periodizitätsmechanismen erreicht. (Die analoge Erscheinung in der visuellen Wahrnehmung wären die Gestaltwahrnehmung und die Ergänzung fehlender Konturen.)

In diesem Zusammenhang sei noch darauf hingewiesen, daß eine von Bohr angesprochene Besonderheit der Sinneswahrnehmung beim Ohr vollkommen realisiert ist. Bohr hatte sich darüber gewundert, daß die »für die Integrität der Organisation so wichtige Empfindlichkeit der Wahrnehmungsorgane oft fast die Größenordnung individueller Quantenprozesse erreicht«.[42] Er dachte dabei vor allem ans Auge, vermutete aber, daß auch andere Organe atomare Phänomene als primäre Sinneserfahrungen registrieren können.

Die von Bohr vermutete Berührung von Wahrnehmungsprozessen und Quantenphänomenen zeigt sich auch bei der Analyse der Quantenfluktuationen.[43] Dem Innenohr ist es (auf noch nicht bekannte Weise) gelungen, die Begrenzung der thermischen Fluktuationen zu umgehen und sich an die Quantenfluktuationen als äußerste Grenze heranzutasten. Unser Gehör wird tatsächlich durch die Heisenbergsche Unbestimmtheitsrelation limitiert.

Ein theoretischer Anfang

Im Grunde sind wir mit den bisherigen Bemerkungen nicht über die Anfänge der Wahrnehmung hinausgekommen. Daß entscheidende Beiträge zur Perzeption auch vom Gehirn beigesteuert werden, konnte für das Hören am Beispiel des Residuums verdeutlicht werden. Hier hören wir die Eigenschaft eines Tones – seine Höhe –, die (physikalisch) nicht vorhanden ist. Glockentöne etwa nehmen wir in einer Tonhöhe wahr, der keine Frequenz im Klangspektrum entspricht.

Beim Sehen gibt es einen analogen Effekt. Wir formen subjektive Konturen, die in der betrachteten Figur überhaupt nicht vorhanden sind.[44] Interessant bei dieser Illusion ist auch noch die Beobachtung, daß das Innere der subjektiv konstruierten Figur heller zu sein scheint als die sie umgebende (ebenfalls weiße) Fläche, die dasselbe Licht reflektiert. Das Gehirn nimmt also nicht nur passiv Informationen aus den Sinnesorganen auf, es interpretiert die Daten aktiv und versucht, den empfangenen Signalen Sinn zu geben. Offensichtlich gibt sich das Gehirn nicht mit den isolierten schwarzen Gebilden zufrieden, es integriert die Informationen zu einem Ganzen. Man könnte den Eindruck gewinnen, das Gehirn will das Problem lösen, was das Bild auf der Netzhaut eigentlich darstellen (bedeuten) soll.[45]

Das Gehirn nimmt also nicht nur Linien und Winkel wahr, es erkennt (konstruiert) daraus Figuren und Gestalten, die nicht ausdrücklich, sondern nur verborgen in der betrachteten Szene enthalten sind. Man kann diesen Sachverhalt allgemeiner ausdrücken, wenn man die beiden Aspekte der Informa-

Abbildung 24: Die durch die subjektiven Konturen entstehenden Figuren scheinen innen heller als das sie umgebende Weiß zu sein, auch wenn es sich überall um dasselbe Papier handelt.

tion auseinanderhält, die die Wissenschaft der Hermeneutik bei der Interpretation von Texten unterscheidet.[46] Gemeint sind die *explizite* (ausdrückliche) und die *implizite* (eingeschlossene) Information, die komplementär zueinander sind. Mit Hilfe dieser Begriffe kann man sagen, daß das Gehirn beim Sehen eine Art von cerebraler Hermeneutik zustande bringen muß.[47] Es muß die Information, die in dem betrachteten Bild nur implizit vorhanden ist, explizit machen. (Das Wort Hermeneutik leitet sich von Hermes, dem Götterboten, ab, dessen Aufgabe darin bestand, die Botschaften der Götter uns Sterblichen verständlich zu machen. Und so, wie wir keinen direkten Zugang zu Gott haben, gibt es auch keinen unmittelbaren Zutritt der Welt zum Gehirn.)
In dem Gesehenen kommen explizit zum Beispiel nur Linien, Winkel und Kanten vor, und nur von dieser Information ist bislang bekannt, wie sie im Gehirn gemeldet wird. Diese Kenntnis verdanken wir den bahnbrechenden Arbeiten von Stephen Kuffler und dem Duo Torsten Wiesel und David Hubel.[48] Kuffler untersuchte die Anordnung all der Sehzellen auf der Netzhaut, deren Information einer einzelnen Ganglienzelle zugeleitet wird. Man nennt die Gesamtheit der entsprechenden Zellen im Auge das rezeptive Feld eines Neurons. Kuffler entdeckte nun, daß die rezeptiven Felder der retinalen Ganglienzellen kreisförmig strukturiert sind und als Detektoren des Lichtkontrastes funktionieren.
Damit mußte die damals vorherrschende Idee fallengelassen werden, daß einzelne Neuronen nur Lichtintensitäten auf der Retina weitermelden. Vielmehr durfte man vermuten, daß sie in der Lage sind, Muster in dem Bild auf der Netzhaut zu erkennen. Genau dies wurde damals auch vorgeschlagen.[49]
Die Idee, daß einzelne Neuronen als Merkmalsdetektoren arbeiten, fügte sich vorbildlich mit den Ergebnissen von Hubel und Wiesel zusammen, die entdeckten, daß auch Neuronen von höherer Ordnung – sie befinden sich im Kniekörper

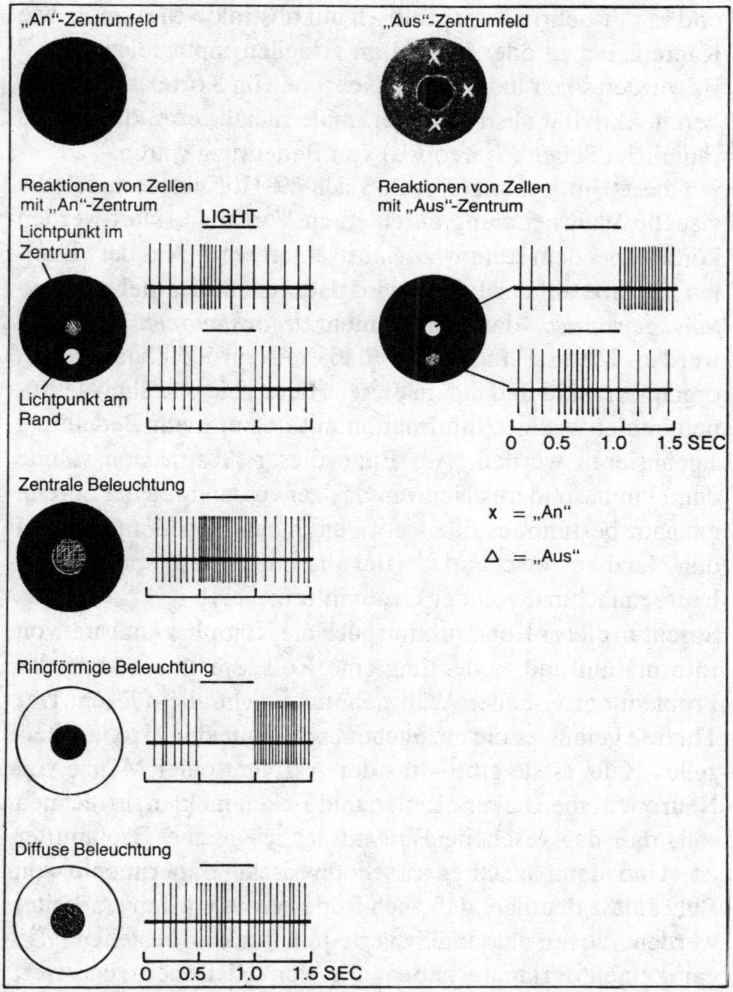

Abbildung 25: Die rezeptiven Felder von Ganglienzellen (in der Netzhaut von Katzen und Affen) können in zwei Klassen eingeteilt werden, in diejenigen mit einem »An«-Zentrum und diejenigen mit einem »Aus«-Zentrum. »An«-Zentren verleiten ihre Ganglienzellen dann zu den heftigsten Reaktionen, wenn ein Lichtpunkt in ihrer Mitte erscheint. »Aus«-Zentren führen in solch einem Fall überhaupt keine neuronale Aktivität herbei. Dies tun sie erst, wenn Licht in einem Ring um das Zentrum eintrifft. (Aus Kuffler und Nichols, 1953)

und in der Sehrinde – spezifisch auf abstrakte Merkmale wie Kanten, Ecken oder Balken im visuellen Input reagierten.[50] Es wurden sogar individuelle Neuronen im Kortex registriert, deren Aktivität abstrakte Merkmale signalisierte, die für das räumliche Sehen (Stereopsis) von Bedeutung waren.[51]

An diese Entdeckungen schloß sich die Hoffnung an, daß die visuelle Wahrnehmung durch einen Vorgang erklärt werden könnte, bei dem stufenweise abstrahiert wird. Aus der visuellen Eingabe auf der Retina wird dadurch immer mehr *Bedeutung gewonnen,* daß immer mehr *Informationen vernichtet* werden. Man stellte sich vor, daß die Neuronen hierarchisch organisiert sind und daß in dieser Hierarchie einzelne Neuronen immer weniger Information mit immer mehr Bedeutung signalisieren würden. Am Ende dieser Abstraktion stünde dann ein besonderes Neuron, das genau dann reagiert, wenn ein ganz bestimmtes Bild – etwa das meiner Großmutter – auf der Netzhaut erscheint.[52] (Bei diesem Ansatz spricht man heute manchmal von der Großmutterzelle.)

Sosehr in dieser Konstruktion auch die Komplementarität von Information und Bedeutung eine Rolle spielt, sie kann das Problem der visuellen Wahrnehmung nicht allein lösen. Der Theorie gelang es nie anzugeben, wie denn eine Großmutterzelle – falls es sie gibt – aus der Aktivität einer Menge von Neuronen, die Balken, Linien und Ecken melden, errechnen soll, daß das gesehene Bild tatsächlich meine Großmutter ist. Und dann machten psychophysische Experimente von Bela Julesz deutlich, daß auch Bilder vom Gehirn verarbeitet werden, die nur aus zufällig verteilten Punkten bestehen (also gar keine Merkmale haben, die von Neuronen registriert werden).[53]

Im Rückblick kann heute gesagt werden, daß die Hypothese von den Merkmalsdetektoren scheitern mußte, weil sie nicht aus dem hermeneutischen Zirkel ausbrechen konnte, den jeder Textinterpret fürchtet. Der Zirkel schließt sich dadurch, daß die Sätze eines Textes erst dann einen Sinn machen, wenn ich den ganzen Text kenne, und daß umgekehrt sich bei Kenntnis des vollständigen Wortlautes die Bedeutung der einzelnen Sätze oder Worte ändert. Das Gehirn kann also nur die Schrift auf der Netzhaut lesen, wenn es die Merkmale kennt, die es andererseits nur dann richtig deuten kann, wenn bekannt ist, was gesehen wird.

Aus dem hermeneutischen Zirkel kann nur ausbrechen, wer ein gewisses *Vorverständnis* mitbringt.[54] Das Gehirn muß also bei der Interpretation der gesehenen Szene an einer Stelle eine Art von Vorwissen einbringen. In der Hypothese der Merkmalsdetektoren wird dieser Eingriff schon sehr früh erforderlich. Von Anfang an müssen zumindest Teile des Bildes »erkannt« werden. Schon auf der frühen Stufe der visuellen Wahrnehmung wären außerordentlich *spezifische* Kenntnisse erforderlich.

Komplementär dazu fordert eine neuere Theorie der Wahrnehmung, daß das Gehirn zu Beginn seiner hermeneutischen Interpretation des Bildes nur *allgemeine* Kenntnisse über die Welt einsetzt – zum Beispiel, daß die Objekte der Welt gewöhnlich fest sind und nur einen Platz zu einer Zeit einnehmen können – und mit seinem spezifischen Vorwissen bis zuletzt wartet. Der Ansatz zu diesem Entwurf der visuellen Perzeption stammt von David Marr[55]; sie wird heute unter anderem von Tomaso Poggio fortgeführt und erweitert.[56]

Es ist hier nicht der Platz, die Theorie im einzelnen zu beschreiben. Marr und seine Mitarbeiter haben mit Hilfe von Computern eine Reihe von Berechnungen beschrieben, die das Gehirn ausführen kann, um das Bild tatsächlich semantisch zu entschlüsseln, das heißt, um die implizit vorhandene Information für den Betrachter explizit zu machen. Ihr Hauptaugenmerk haben sie dabei auf die Fähigkeit des Gehirns gelegt, problemlos Gestalten wahrnehmen zu können. In diesem Fall wird zum Beispiel zuerst mit Hilfe der von

Hubel und Wiesel entdeckten rezeptiven Felder eine sogenannte »Primärskizze« errechnet, die einige Richtungen und die räumlichen Ausdehnungen der Lichtintensität explizit macht.

Es gibt keinen Beweis für die Richtigkeit der neuen Theorie zur visuellen Wahrnehmung. Sie kann aber dadurch getestet werden, daß sie einigen Neuronen in besonderen Verbänden bestimmte Aufgaben zuordnet, die sich im Experiment bestätigen müssen. Vom Standpunkt der Komplementarität ist zu erwarten, daß in einer vollständigen Theorie der Wahrnehmung Elemente aus beiden Ansätzen vorhanden sein werden,

Abbildung 26: Die primäre Skizze könnte im Fall eines Teddybären etwa das gezeigte Aussehen haben. Das Gehirn hat aus der visuellen Information auf der Netzhaut die Stellen »berechnet«, an denen die Intensität des Lichtes ihre stärkste Änderung erfährt. Dies gelingt (der Theorie zufolge) mit Hilfe der kortikalen Zellen, die Hubel und Wiesel entdeckt haben. (Siehe auch Abbildung 27) (Aus Ernst Peter Fischer, 1984)

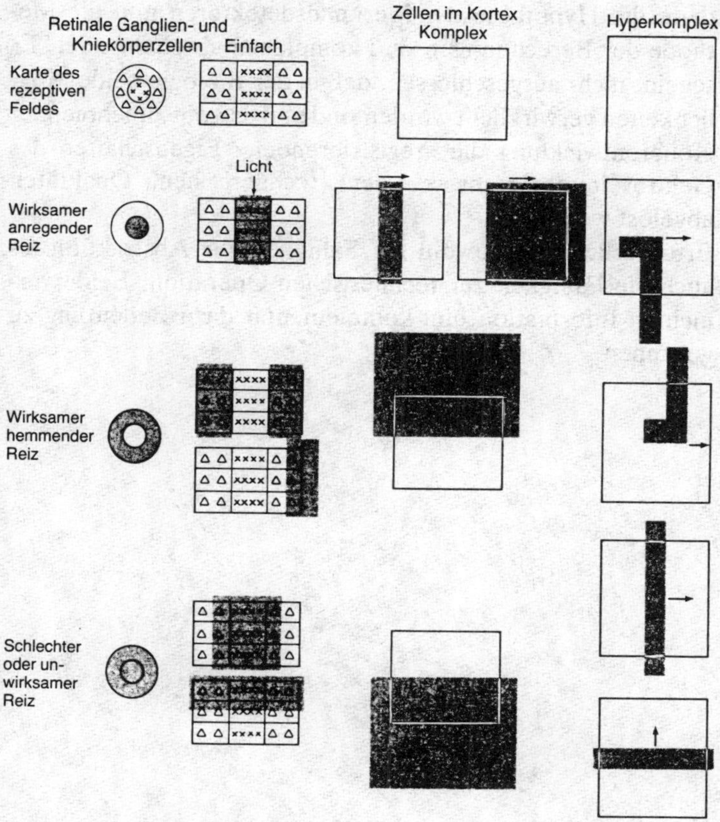

Abbildung 27: Eine Zusammenfassung der Eigenschaften von rezeptiven Feldern der Ganglienzellen (Retina), der Kniekörperzellen und der einfachen, komplexen und hyperkomplexen Zellen aus dem visuellen Kortex. Die Ganglien- und die Kniekörperzellen reagieren am heftigsten auf Kontraste in der Helligkeit. Die einfachen und komplexen Zellen aus dem Kortex sprechen auf Balken, Linien, Ecken und Kanten an. Bei hyperkomplexen Zellen spielen die Länge einer Linie und die Richtung ihrer Bewegung zusätzlich eine Rolle. Die grauen Bereiche deuten den Lichteinfall an; Kreuze markieren exitatorische Regionen und Dreiecke inhibitorische Abschnitte. (Aus Kandel und Schwartz, 1981)

denn die Hypothese der Merkmalsdetektoren und die Methode der Berechnungen sind komplementär zueinander. Es scheint nicht ausgeschlossen, daß in der Biologie beide Möglichkeiten verwirklicht worden sind und daß mit zunehmender Höherentwicklung die »registrierenden« Eigenschaften des Gehirns immer mehr von den »rechnerischen« Qualitäten abgelöst werden.
Erforderlich sind sowohl die Fähigkeit zur Abstraktion als auch die Fähigkeit zur rechnerischen Operation. Beide vernichten Information, um komplementär dazu Bedeutung zu gewinnen.

Mechanismen des Lebendigen

> »Du weißt sehr wohl, daß ich in einer Diskussion über die Komplementarität immer sehr bescheiden und demütig bin. Denn mir scheint, wir haben hier die Grenze unseres Verstehens erreicht, die ebenso unergründlich ist wie die Zufälligkeiten unseres Lebens.«
>
> *Aus einem zeitgenössischen Galileischen Dialog von J. Jauch*

Die Frage der Reduzierbarkeit

In der ersten Ausgabe seines Lehrbuches über die Quantenmechanik schrieb Paul Dirac im Jahr 1929, Physik und Chemie seien nun zu Zweigen der angewandten Mathematik geworden. Obwohl dieser Satz in der zweiten Auflage von 1931 ausgelassen wurde, gibt er wohl eine Meinung wieder, welche die meisten Physiker teilen. Diese Auffassung ist unter dem Stichwort Reduktionismus bekannt. Gemeint ist damit die Behauptung, daß komplizierte Naturerscheinungen (etwa aus dem Bereich der Biologie) auf die Eigenschaften und Wechselwirkungen einfacher Teilsysteme (aus der Physik) zurückgeführt (durch sie erklärt) werden können.

Das Reduktionsproblem sieht nur auf den ersten Blick eindeutig und übersichtlich aus. Der zweite Blick offenbart mehrere und mehrdeutige Möglichkeiten und macht es erforderlich, einige Unterscheidungen zu treffen.[1] Wenn etwa nur verlangt wird, daß die Begriffe der Biologie (Wahrnehmung, Wachstum, Vermehrung) durch physikalische Ausdrücke (Kraft, Ladung, Masse) *definiert* werden können, spricht man von einer schwachen Reduktion. Wird hingegen verlangt, daß biologische Gesetze (die Mendelschen Regeln) aus denen der

Physik abgeleitet werden können, hat man eine starke Reduktion im Sinn. Wir wollen im folgenden an die Form der Reduktion denken, die als streng bezeichnet wird. In ihrem Rahmen wird angenommen, daß zwischen den beiden betrachteten Gebieten Deduktionen möglich sind. Diese Form kann noch von der approximativen Reduktion unterschieden werden, die eine Theorie als Grenzfall einer anderen zuläßt.

Unsere Frage der Reduktion kann nun genauer formuliert werden, wenn man die empirische Tatsache berücksichtigt, daß der Aufbau der realen Welt in Form von Schichten oder Ebenen beschrieben werden kann. In jeder Art von Forschung wird versucht, das Geschehen auf einer einzelnen Ebene durch die Wechselwirkung der Objekte in dieser Schicht *allein* zu verstehen. Die Anatomen etwa verstehen den Menschen durch das gesetzmäßige Zusammenwirken seiner Organe. Für sie sind die dabei erfahrbaren Gesetze bloße Tatsachen der Erfahrung, die ihre Erklärung auf der nächsttieferen Ebene finden, die von den Zellen aufgebaut wird. In dieser Schicht aber ist der Histologe zuständig. Was immer er über die Zellen erfährt, muß wiederum erklärt werden durch das Zusammenspiel der Zellteile, also der Moleküle, die von den Biochemikern untersucht werden. Reduktionismus ist nun die These, daß die Eigenschaften einer Ebene vollständig durch die darunterliegende Ebene bestimmt sind.

Es fällt übrigens auf, daß die hierarchische Schichtung stabiler komplexer Systeme eine erstaunliche Allgemeinheit und Durchgängigkeit zeigt. Sie trifft auf physikalische und biologische Systeme ebenso zu wie auf Formen der sozialen Organisation.

Möglicherweise zeigt sich in diesem Schichtenaufbau eines der entscheidenden Strukturmerkmale der realen Welt überhaupt. Auf diesen Umstand hat vor allem der Philosoph Nicolai Hartmann in seiner Ontologie hingewiesen.[2] Der Schichtenaufbau wird heute als so selbstverständlich hingenommen, daß es fast scheint, hier sei keine Erklärung mehr erforderlich. Wie dies aber zu verstehen und mit der Komplementarität zu verknüpfen ist, wollen wir im folgenden diskutieren.

Kosmos	Lebewesen	Forschung
Galaxien	Organe	Bundesministerium
Sterne	Zellen	Universität
Plasmen	Organellen	Institute
Atome	Biomoleküle	Gruppen
Subatomare Teilchen	Moleküle	Mitarbeiter

Das Reduktionsproblem trifft sich mit der Komplementarität, weil Bohrs Idee dem reduktionistischen Anspruch eine Schranke setzt. Sie behauptet, daß zur Erklärung aller beobachteten Phänomene eines gegebenen Systems zwei Beschreibungsweisen erforderlich sind, die zueinander komplementär sind. Sie sind logisch also inkompatibel, das heißt, falls beide Beschreibungsmodi in einer Erklärung zusammengebracht werden, tauchen Widersprüche auf. Komplementarität impliziert damit auch, daß jede reduktionistische Erklärung unvollständig ist, und dies nicht nur wegen rechnerischer Schwierigkeiten oder wegen empirischer Datenlücken. Bohrs Herausforderung von 1932 (»Licht und Leben«) stellt also ein antireduktionistisches Programm für die Biologie auf.

Wir wollen nun fragen, ob Diracs Anspruch in der Biologie gültig ist oder ob Bohrs Anspruch weiter reicht und die Reduktion des Lebens auf Physik ausgeschlossen ist. Dabei beschränken wir uns zunächst auf die Ergebnisse der molekularen Genetik, also auf die Mechanismen der Vererbung. Bei oberflächlicher Betrachtung scheinen die Struktur der Doppelhelix und die Mechanik der Proteinbiosynthese zumindest die genetischen Vorgänge reduziert zu haben.[3] Doch zeigt der

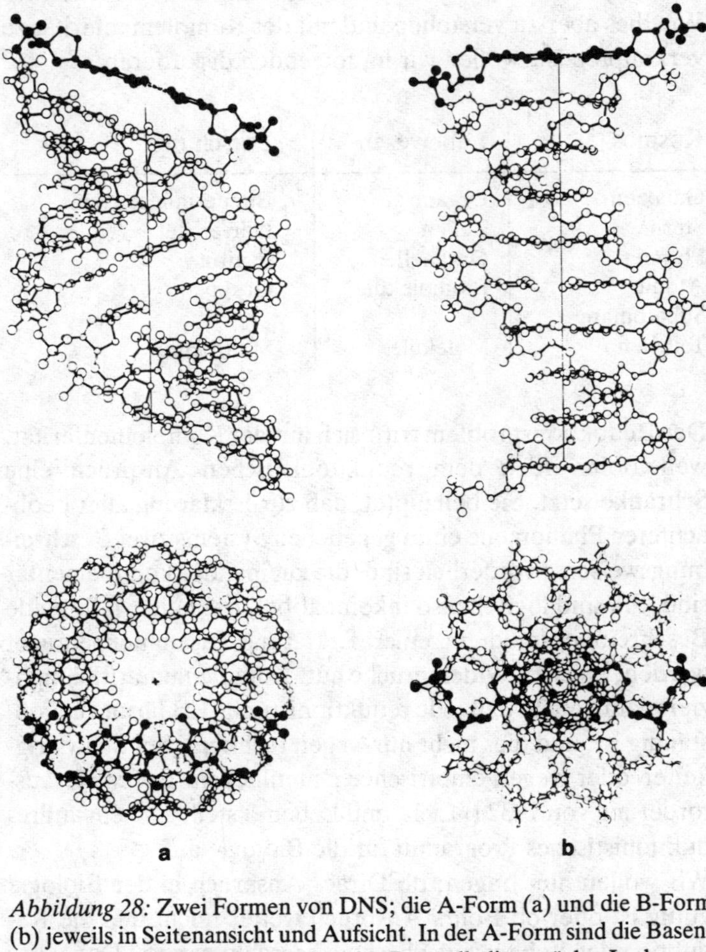

a b

Abbildung 28: Zwei Formen von DNS; die A-Form (a) und die B-Form (b) jeweils in Seitenansicht und Aufsicht. In der A-Form sind die Basenpaare geneigt und aus der Achse der Doppelhelix gerückt. In der von Watson und Crick entdeckten B-Form stehen die einzelnen Basenpaare senkrecht zur Zentralachse. Die statischen Bilder der DNS täuschen. Die Doppelhelix kann viele verschiedene Formen annehmen und so mit anderen Molekülen in einer Zelle auf vielfältige Weise reagieren. Diese strukturelle Plastizität der DNS kann sicher zur Regulation ihrer Expression verwendet werden. (Siehe auch Abbildung 29) (Aus Knippers, 1985)

Blick auf bedeutende Details erhebliche Lücken. Selbst einfache physikalisch-chemische Wechselwirkungen der doppelsträngigen DNS bleiben immer noch ohne Erklärung. Und der Mechanismus der Replikation ist derart kompliziert, daß die Biologen auch nach über dreißig Jahren noch unbekannte Faktoren entdecken.
Empirisch kann eine Größe wie die Enthalpie einer Wasserstoffbrücke zwischen zwei DNS-Strängen ausgerechnet werden, wie aber die entsprechende Wechselwirkung einsträngiger DNS mit Wasser aussieht, ist kaum verstanden. Und völlig im dunkeln tappt die Wissenschaft, wenn nach der Wechselwirkung zwischen benachbarten Basenpaaren im doppelsträngigen Molekül gefragt wird, obwohl diese Stapelenergie eine wesentliche Rolle bei dem Unterschied spielt, der zwischen einer links- und einer rechtsdrehenden Schraube besteht. Darüber hinaus wird ganz allgemein die Wechselwirkung großer Moleküle mit dem wäßrigen Medium, in dem sie sich aufhalten, als ein zu schwieriges Problem anerkannt und heute schweigend übergangen.
Auch die wichtige Frage, wie ein Enzym funktioniert, kennt keine mikroskopische Antwort. Natürlich gibt es inzwischen eine lange Liste von Enzymen, deren Wechselwirkung mit entsprechenden Liganden in vernünftigem Rahmen erschlossen worden ist und deren katalytische Fähigkeiten durch eine vermutete Änderung der Gestalt erklärt werden können; man nennt dies eine allosterische Transformation. Doch kann man in diesem Fall nicht von einer Reduktion der Biologie auf Physik sprechen. Eine Enzymphysik müßte in der Lage sein, aus der spezifischen Struktur eines Proteins seine biologische Funktion vorherzusagen. Diese Aufgabe wird nicht nur rein rechnerischer Schwierigkeiten wegen nicht erfüllt. Die Lücke zwischen dem Berechenbaren und dem Können der Moleküle kann nur durch empirische Kenntnisse über diejenigen Proteine gefüllt werden, die als Enzyme funktionieren.

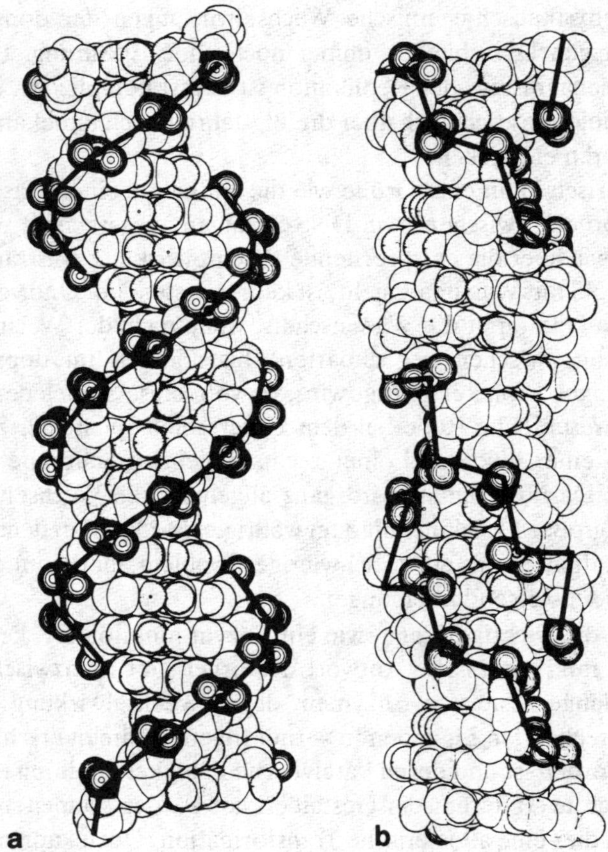

Abbildung 29: Noch ungewöhnlichere Formen der DNS sind in den letzten Jahren bekannt geworden. Bestimmte Basensequenzen erlauben den Übergang von der rechtsgängigen B-Form (a) in eine linksgängige Z-Form. Der Name stammt von dem zickzackförmigen Rückgrat. Das Besondere der Z-Form liegt noch darin, daß anstelle einer großen und einer kleinen Rinne, die entlang der B-Form laufen, nur eine einzige tiefe Furche erscheint. Damit die Z-Form entstehen kann, muß die B-Form entwunden werden. Dies schafft alle möglichen Signale, die bestimmte biologische Funktionen einleiten können. (Aus Knippers, 1985)

Hier treffen wir wieder auf die Komplementarität von Struktur und Funktion. Sie zeigt sich hier durch die Besonderheiten der physikalischen Gesetze. Sie beschreiben die Welt durch geschwindigkeitsabhängige (rate-dependent) Gleichungen, und die können das spezifische Erkennen eines Substrates durch ein Enzym nicht beschreiben, das unabhängig von der Geschwindigkeit ist, mit der dies geschieht. Katalytische Eigenschaften eines Proteins sind beschreibbar in der Sprache der Physik, also im quantenmechanischen Formalismus. Doch das Erkennen des Substrates muß in der komplementären Sprache des Meßprozesses mitgeteilt werden.
Ähnliche Probleme tauchen bei den Schritten auf, mit denen DNS verarbeitet wird. Die Stellen, an denen im bakteriellen Genom die Transkription anfängt und aufhört – und die für alle praktischen Belange definieren (festlegen), was ein Gen ist –, sind zwar bekannt. Aber nur durch den Blick von oben, also dadurch, daß man festgestellt hat, daß sie es sind. Von unten (also nur durch Kenntnis der Molekülstruktur) sieht man sie nicht. In Bakterien nicht und in eukaryontischen Zellen erst recht nicht. Auch der größte Computer könnte von einem gegebenen Stück DNS (Sequenz) nicht sagen, ob es funktionell von Bedeutung ist oder nicht (es sei denn, er kennt es als Ergebnis von Experimenten, mit denen »von oben« nachgesehen worden ist).
Die energetische Bilanz biochemischer Vorgänge weist in dieselbe Richtung, wenn auch mit einem besonderen Dreh. Zellen sind in der Lage, große Konzentrationen von *A*denosin*t*ri*p*hosphat (ATP) oder von bestimmten Ionen (Wasserstoff, Natrium, Kalium) weit von ihrem thermodynamischen Gleichgewicht zu halten. Die erforderliche Synthese von ATP oder der notwendige Transport der Ionen durch Membranen kann in Übereinstimmung mit der Thermodynamik beschrieben werden. Dies ist schließlich die Aufgabe der Nichtgleichgewichtsthermodynamik. Doch jede Beschreibung eines bio-

logischen Zustandes, der sich fern vom Gleichgewicht befindet, muß die Existenz der komplizierten Einheiten (Zellen) voraussetzen, in denen er möglich ist. Ohne die vorgegebene Komplexität der Zellen funktioniert nichts.
In der Tat ist es die Komplexität der lebenden Systeme, die ein reduktionistisches Programm zum Scheitern verurteilt. Und Komplexität wird als Dimension der naturwissenschaftlichen Forschung erst in unseren Tagen ernst genommen. Komplexe Systeme – also Gegenstände, die systematisch miteinander wechselwirken – bestehen aus vielen (und oft unterschiedlichen) Elementen, die sich nicht nur linear zusammentun (nichtlineare Dynamik). Biologische Systeme sind immer komplex. Eine Zelle hat viele Struktur- und Funktionselemente, ein Gehirn hat viele Nervenzellen und Verbindungen, eine Population besteht aus vielen Lebewesen, die durch viele Interessen motiviert werden.
Den Übergang von der (bisherigen) einfachen zu einer (zukünftigen) komplexen Wissenschaft zu vollziehen wird Aufgabe der interdisziplinären Forschung sein (die etwa in Großforschungsanlagen realisierbar ist). Wir wollen dies nicht weiterverfolgen. Hier interessiert die Frage, ob vom Standpunkt der Komplementarität etwas zur Dimension der Komplexität gesagt werden kann. Es ist wohl dies: Biologische Komplexität wird von uns durch ihre Funktion verstanden, die selbst einfach beschrieben werden kann. Sie bleibt aber komplementär zur Struktur und ist nicht aus ihr ableitbar. (Mit der funktionalen Beschreibung vereinfacht sich das Hirn sein Bild von der Welt.) An dieser Dualität kommen wir nicht vorbei. Natürlich gibt es eine quantenmechanische Beschreibung der DNS, und auch erfüllt das Molekül alle Gesetze von Physik und Chemie. Doch kann solch eine Beschreibung die hier niedergelegte Information ebensowenig beschreiben, wie die Beschreibung des Papiers und der Tinte beschreiben kann, was jemand aufschreibt. Umgekehrt kann die vollständige

Darstellung der genetischen Anleitungen (Code) keine Erklärung in Form der Naturgesetze geben, die wir verwenden, um das komplementäre strukturelle Verhalten zu beschreiben. Falls wir diese subjektive Notwendigkeit einer Komplementarität von Struktur und Funktion als zufriedenstellende Erklärung der biologischen Organisation akzeptieren, bleibt noch die offene Frage, ob das Prinzip der Komplementarität eine objektive Rolle in der Evolution der biologischen Organisation spielt. Mit anderen Worten, ist Komplementarität nur ein epistemologisches Prinzip, oder beeinflußt sie aktiv die Natur der biologischen Organisation auf allen Ebenen?

Diese Frage kann nur beantwortet werden, wenn wir die Struktur-Funktion-Komplementarität genauer verstehen, um damit besser zwischen den Gesetzen der Physik und den Zwängen der Information unterscheiden zu können. Auf jeden Fall trägt die gegenwärtige strukturelle Erklärung biologischer Stufen der Organisation den unbefriedigenden Zug, den Eugene Wigner einmal so beschrieben hat: Eine gute Erklärung sollte nicht nur sagen, wie etwas ist, sie sollte auch sagen, warum es nicht anders sein kann. Unser heutiges Wissen in der Biologie sagt uns zwar, wie das Leben aufgebaut ist, sie sagt uns aber nicht, warum es nicht hätte anders sein können.

Spezielle Mechanismen

Eine Art, Komplementarität in der Biologie zu suchen, besteht darin, zu prüfen, ob sich eine Manifestation des Lebendigen finden läßt, die auf keine rationale Weise auf molekulare Begriffe zurückgeführt werden kann. Gibt es eine Eigenschaft des Lebens, an der die Molekularbiologie scheitert? Kann man ein biologisches Beispiel angeben, in dem die vollständige Kenntnis der Komponenten und ihrer Gesetze unzureichend bleibt, um das Ganze zu beschreiben?

Falls ein solches Beispiel gefunden wird, wäre die erkenntnistheoretische Position gerechtfertigt, die (als Gegenposition zum Vitalismus) annimmt, daß den Lebensvorgängen zwar das Material und die Grundgesetze der unbelebten Natur zugrunde liegen, daß aber nicht alle biologischen Begriffe physikalisch-chemisch gefaßt und nicht alle biologischen Gesetze aus Physik und Chemie deduziert werden können. Mit anderen Worten, im Rahmen der Komplementarität wird eine Reduktion *ontologisch* für möglich gehalten, *epistemologisch* aber nicht.

Wir wollen im folgenden an drei Beispielen versuchen zu sehen, ob sich die gewünschte Unfähigkeit der molekularen Begriffe und Konstruktionen zeigt. Sie handeln von der Muskelkontraktion, der Speicherung von Energie (Synthese von ATP) und der Wirkung einer Synapse.

Um die Kontraktionsfähigkeit von Muskeln zu verstehen, muß die Organisation der beteiligten Zellen im Detail verstanden sein. Wir konzentrieren uns im folgenden auf die Skelettmuskeln, die sich äußerlich gut vom Herzmuskel und den glatten Muskeln unterscheiden. Es waren elektronenmikroskopische Aufnahmen von (quergestreiften) Skelettmuskelzellen, die in den fünfziger Jahren deutlich machten, daß die Kontraktion eines Muskels nicht so funktioniert wie in einem Gummiband, in dem sich lange Moleküle aufwickeln.[4] Die Aufnahmen offenbarten eine äußerst raffinierte Ultra-

Abbildung 30: Die Konstruktion eines Skelettmuskels auf den verschiedenen Organisationsebenen (a). Der Muskel (A) besteht aus Fasern (B, C), die aus parallelen Mikrofibrillen (D) zusammengesetzt sind. Jede einzelne Mikrofibrille (E) enthält zwei Arten von Filamenten, von denen eins das Aktinfilament (F) ist. Das Aktinfilament und das Myosinfilament gehen vermutlich eine Verbindung ein, wenn es zur Kontraktion kommt. Die beteiligten Moleküle und ein möglicher Mechanismus sind in (G) skizziert. Details des Aktinfilaments und seine Verbindung mit Troponin sind schematisch in (b) dargestellt. (Aus Berns, 1977)

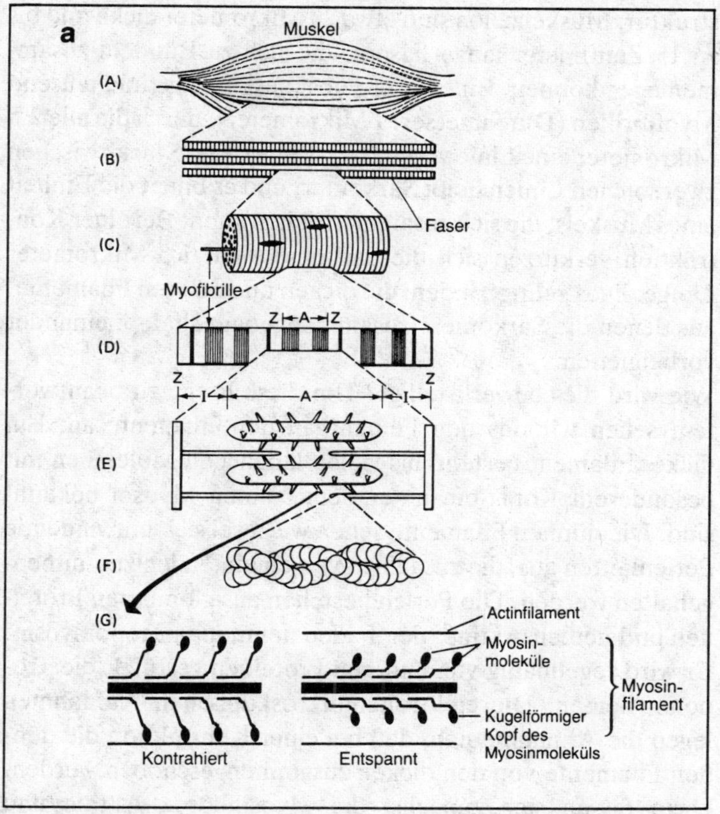
a
Muskel
(A)
(B)
Faser
(C)
Myofibrille
Z A Z
(D)
Z Z
I A I
(E)
(F)
(G)
Actinfilament
Myosin-
moleküle
Myosin-
filament
Kugelförmiger
Kopf des
Myosinmoleküls
Kontrahiert
Entspannt

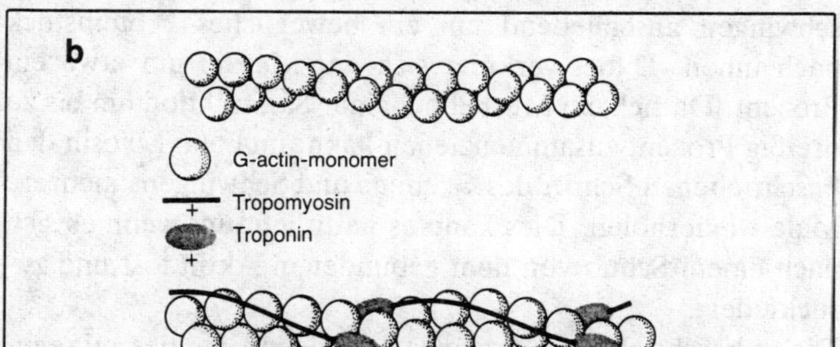
b
G-actin-monomer
Tropomyosin
+
Troponin
+

struktur: Muskelzellen sind etwa 20 Mikrometer dicke und bis zu 15 Zentimeter lange Fasern, die sich zu Bündeln zusammenlegen können. Eine Faser selbst besteht aus rund tausend Myofibrillen (Durchmesser: 1 Mikrometer), durch die alle 2,5 Mikrometer eine Linie verläuft (Z-Linie). Das Stück zwischen zwei solchen Linien heißt Sarkomer, und es bildet die Einheit eines Muskels, die sich zusammenziehen kann. Bei einer Kontraktion verkürzen sich die Sarkomere auf 1,5 Mikrometer Länge. Dies gelingt, indem die dicken und dünnen Filamente, aus denen die Sarkomere zusammengebaut sind, aneinander vorbeigleiten.

Wie wird dies bewerkstelligt? Um diese Frage zu beantworten, sehen wir uns den Feinaufbau der Filamente an. Ein dickes Filament besteht aus vielen länglichen Molekülen mit besonderem Kopf, die unter dem Namen Myosin bekannt sind. Die dünnen Filamente sehen wie zwei sich umwindende Perlenketten aus, die zusätzlich von einem Faden zusammengehalten werden. Die Perlen bestehen aus globulären Proteinen und heißen Aktine, den Faden nennt man Tropomyosin. Er wird regelmäßig von anderen Proteinen gestützt, die Troponin heißen. Die elektronenmikroskopischen Aufnahmen legen die Annahme nah, daß bei einer Kontraktion die dünnen Filamente von den dicken zusammengeschoben werden. Dazu fassen sich zunächst die Myosinköpfe Aktine und schwingen anschließend um ein bewegliches Proteinstück nach innen. Dabei verkürzt sich der Muskel um etwa ein Prozent. Da sich ein Muskel bei einer Kontraktion um bis zu dreißig Prozent zusammenziehen kann, muß ein Myosin den beschriebenen Schritt des Greifens und Schwingens mehrere Male wiederholen. Dies kann es natürlich tun, wenn es sich nach einem Schub von dem gebundenen Aktin löst und zurückfedert.

Die so beschriebenen Vorgänge benötigen Energie und regulierende Signale. Auch sie sind heute gut bekannt. Eine Muskelkontraktion ist nur möglich, wenn einmal Kalziumionen (und Magnesiumionen) anwesend sind und zum anderen ATP als Energiequelle zur Verfügung steht, die von einer ATPase benutzt werden kann. Eine Muskelkontraktion beginnt, wenn durch ein Signal von außen (etwa fünfhundertmal) mehr Kalzium als normalerweise zur Verfügung steht. Bei kleinen Kalziummengen binden Troponin und Tropomyosin an das Aktin und hindern die Myosinköpfe, hier anzugreifen. Einströmende Ionen heben diesen Block auf und lassen den Gleitzyklus beginnen, in dem das energiereiche ATP zum energieärmeren ADP gespalten wird. Dazu ist eine ATPase-Aktivität notwendig, die (unter anderem) von Magnesium abhängt und an Myosin gebunden ist.

Naiv würde man denken, daß der eigentlich energieverbrauchende Schritt in der Kontraktion die Konformationsänderung des Myosinkopfes ist, durch den die Aktinfilamente tatsächlich gleiten können. Das ATP scheint aber vor allem verbraucht zu werden, um Myosin und Aktin wieder zu trennen. Die Festigkeit dieser Bindung zeigt sich offen als Totenstarre, wenn kein ATP mehr zur Verfügung steht. Wenn ATP sich an einen Myosinkopf anbindet, erfolgt seine Hydrolyse in ADP und Phosphat, die beide am Myosinkopf bleiben, der sich von dem dünnen Filament löst und seine ursprüngliche Position wieder einnimmt. (Dies alles setzt voraus, daß das signalgebende Kalzium weggeschafft worden ist, wofür auch Energie aus ATP-Beständen verwendet wird.) Der Myosinkopf trennt sich von der Kombination aus ADP und Phosphat im Verlauf seiner Drehbewegung, die zur eigentlichen Gleitung führt. (Es gibt auf jedem Myosin zwei Köpfe, die vermutlich unabhängig voneinander ihren Zyklus durchlaufen können.)

So sieht eine Skizze der Muskelkontraktion aus, die die Molekularbiologie in den letzten dreißig Jahren anfertigen konnte. Wir können nun fragen, ob damit der Mechanismus vollstän-

dig aufgeklärt und bekannt ist. Haben wir eine vollkommen klassische Maschine vor uns, die chemische Energie in mechanische umwandelt?
Auf den ersten Blick sieht dies so aus, und im Grunde genommen kann man nicht daran zweifeln, daß die Kontraktion eines Skelettmuskels verstanden ist. Dabei darf allerdings nicht das Beispiel aus der Physik vergessen werden. Auch hier sah man keine besonderen Hindernisse mehr auf dem Weg zu einem vollen Verständnis des Atoms, bis sich herausstellte, daß die anvisierten Bahnen der Elektronen gar nicht existierten. Vielleicht gibt es analog hierzu im Fall des Muskels die anschaulich vorgestellte Gleitbewegung der Filamente gar nicht. Immerhin hat noch niemand die Gleitung auf molekularem Niveau tatsächlich gesehen. Die elektronenmikroskopischen Bilder zeigen die Myosinquerbrücken zu den Aktinfilamenten nur im Anfangs- und Endzustand, so, wie auch Elektronen nur in stationären Zuständen registriert werden können. Eine direkte Beobachtung der Bewegung wird möglicherweise durch den Einsatz hochintensiver Röntgenstrahlquellen möglich sein, wie sie zum Beispiel am DESY in Hamburg zur Verfügung stehen.[5]
In den letzten Jahren hat sich herausgestellt, daß Aktinfilamente auch in Zellen vorhanden sind, die nicht als Muskelzellen fungieren. Zusammen mit den sogenannten Mikrotubuli (und intermediären Filamenten) bilden sie den Hauptbestandteil eines Zytoskeletts, das es unter anderem Zellen ermöglicht, ihre Gestalt zu ändern oder sich zu bewegen.[6] Der Mechanismus dieses Gleitens und viele andere Eigenschaften des Zellskeletts bleiben heute noch ein Geheimnis und bieten der Hoffnung Platz, daß doch noch irgendwann die gewohnten Kategorien des Denkens ausgegeben werden müssen, um biologische Vorgänge zu verstehen.
Muskeln sind *biologische* Maschinen, die *chemische* Energie in *mechanische* Arbeit umwandeln sollen. Trotz jahrzehnte-

langer Forschung konnte die chemomechanische Energietransformation noch nicht vollständig verstanden werden. Damit ist wenigstens der Hinweis erlaubt, daß sich in diesen Abläufen eine Art Komplementarität verbergen kann, wie wir sie aus der Physik kennen. Natürlich ist ATP als unmittelbare Energiequelle eindeutig identifiziert worden, aber dazu mußte man erst alle Reaktionen verhindern, die ATP restituieren können. Und dabei greift man tiefer in die Zelle ein, als wir sehen können und als wir gleich sehen werden. Bevor wir darauf zu sprechen kommen, ist ein kurzer Hinweis auf die Doppelfunktion erforderlich, die ATP ausübt. Es wird nicht nur während der aktiven Kontraktion hydrolysiert, es ist ebenso zur Erschlaffung von kontrahierten Muskeln notwendig. Die Mechanismen im Muskel bieten noch Platz für Überraschungen.

Zentral für alle Abläufe in lebenden Zellen ist die Energiezufuhr aus ATP-Beständen und damit zunächst die Synthese dieses Moleküls. In den Anfängen der Biochemie wurde ein »gewöhnlicher« Weg zur Herstellung von ATP entdeckt. Bei dem im Rahmen des Stoffwechsels vorkommenden Abbau von Glukose (Glykolyse) entsteht eine energiereiche Verbindung zwischen einer Phosphatgruppe und einem Zwischenprodukt. Die hier gespeicherte Energie konnte bei Aufhebung der Bindung auf ein ADP übertragen werden, so daß ATP entstand. Als sich aber herausstellte, daß es in Mitochondrien solche energiereichen Zwischenprodukte nicht gab, mußte ein anderer Weg gesucht werden. 1961 schlug Peter Mitchell seine sogenannte chemiosmotische Hypothese vor, in der eine Verbindung zwischen chemischen Vorgängen und Transporterscheinungen die unauffindbaren Zwischenprodukte ersetzen sollte.[7]

Die chemiosmotische Hypothese sah folgenden Weg zur ATP-Synthese vor. Aus den aufgenommenen Molekülen der Nahrung kommen energiereiche Elektronen frei, die eine

sogenannte Atmungskette entlanglaufen. Die Glieder dieser Kette bestehen aus Proteinen, die so in die innere Membran der Mitochondrien eingebettet sind, daß sie bei Weitergabe der Elektronen zugleich Protonen durch die Membran pumpen. Auf diese Weise entsteht ein Protonengradient, der Energie gespeichert hat. Der Rücklauf der Protonen treibt schließlich ein Enzym an, das ADP mit einer weiteren Phosphatgruppe versieht und also ATP bereitstellt.
Nach dem heutigen Stand der Erkenntnis bedient sich die Zelle tatsächlich solcher Kopplungsmechanismen, um ATP herzustellen. So konnte unter anderem gezeigt werden, daß kein ATP hergestellt wird, wenn die Membran für Protonen durchlässig gemacht wird. Und in künstlichen Membransystemen konnte mit Hilfe von lichtgetriebenen Protonenpumpen (Bakteriorhodopsin als Halobakterien) und isolierten ATPasen eine lichtinduzierte ATP-Synthese gemessen werden. Dennoch bleiben viele Fragen offen, die sich vor allem auf die Bedeutung der dynamischen Strukturänderungen beziehen. Es bleibt abzuwarten, ob hier eine Auflösung in klassischen Modellen gelingt oder ob im Zentrum der Energieproduktion die Dinge anders sind, als wir sie uns vorstellen.
Auffallend bei der ATP-Synthese ist, daß *viele Strukturen* erforderlich sind, um *eine Funktion* auszuüben. Auffallend ist auch, daß man eigentlich gar nicht sagen kann, welche Teile nun eigentlich dazugehören und welche nicht. Auch spielen Objekte eine Rolle, die aus verschiedenen Schichten stammen. Protonen und Elektronen sind ebenso wichtig wie Moleküle (Proteine) und Membranen (Molekülkomplexe).
Vor allem scheinen Membranen Eigenschaften zu entwickeln, die über die molekulare Ebene hinausgehen und sich dem reduzierenden Zugriff entziehen. Um dies besonders deutlich zu sehen, betrachten wir die beiden Membranen, die zwischen zwei Nervenzellen vermitteln, die durch einen kleinen Spalt getrennt werden, der als Synapse bekannt ist.

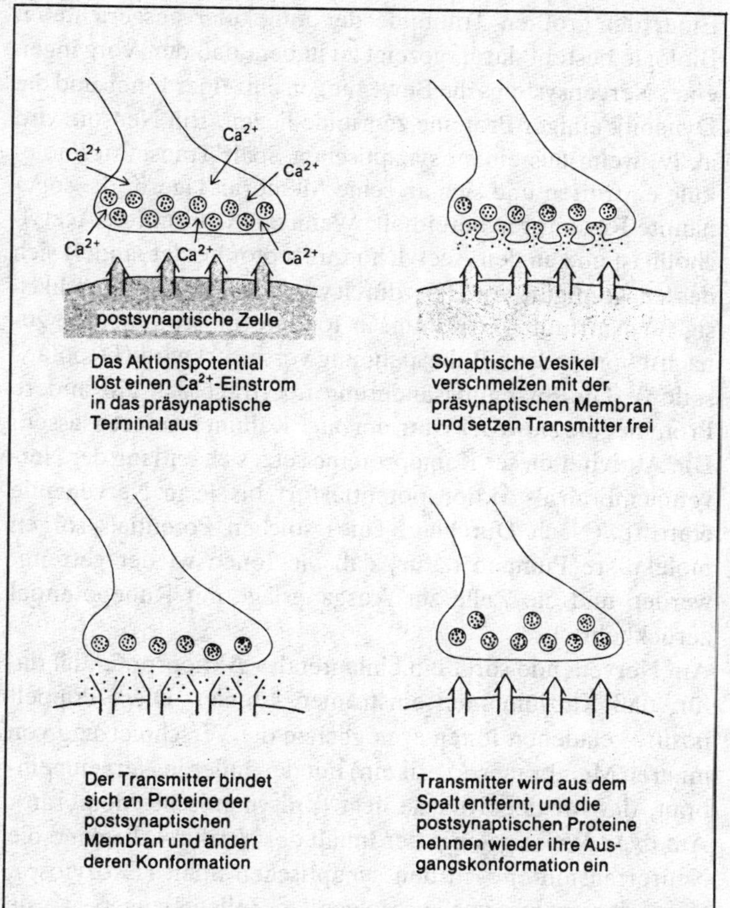

Abbildung 31: Vereinfachte Ansicht einer Synapse. Ein einlaufendes Aktionspotential sorgt für den Einstrom von Kalzium, das es den synaptischen Vesikeln (voller Transmitter) erlaubt, mit der Membran zu fusionieren und so den Transmitter freizusetzen, der zur gegenüberliegenden (postsynaptischen) Membran gelangt, hier einen Rezeptor findet und eine Konformationsänderung bewirkt, die letztlich ein neues Aktionspotential hervorruft. Der Transmitter selbst wird entfernt, und das System kehrt in die Ausgangslage zurück. (Aus Bruce Alberts, 1986)

Einer der größten Triumphe der molekular ausgerichteten Biologie besteht darin, gezeigt zu haben, daß den Vorgängen eines Nervensystems die Bewegungen einzelner Ionen und die Dynamik einiger Proteine zugrunde liegen. Ein Neuron wird aktiv, wenn aus einem synaptischen Spalt Transmittermoleküle eintreffen und sich an seine Membran lagern, die sogenannte Rezeptoren bereithält. Wenn der Transmitter Acetylcholin ist und an den Acetylcholinrezeptor bindet, ändert sich dessen Konfiguration. Hierdurch wird die Membran durchlässig für Natrium *und* Kalium in Ionenform, wodurch die zunächst vorhandene Ruhespannung verringert wird (Depolarisation). Die Spannungsänderung überträgt sich auf andere Proteine, die *entweder* Natrium *oder* Kalium passieren lassen. Die Aktivität dieser Kanalproteine setzt sich entlang der Nervenmembran als Aktionspotential fort, bis sie am Nervenende eintrifft. (Nach Durchlauf eines solchen Potentials sorgen molekulare Pumpen dafür, daß die Ionen wieder getrennt werden und die Zelle zur Ausgangslage mit Ruhepotential zurückkehrt.)

Am Nervenende sorgt ein einlaufendes Aktionspotential dafür, daß Kalziumionen einströmen können. Diese doppelt positiv geladenen Ionen ermöglichen die Verschmelzung von inneren Membranen (Vesikeln) mit der äußeren Nervenmembran, die vor der Synapse liegt (präsynaptische Membran). Auf diese Weise gelangt der Inhalt der Vesikel – dies sind die Neurotransmitter – in den synaptischen Spalt (Exozytose), durch den sie nun zur nachfolgenden Zelle gelangen, wo sie auf deren postsynaptischer Membran von Rezeptoren aufgenommen werden, die dann, wie oben beschrieben, ein neues Aktionspotential auf seine Reise schicken.

Die bisher gegebene Beschreibung scheint anzudeuten, daß eine Synthese zwar kompliziert, aber langweilig funktioniert. Ein Impuls (Aktionspotential) läuft am präsynaptischen Ende eines Neurons ein und – nach einem chemischen Zwischenspiel im Spalt – am postsynaptischen Anfang des nachfolgenden Neurons wieder aus. Das ist aber aus zwei Gründen nicht langweilig. Einmal wird an einer Synapse ein *elektrisches* Signal, das *zeitlich* definiert ist, in ein *chemisches* Signal umgewandelt, das *räumlich* organisiert ist. Und in solch einem Raumzeitschalter wird man Probleme haben. Zum anderen (und viel direkter) haben aber genauere Analysen wohldefinierter Synapsen gezeigt, daß in dieser Konstruktion mehr

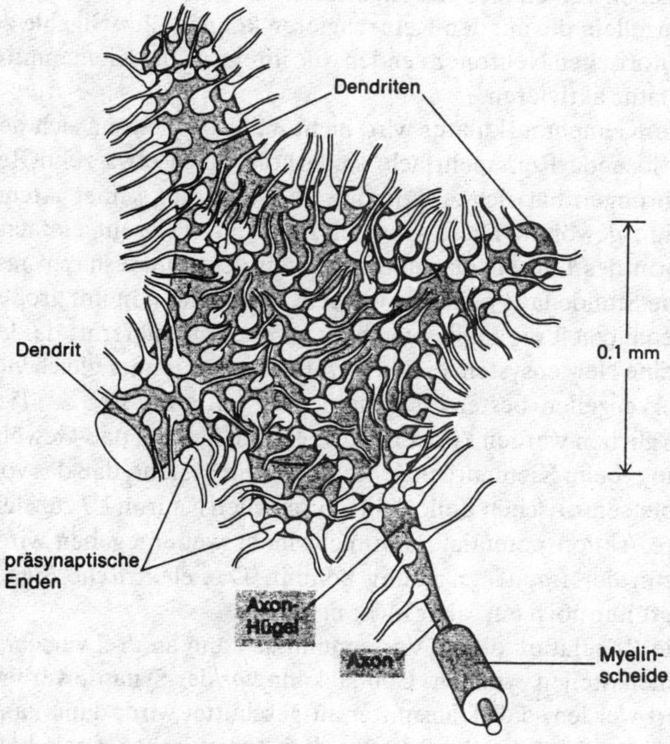

Abbildung 32: Es gibt motorische Neuronen, die viele Tausende solcher Synapsen beherbergen. Es ist nicht zu verstehen, wie die Zelle all die sie erreichenden Informationen zu einer sinnvollen Meldung integriert. (Aus Bruce Alberts, 1986)

steckt als eine Vorrichtung zur Weiterleitung von Aktionspotentialen. Synapsen sind plastisch, und in ihnen scheint der molekulare Grund des Lernens zu stecken.

Entdeckt wurden solche Eigenschaften in dem kalifornischen Seehasen *Aplysia californica,* als man den sogenannten »Kiemenrückziehreflex« untersuchte.[8] Reizt man die Atemröhre von *Aplysia,* dann zieht das Tier seine Kiemen zurück. Diese Reaktion wird von einem Schaltkreis ermöglicht, in dem (abgesehen von einigen Interneuronen) die 24 sensorischen Nervenzellen, die auf den Reiz reagieren können, ihre Signale zu motorischen Neuronen senden, die ihrerseits die Kiemenmuskulatur aktivieren.

Die Kiemenmuskulatur wird nicht mehr tätig, wenn sich der auslösende Reiz mehrfach wiederholt. Nach etwa zehn Berührungen hat sich *Aplysia* an die Berührung seiner Atemröhre gewöhnt. Diese Gewöhnung stellt eine sehr einfache Form des Lernens dar und kann von dem Meereshasen fast eine Stunde lang behalten werden. Man kann nun mit großer Genauigkeit die Stelle angeben, an der *Aplysia* lernt, da das kleine Nervensystem dieses Wirbellosen aus immer gleich viel Nervenzellen besteht, die numeriert und von Tier zu Tier verglichen werden können. Es stellt sich heraus, daß Gewöhnung (beim Kiemenrückziehreflex) darin besteht, daß das von einer sensorischen Zelle dem motorischen Neuron L7 zugeleitete Aktionspotential dann nicht mehr weitergegeben wird, wenn der Impuls zu häufig kommt. Das elektrische Signal läuft nur noch ein, aber nicht mehr aus.

Die Regulation dieser Vorkommnisse kann an drei verschiedenen Stellen erfolgen. Einmal kann *vor* der Synapse verhindert werden, daß Transmitter ausgeschüttet wird; dann kann dafür gesorgt werden, daß *in* dem synaptischen Spalt kein Durchkommen ist (Spaltung des Transmitters); und schließlich können die Rezeptoren *nach* der Synapse blockiert oder behindert sein. In der Tat konnte in den letzten Jahren gezeigt

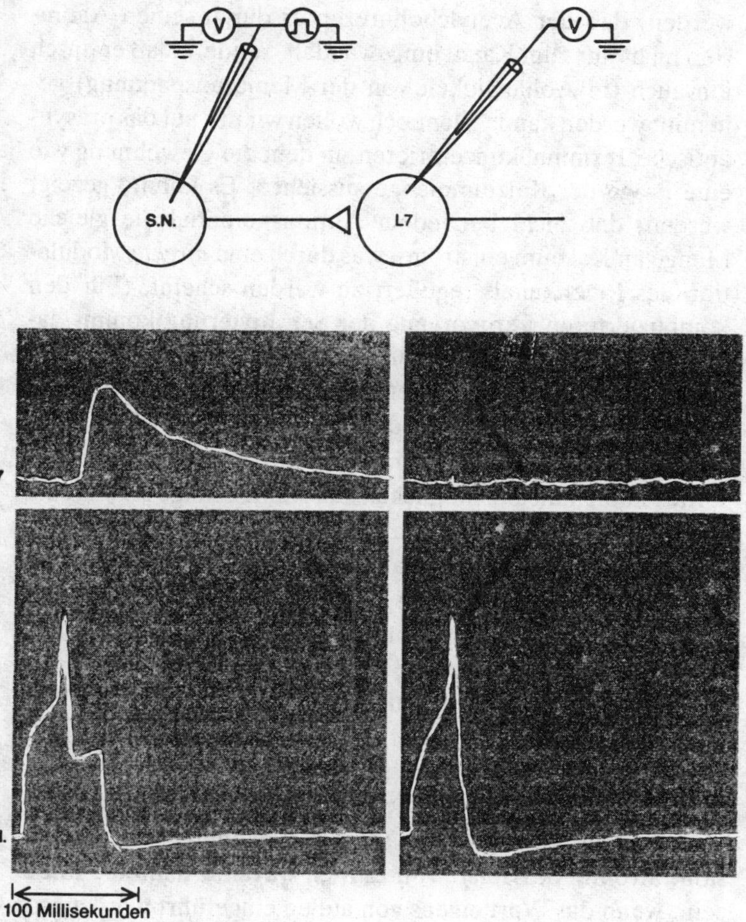

Abbildung 33: Es gibt Synapsen, die die Fähigkeit besitzen, etwas zu lernen. *Aplysia* kann sich an einen Reiz ihrer Atemröhre gewöhnen. Sie verlernt den Kiemenrückziehreflex, indem die motorische Nervenzelle L7 auf ein Signal der sensorischen Nervenzelle (SN) nicht mehr reagiert. Beim ersten Reiz (links) wird das Signal weitergeleitet, nach mehrfach wiederholtem Reiz (rechts) nicht mehr. Welche molekularen Vorgänge hierfür verantwortlich sind, ist auch konzeptionell schwierig zu erfassen.

werden, daß der Acetylcholinrezeptor durch seinen Agonisten nicht nur zum Kanal umgewandelt, sondern daß er durch ihn auch (in Abhängigkeit von der Membranspannung) gehemmt werden kann.[9] Dennoch wollen wir uns auf das präsynaptische Terminal konzentrieren, in dem die Gewöhnung wie eine Frage der Kalziummenge aussieht.[10] Es konnte gezeigt werden, daß nicht bei jedem Aktionspotential die gleiche Menge an Kalzium einströmt, was durch eine *direkte* Modulation des Ionenkanals reguliert zu werden scheint. (Für den komplizierteren Lernvorgang der Sensitivierung kommt daneben eine *indirekte* Beeinflussung des Kalziumstroms in Betracht, die hier aber nicht betrachtet werden soll.)

Hier muß der Bericht über die molekularen Vorgänge beim Lernen abgebrochen werden. Weiter kommen wir nicht. Natürlich kann man alle möglichen Zusammenhänge studieren – wie hängt der Kalziumstrom von der Menge an Kalium ab, welche Rolle spielen enzymatische Reaktionen, die von Kalzium abhängen? Aber man wird keine lineare Signalkette bekommen, wie wir dies bisher gewohnt waren. Mir scheint, die Komplexität der Synapse verhindert eine Zerlegung ihrer Reaktionen in eine linearkausale Kette von molekularen Ereignissen. Darüber hinaus ist man noch längst nicht am Ziel, wenn man alle Vorgänge beschrieben hat, die in einer Synapse stattfinden. Dabei werden sicher nur physikalische oder chemische Begriffe eine Rolle spielen (Spannung, Konzentration, Strom, Aktivität). Von Lernen wird nur dann die Rede sein, wenn das Wort eigens von außen eingeführt worden ist. Was heute über Synapsen bekannt ist, läßt nicht den Schluß zu, daß hier gelernt werden kann. Noch können wir auch solche Synapsen, die dazu in der Lage sind, nicht von denen unterscheiden, die jedes Signal unabhängig von seiner Frequenz weiterleiten.

Lernfähige Synapsen scheinen die besten Kandidaten zu sein, um die Undurchführbarkeit der Forderungen zu zeigen, die

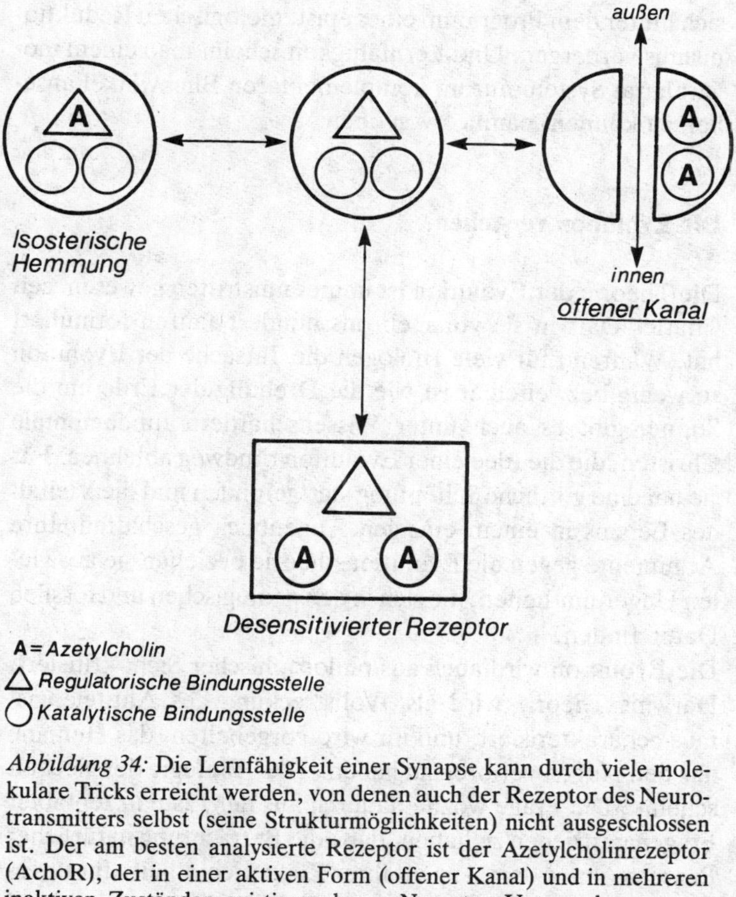

Abbildung 34: Die Lernfähigkeit einer Synapse kann durch viele molekulare Tricks erreicht werden, von denen auch der Rezeptor des Neurotransmitters selbst (seine Strukturmöglichkeiten) nicht ausgeschlossen ist. Der am besten analysierte Rezeptor ist der Azetylcholinrezeptor (AchoR), der in einer aktiven Form (offener Kanal) und in mehreren inaktiven Zuständen existieren kann. Neuesten Untersuchungen zufolge gibt es zwei Arten von Bindungsstellen für den Transmitter; in einem Fall (Kreis) führt das Eintreffen von Azetylcholin zur Öffnung des Kanals, im anderen Fall (Dreieck) wird verhindert, daß sich Azetylcholin an die katalytischen Bindungsstellen anheftet (isosterische Inhibition). Die angedeuteten möglichen Umwandlungen gehen unter verschiedenen Bedingungen (Membranspannung) mit verschiedenen Zeitkonstanten vor sich. Man sieht, daß allein die Chemie eines der an synaptischen Prozessen beteiligten Proteine schon viele Möglichkeiten zur Modulation der Funktion bietet.

sich hinter dem Programm eines epistemologischen Reduktionismus verbergen. Und Lernfähigkeit scheint man einem molekularen System nur im komplementären Blickwinkel ansehen zu können, nämlich von oben.

Die Evolution verstehen

Die Theorie der Evolution ist immer umstritten gewesen, seit Charles Darwin sie vor mehr als hundert Jahren formuliert hat. Während für viele Biologen die Tatsache der Evolution so wenig bezweifelbar ist wie die Drehung der Erde um die Sonne, gibt es auch unter Wissenschaftlern fundamentale Christen, die die Idee einer Evolution rundweg ablehnen. Für sie hat eine göttliche Schöpfung stattgefunden und die Vielfalt des Lebens in einem einzigen Augenblick geschaffen. Ihre Argumente gegen die Evolutionstheorie beziehen sie aus vielen Ungereimtheiten, die sich in den geologischen und fossilen Daten finden.

Die Evolution wird auch aus philosophischer Sicht kritisiert. Darwins Theorie wird als »Vollstreckung des Antiteleogismus« charakterisiert, und ihr wird vorgehalten, das Humane aus den Augen verloren zu haben.[11] Die Biologie der Neuzeit scheint »Die Frage wozu« dadurch aus der Liste akzeptabler Fragen gestrichen zu haben, daß »die Betrachtung natürlicher Prozesse unter dem Aspekt ihrer Zielgerichtetheit« für unzulässig erklärt wurde. Sie ist nach Francis Bacon »steril, und wie eine gottgeweihte Jungfrau gebiert sie nichts«.

In der Tat hat die moderne Biologie kein Verständnis für eine ihr mystisch erscheinende teleologische Sprechweise. Statt von Teleologie redet sie lieber von Teleonomie[12], um sie von der Teleologie zu unterscheiden wie die Astronomie von der Astrologie. Unter Teleonomie wird die arterhaltende Zweckmäßigkeit der Evolution verstanden.[13]

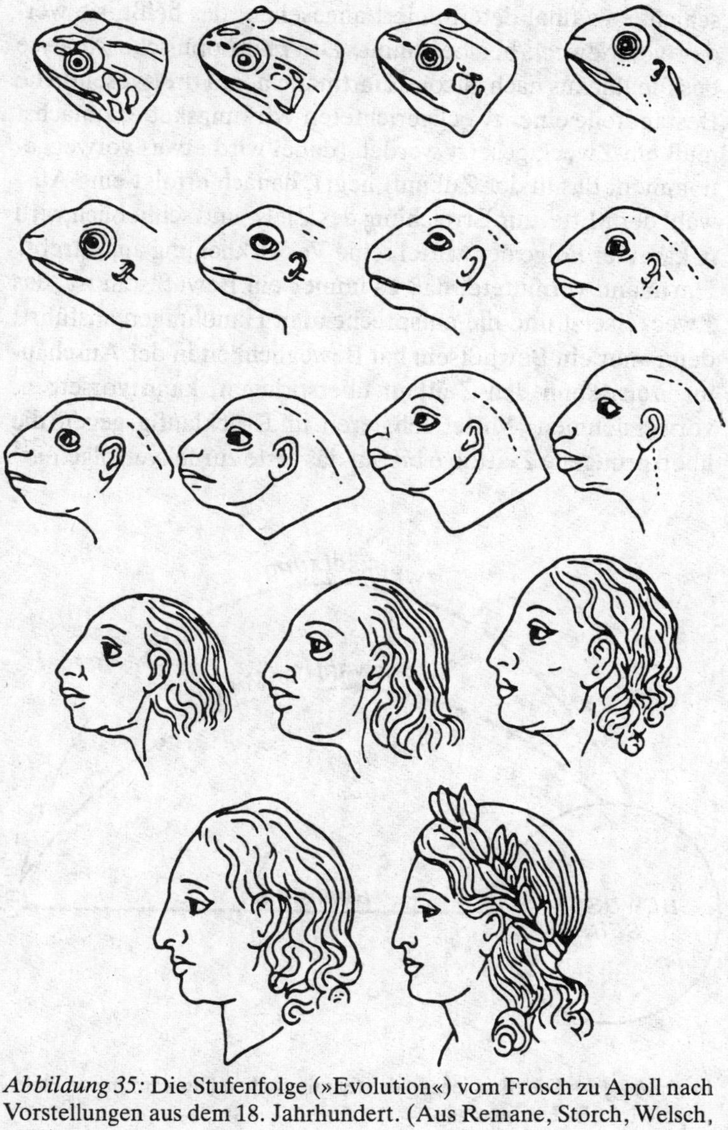

Abbildung 35: Die Stufenfolge (»Evolution«) vom Frosch zu Apoll nach Vorstellungen aus dem 18. Jahrhundert. (Aus Remane, Storch, Welsch, 1973)

Mit dieser Sprechweise werden die Vorgänge der Stammesgeschichte als final determiniert angesehen, das heißt, sie werden vom Zweck her bestimmt. Die philosophische Analyse des Finalnexus nach Nicolai Hartmann nennt drei wesentliche Bestandteile einer zweckgerichteten Wirkungskette: zunächst muß ein Zweck gesetzt werden (dabei wird etwas vorweggenommen, das in der Zukunft liegt), danach erfolgt eine Auswahl der Mittel zur Erreichung des Ziels, und schließlich wird in kausaler Folge der Mittel seine Verwirklichung angestrebt. Hartmann vermutete, daß es immer ein Bewußtsein ist, das Zwecke setzt und die entsprechenden Handlungen ausführt, denn »nur ein Bewußtsein hat Beweglichkeit in der Anschauungszeit, kann den Zeitlauf überspringen, kann vorsetzen, vorwegnehmen, Mittel seligieren und rückläufig gegen die übersprungene Zeitfolge bis auf das erste zurückverfolgen«.[14]

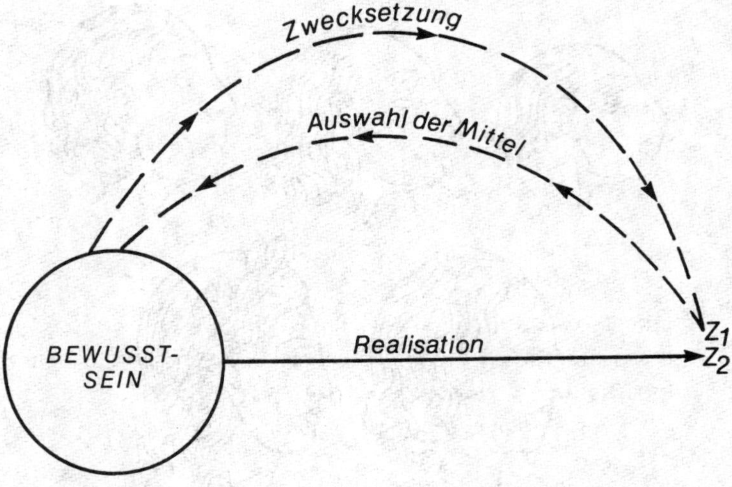

Abbildung 36: Die Skizzierung des teleologischen Denkens in der Philosophie Nicolai Hartmanns.

Die moderne Biologie hat aber – nach der Auffassung von Konrad Lorenz – durch »die Erforschung der Morphogenese und auch die des tierischen Appetenzverhaltens Vorgänge zutage gefördert, in denen die von Hartmann geforderten drei Akte in klarem Wirkungsgefüge sich auch in Prozessen abspielten, die sicher nicht von Bewußtsein begleitet sind«.[15] Mit anderen Worten, obwohl die komplizierten Vorgänge der Embryogenese und des Appetenzverhaltens nicht von einem individuellen Bewußtsein gesteuert werden, müssen sie demnach von dem sinnvollen Endeffekt her gesehen werden, der sie »final« determiniert.

Auf die Ontogenese beschränkt, bedeutet dies, daß der Nachweis einer vollständigen Kausalkette von der befruchteten zur Endgestalt – also vom Genom zum Phänomen – nicht gelingen wird. Dies hängt natürlich auch damit zusammen, daß »das biochemische Getriebe des Substrats einerseits« und »die Formqualitäten andererseits ... komplementär sind«[16], wie der Biologe St. Vogel schreibt. Schließlich bleiben einem analytischen Ansatz die werdende Einheit und ihre Form unerklärlich, und dem synthetischen Ansatz, der die Ganzheit ins Auge faßt, bleiben die zu ihr führenden Kausalketten unzugänglich. Der ganze Vorgang der Ontogenese scheint komplementär auch in dem Sinn zu sein, daß an seinem Anfang das formärmste Element, die Keimzelle, steht, die nur mit dem Allgemeinsten (Symmetrie oder Polarität) ausgestattet ist. Sie endet schließlich mit dem Speziellsten, den formreichen adaptiven Strukturen des Lebewesens. »Was in der Endgestalt auseinandergesetzt, materialisiert erscheint, ist hier (in der linearen Aneinanderreihung der Gene in der Keimzelle; Anm. d. Verf.) in symbolischer, komplementärer Form verdichtet.«[17]

Auch die Probleme der Evolution können im komplementären Rahmen gefaßt werden. Im Gegensatz zur individuellen Entwicklung ist die Stammesgeschichte aber nicht zweckgerichtet; hier vollzieht sich kein irgendwie vorgegebener Plan. Im Gegenteil, so Konrad Lorenz, »auf Schritt und Tritt begegnet der vergleichende Stammesforscher ›Irrtümern‹ der Evolution, Fehlkonstruktionen, ... die man keinem menschlichen Konstrukteur zutrauen würde. (...) Kein Installateur würde z. B. die Röhrenleitungen für das Blutgefäßsystem einer Eidechse so unzweckmäßig verlegen, wie die Evolution das getan hat.«[18]

Im allgemeinen werden die Prinzipien der Mutabilität und der Selektion als Faktoren genannt, die für zweckmäßige Strukturen und Funktionen verantwortlich sind (und für die unzweckmäßigen, falls sie noch nicht zur Ausmerzung der Träger führen). Die Zweckmäßigkeit ist dabei mit der Gestalt der Ontogenese vergleichbar, das heißt, sie kann teleologisch verstanden werden, wenn man damit keinen Finalzusammenhang im Sinne starrer Endursachen konstruieren will. So gesehen, ist die Zweckmäßigkeit auch ein komplementärer Ausdruck der Erbinformation.

Die Frage, die sich in diesem Zusammenhang stellt, lautet, wie die Gene die molekulare Beschaffenheit erlangen konnten, die sich in den Organen, den Anpassungen und den Instinkten manifestiert. Die neodarwinistische Ansicht sieht hierin eine Wirkung der Umwelt, die aus dem Angebot zufälliger und regelloser Erbänderungen auswählt. Ein endogen entstandenes Molekularmuster im Gen wird demnach exogen geprägt. Doch scheint dieser Blick – Selektion, die mit einem primär richtungslosen genetischen Wandel zusammenwirkt – nur eine der komplementären Seiten der Naturwirklichkeit zu erfassen. Das Anlagepotential und seine schrittweise Entfaltung bilden einen »konstitutiven Eigenwert«, der in einer Erweiterung des genetischen Codes besteht. Die Änderung der Gene folgt Kausalgesetzen, die den Formwandel kanalisieren. Dazu schreibt Vogel: »Und da Weltbezogenheit ab initio mit dem Leben verbunden ist, mußte sie im gestaltlichkomplementären Pendant jener molekularen Vorgänge als Zweckmäßigkeit zum Ausdruck kommen – wenn uns auch der Zusammenhang beider Aspekte unbegreiflich ist.«[19]

Es sollte auch auf eine oberflächliche Komplementarität der Evolution eingegangen werden. Die darwinistische Konzeption, daß Organismen an ihre Umgebung angepaßt sind, begreift nur die halbe Wahrheit und läßt die umgekehrte Relation außer acht. Die physikochemische Wirklichkeit der Erde muß für die Entstehung und Evolution des Lebens geeignet sein. Das Leben ist im Lauf seiner Evolution zwar immer weniger abhängig von seiner unmittelbaren Umgebung geworden, es existiert aber selbstverständlich nicht losgelöst von ihr.

Wir können also allgemein anmerken, daß sich sowohl die Schöpfungsidee als auch das wiederentdeckte teleologische Denken komplementär zur Evolutionsvorstellung verhalten und insofern als mögliche Standpunkte akzeptiert werden müssen: Erst die Summe aller komplementären Bilder gibt den Blick auf die Wahrheit frei. Wir wollen aber schon hier deutlich machen, daß die unter den genannten Gesichtspunkten vorgetragene Kritik sich im wesentlichen durch ihre Polemik hervortut und daß dies natürlich nicht akzeptiert werden kann. Es ist sehr sinnvoll, mit Kritikern der Evolution zu diskutieren. Es ist weniger sinnvoll, dies mit ihren Gegnern zu tun.

Ein Problem bei der Verteidigung der Evolutions*theorie* besteht darin, daß sie sich deutlich von physikalischen Theorien wie etwa der Quantenmechanik abhebt. Die Evolutionstheorie ist zum Beispiel unvollständig und wird es auch immer bleiben. Dies liegt daran, daß ein Evolutionsbiologe Eigenschaften der Wirklichkeit erklären muß, die historisch einmalig sind. Wenn es ihm gelungen ist, über Prinzipien der Evolutionstheorie die Entstehung des Auges zu erklären, kann er sein Schema nicht verwenden, um auch zu erkennen, wie

Ohren, Flügel oder Hände entstanden sind. Biologie funktioniert so gesehen komplementär zur Physik. Während sich ein Physiker für die allgemeinen Naturgesetze interessiert und von Einzelheiten absehen kann, muß sich der Biologe gerade um die individuellen Randbedingungen kümmern. Ihn beschäftigt das Besondere in der Natur. An einer Art interessiert ihn besonders, was sie von allen anderen unterscheidet.

Neben diese prinzipielle Einschränkung tritt auch heute noch die Unvollständigkeit der bislang bekannten Erklärungen. Die Wissenschaft hat noch längst nicht alle wirkenden Mechanismen erkannt oder benannt, die herangezogen werden müssen, um die Evolution der lebenden Vielfalt verständlich zu machen. Gewöhnlich werden die evolutionären Entwicklungen mit dem Hinweis auf die natürliche Selektion zufälliger Mutationen begründet. Weiter werden Annidation (Einmischung), Gendrift und Rekombination als Faktoren der Evolution genannt. Es wird aber immer klarer, daß diese Formeln allein nicht ausreichen. Neue Ideen und Konzepte sind erforderlich, um den von Darwin postulierten Vorgang erklären zu können. An dieser Stelle bewährt sich übrigens der komplementäre Standpunkt der Evolutionskritiker. Ihre Zweifel haben eben vor allem den Mangel an brauchbaren Mechanismen erkennen und beseitigen lassen. Ohne den komplementären Standpunkt ist man allzu leicht geneigt, sich mit unfertigen Argumenten zur Ruhe zu setzen.

Bevor wir neuere Aspekte der Evolutionstheorie beschreiben und auf ihren komplementären Gehalt hin analysieren, soll gezeigt werden, daß die Evolutionstheorie selbst im Grunde ein komplementärer Ansatz war. Er begründete Darwins Erfolg. Die Diskussion, die in den Jahren vor der Veröffentlichung des »Ursprungs der Arten« geführt wurde, drehte sich um die Frage, was in der Naturforschung Vorrang haben sollte, die Unterscheidung der Organismen oder ihr Vergleich. Ist die Natur eine Hierarchie, die durch die Klassifika-

tion der Lebewesen aufgrund ihrer Unterschiedlichkeit sichtbar wird? Oder ist die Natur ein kontinuierliches Ganzes? Besteht die Natur aus Mustern, oder ist sie ein Prozeß?[20]
Um diese Fragen ging es in dem Streit zwischen Georges Cuvier und Étienne Geoffroy-Saint-Hilaire, der sich im Frühjahr 1830 vor den Mitgliedern der Académie Royale des Sciences in Paris abspielte. Cuvier vertrat ein Denken in Mustern und betonte die Unterschiede zwischen den Organismen. Für ihn waren – in Anlehnung an Aristoteles – alle Organe nur in Verbindung mit ihrer Form (causa formalis) und ihrem Zweck (causa finalis) zu verstehen.
Für Geoffroy stellte die Klassifikation der Organismen nur eine Stufe der zoologischen Forschung dar. Auf der nächsten Stufe müsse die Suche nach ihrer Ähnlichkeit beginnen. Dabei ging es ihm nicht um eine unmittelbar anschauliche Ähnlichkeit, er dachte vielmehr an die Idee, die Essenz der Organe. Hintergrund seines Denkens – also der Begründung des Homologieprinzips – ist dabei das Prinzip der Kontinuität, wonach nichts ohne ausreichenden Grund sein kann (formuliert bei Leibniz als »Satz vom Grunde«). Geoffroy versuchte, Einzeldaten zu verknüpfen; er überwand die atomistische Sicht der Welt und erkannte in der Vielfalt eine Einheit.
Damit war er in der Lage, die Frage nach der Ursache der Vielfalt zu stellen, denn das Kontinuitätsprinzip bettet die Welt in einen Kausalnexus ein. Geoffroy antwortete mit einer Transformationshypothese, die die Variationen eines Typus (die manifestierte Idee) mit dem Einfluß der Umweltbedingungen erklärte. Hier trat nun ein Widerspruch auf: Wie konnten die Transformationen kontinuierlich sein, wenn die Muster es nicht waren und wenn die unwandelbaren Naturgesetze stets gleichförmig wirkten?
Die Auflösung des Widerspruchs, der stark an die mathematisch gegebene Komplementarität des Diskreten und des Kontinuums erinnert, gelingt natürlich, wenn die Zeitdimension

einbezogen wird. Sie ermöglicht es, Transformationen als kontinuierliche Prozesse zu verstehen.
Der Schweizer Biologe O. Rieppel zieht daraus folgenden Schluß:

> »Die hierarchische Ordnung der Natur . . . und die zur Erklärung dieser Ordnung herbeigezogene Transformationshypothese beruhen nicht auf unreflektierter Wahrnehmung, sondern auf einer methodisch geregelten Interpretation der Wahrnehmungsdaten. Die Natur läßt sich auf zwei Weisen interpretieren: als Muster, d. h. als subordinierte Hierarchie von Typen, und als Prozeß, der zwischen den Kategorien des diskontinuierlichen Musters Brücken schlägt. Diese beiden Formen der Interpretation sind aber nie zusammen und gleichzeitig erfaßbar, sondern sie verhalten sich wie die beiden Seiten einer Medaille, die stets nur getrennt zu betrachten sind. Muster und Prozeß erweisen sich als inkompatibel, dabei aber als komplementär, denn erst aufgrund des Musters erhält der Prozeß eine Richtung, und erst durch den Prozeß findet das Muster eine Erklärung. Muster und Prozeß begründen eine grundsätzliche Komplementarität im biologischen Denken. Der Versuch einer einheitlichen Fassung der Natur . . . muß als gescheitert betrachtet werden.«[21]

Das Problem der diskontinuierlichen Lücken plagt jeden heute noch, der die Evolution vollständig (also lückenlos) begründet sehen will. Inzwischen hat sich an dieser Stelle als eine Art Hilfestellung die Unterscheidung zwischen Makro- und Mikroevolution eingebürgert. Mikroevolution betrifft Veränderungen innerhalb einer Art und kann durch zufällige und ungerichtete Mutationen (oder Kopierfehler) zustande kommen. Dies räumen sogar die Kreationisten ein, denn auch sie können nicht darüber hinwegsehen, wie gut viele Arten an

die sie jeweils umgebenden Bedingungen angepaßt sind oder sich an sie anpassen können.
Anders sieht es mit dem Problem der Makroevolution aus, also der Veränderung von Arten oder der Entstehung neuer Arten. Sie können weder analog durch Makromutationen noch durch viele entweder gleichzeitig oder nacheinander stattfindende Mikromutationen erklärt werden. Mutation und Selektion reichen nicht aus, um dem Geschehen der Evolution gerecht zu werden. Die Entstehung des Auges zum Beispiel kann so auf keinen Fall erfaßt werden. Dabei ist nach Auskunft der Biologen diese Struktur rund vierzigmal unabhängig voneinander in der Natur entwickelt worden. Dies ist nicht in einem großen Sprung geschehen, sondern in vielen kleinen Schritten. Und hier setzt das Problem der Theorie ein. Die Evolution des Auges kann nur dann als erklärt betrachtet gelten, wenn schon jeder der Einzelschritte in Richtung auf ein fertiges Auge selektiv begünstigt war und nicht erst das fertige Organ.
Wenn man sich die evolutionäre Entwicklung des Auges ansieht[22], dann fällt auf, daß die jeweils entstehenden Strukturen neben ihren Hauptfunktionen auch eine Nebenfunktion erfüllen. Wenn zum Beispiel lichtempfindliche Zellen durch eine Einstülpung in einer Vertiefung untergebracht werden, dann hat das seinen Hauptgrund im Schutz der Zellen. Als Nebeneffekt stellt sich die Möglichkeit der Schattenbildung in solch einer Konstruktion ein, und einfaches Richtungssehen wird durchführbar. Diese Nebenfunktion wird anschließend zur Hauptursache. Das Richtungssehen selbst kann wiederum verbessert werden, wenn die Öffnung des Augenbechers möglichst klein ist. Eine Lochkamera kann nun entstehen, die allerdings den Nachteil hat, daß sie rasch verstopfen kann. Zum Schutz (Hauptfunktion) setzt sich ein durchsichtiger Pfropfen vor das Auge, der das Licht (als Nebenfunktion) auch zusammenfassen und schließlich fokussieren kann. Aus

dem ursprünglichen Nebeneffekt entsteht die Hauptfunktion des Schutzschildes, als Linse tätig zu werden.
Offenbar verstehen wir die Evolution des Auges, wenn allen beteiligten Strukturen neben ihrer ursprünglichen Funktion eine zweite zugesprochen werden kann, die in der Lage ist, die erste abzulösen. Alle an der Entwicklung des Auges beteiligten Strukturen zeigen *Doppelfunktionen.* »Erst der Begriff der Doppelfunktion hat es uns möglich gemacht, die Evolution des Wirbeltierauges und damit auch des menschlichen Auges wirklich zu verstehen«, konstatiert der Philosoph Gerhard Vollmer. Und er behauptet, »daß die heute anerkannte Evolutionstheorie dann und nur dann zur erhofften Erklärung des Evolutionsgeschehens ausreicht, wenn sie die Rolle der Doppelfunktionen berücksichtigt und wenn es ihr gelingt, solche Doppelfunktionen in hinreichend vielen Fällen nachzuweisen«.[23]
Eine Bestätigung der These von der Doppelfunktion liefert die Entstehung des Ohres der Säugetiere. Hier befinden sich zwei kleine Knochen, die als Hammer und Amboß bezeichnet werden. Sie leiten den Schall vom Trommelfell in das Innenohr weiter und entsprechen zwei Knochen, die bei den Kriechtieren das Gelenk zwischen Unterkiefer und Gehirnschädel bilden. Zwar werden sie hier bei den Säugetieren nicht mehr benötigt, doch wie beantwortet man die Frage, warum die Elemente des alten Gelenks ins Ohr gerieten?
Im Rahmen der Hypothese der Doppelfunktion erwarten wir, daß die betrachteten Knöchelchen einige Zeit lang sowohl als Gelenk als auch als Schallüberträger funktioniert haben. Die Biologen G. und H. von Wahlert haben dies wie folgt erklärt:

> »Die Kieferknochen gehörten funktionell schon immer zum Ohr – sie hatten schon immer Schall zum Ohr geleitet. Das Ohr liegt im Schädel und steht mit dem Skelett in Verbindung, wodurch ihm Bodenerschütterungen zugelei-

tet werden. Bei Salamandern und bei Eidechsen nehmen sie sowohl den Weg über die Vorderbeine, den Brustgürtel und die Wirbelsäule als auch über den Kiefer. Vögel haben noch Sinnesorgane für Erschütterungen in den Beinen! Der frei getragene Kopf der Säuger leitet keine Bodenwellen weiter. Die frei gewordenen Knochen aber stellen eine Verbindung zwischen Trommelfell und Innenohr her und nehmen nun Schwingungen des Trommelfells auf. Weil sie jetzt klein werden, können sie sehr viel feinere Schwingungen aufnehmen – selbst die leisen Geräusche, die die Luft überträgt.«[24]

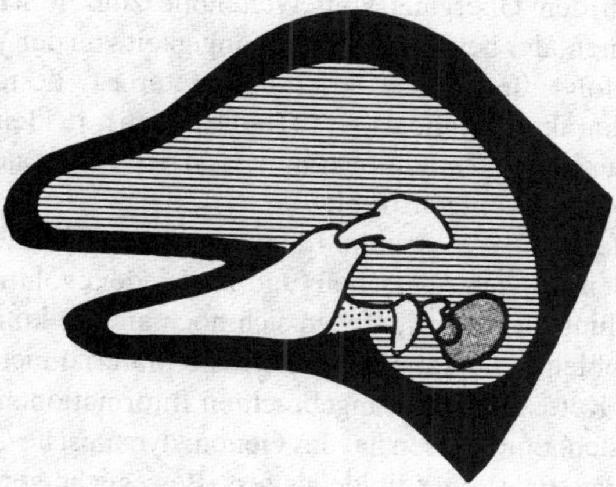

Abbildung 37: Die Geschichte der Kiefergelenke und der Gehörknöchelchen wird im Schädel eines Säugerembryos sichtbar. »Der Unterkiefer bildet mit einem anderen Schädelknochen (beide weiß) das neue Gelenk. Es war bei den Reptilien über einen hinteren Ast an einer anderen Stelle angelagert. Dieser Ast wird bei den Säugern größtenteils (punktiert) zurückgebildet. Erhalten bleibt der hintere Teil und sein Gelenkpartner (beide weiß). Diese beiden Knochen sind nun als Hammer und Amboß Teile des schalleitenden Apparates, der über den Steigbügel (dunkel) zur Labyrinthkapsel des Schädels führt.« (Aus von Wahlert, 1981)

Die These der Doppelfunktionen weist auf komplementäre Aspekte hin. Einmal zeigt sich wieder, daß eine Sichtweise zu eng ist, erst komplementäre Aspekte erfassen die ganze Situation. Die beiden Funktionen schließen sich dabei natürlich nicht gegenseitig aus, wir können sie nur nicht gleichzeitig als wesentlich einstufen. In ihrem Beitrag zur Evolution müssen sie komplementär bewertet werden. Wesentlich ist dabei noch, daß die komplementären Doppelfunktionen in einer Art Skala zusammenhängen. Die auf sie einwirkenden komplementären Kräfte lassen Schritt für Schritt die Hauptfunktion zur Nebenfunktion werden. In ähnlicher Weise kann man die komplementären Effekte in der Sprache charakterisieren und auch den Übergang vom Wellenbild zum Teilchenbild aufzeichnen, der bei »Licht« in Abhängigkeit von der Wellenlänge erfolgt. Je größer dieser Parameter ist, desto mehr Wellencharakter offenbart sich (Radiowellen), je kleiner der Parameter ist, desto mehr bekommt man den Teilchencharakter zu spüren (Röntgenstrahlen).

Neben der Aufgabe, sich die Idee von ergänzenden Doppelfunktionen zu eigen zu machen (und sie in jeder evolutionären Entwicklung zu finden), stellen sich noch andere konzeptionelle Probleme. So kann das genetische Material nicht mehr als feste Kette aus linear angebrachten Informationen aufgefaßt werden. Statt dessen hat das Genom dynamische Qualitäten gezeigt. Es ist eher fluide als fest. Bewegliche genetische Elemente können Umgruppierungen der Gene besorgen und die Entwicklung enorm beeinflussen.

Das gesamte Konzept der Vererbung muß neu formuliert werden. Es gibt keine lineare Kette von der DNS zum Phänotyp, es gibt nur ein komplexes Netz rückgekoppelter Prozesse. Kern, Zytoplasma und Zelle kommunizieren auf vielfältige Weise miteinander. Sogar zwischen Körperzellen und Keimzellen bestehen Verbindungen. Aus Boten-RNS kann DNS werden, die anschließend in die Keimbahn gelangt.[25]

Es paßt zum Konzept der Komplementarität, daß die (von *außen* betrachtet) große *diskrete* Einheit der Biologie, das Gen, ihre Qualitäten erst dadurch erlangt, daß sie *(innen)* kontinuierlich strukturiert ist. Ein Gen kann seine *feste* Funktion erfüllen, weil seine Struktur *beweglich* ist.
Dies alles deutet darauf hin, daß Vererbung, Entwicklung und erst recht Evolution keine Eigenschaften von Genen in Kernen sind, vielmehr spielt das System als Ganzes eine entscheidende Rolle. Die zum gegenwärtigen molekular ausgerichteten Paradigma komplementäre Ganzheitlichkeit verdient eine größere Anstrengung. Speziell, was die Evolution angeht, so wird in der Diskussion zwar der Einfluß der Umgebung auf die Organismen berücksichtigt, gleichzeitig aber so getan, als ob eine reziproke Einwirkung, die vom Organismus auf die Umgebung, nicht vorliegt. Organismen sind sowohl Subjekte als auch Objekte der Evolution[26], und nur mit diesen beiden komplementären Gesichtspunkten wird den Phänomenen vollständig Rechnung getragen.
Das Zusammenspiel der Triade Gene, Organismen, Umgebung ist komplex. Die inneren und die äußeren Faktoren (Gene und Umwelt) wirken aufeinander durch den Organismus ein, der auf sie zurückwirkt und sich so zum Subjekt seiner Evolution macht. Nur der doppelte komplementäre Blick kann die Evolution verstehen.

Die Ebenen des Lebens

Die Schwierigkeiten einer theoretischen Wissenschaft vom Leben können vor allem am Beispiel der Hirnforschung verdeutlicht werden. Überspitzt ausgedrückt, *können* die Biologen Moleküle aus Neuronen isolieren, sie *sollen* aber sagen, wie ein Gebilde aus Nervengewebe die Wahrheit erkennt. Bei jeder biologischen Fragestellung *müssen* viele Ebenen durch-

schritten werden, die das Leben aufgebaut hat und auf denen es aufbaut. Jede Erklärung von Eigenschaften, die Leben charakterisieren, muß diese Ebenen und vor allem jeden Übergang zwischen ihnen beachten.
Wenn mit neuen Strukturebenen neue Qualitäten entstehen, spricht man von der Emergenz einer Eigenschaft. Das Leben selbst kann als ein emergentes Phänomen beschrieben werden. Die Integration voneinander unabhängig agierender Systeme kann zu unvorhersehbaren Funktionseigenschaften führen, die auch nicht andeutungsweise in den Einzelsystemen vorhanden waren. Solche Ereignisse sind in keiner Weise auf die »Schöpfung« (also den Übergang vom Anorganischen zum Organischen) beschränkt, sie finden in jeder Seinsschicht statt. Und immer kann das Zusammengehen zweier Elemente einer Geschehensebene eine neue, höhere Ebene etablieren. In gewisser Hinsicht ist auch die Entstehung des Lebens nur ein Beispiel für das Auftauchen einer neuen Seinskategorie, wenn natürlich auch ein sehr auffälliges Beispiel.
Dabei fällt vor allem die unbegreiflich und unangreifbar scheinende Verbindung auf, die zwischen dem Ganzen und seinen Teilen herrscht. Beide sind Partner mit komplementären Eigenschaften. Von den Atomen aus gesehen, ist ein Organismus unbegreiflich und zufällig. Vom Standpunkt des Organismus aus gesehen, sind Atome nicht erkennbar und eigentlich belanglos. Es läßt sich noch nicht einmal angeben, welche Atome genau zu einem Lebewesen gehören, da diese atmen und einen aktiven Stoffwechsel betreiben.
Tatsächlich sind alle biologischen Phänomene grundsätzlich statistischer Natur. Diese Unschärfe fängt mit der Definition des »Lebens« selbst an, in der eine Reihe von Grundmerkmalen enthalten sein können oder nicht.[27] Auch können Pflanzen und Tiere nicht durch eine eindeutige Eigenschaft getrennt werden, vielmehr verschwimmen die Unterschiede in Lebensformen (Protobionten), die zur Photosynthese fähig sind *und*

schwimmen können. Individualität gibt es genaugenommen auch nicht. Der Mensch ist mehr eine Symbiosegemeinschaft mit Leukozyten, Bakterien, Viren und weniger ein »Unteilbares« (Individuum). Und ob ein Organ oder eine Zelle als Einheit oder als Teilglied einzustufen ist, hängt vom interessierenden Gesichtspunkt und der erforderlichen Abstraktion ab. Obwohl etwa die taxonomischen Einheiten unscharfe Grenzen haben, bleiben sie dennoch ein unbezweifelbarer Teil der Wirklichkeit, die sich das abstrahierende Denken erschließt. Diese integrierten Gegebenheiten sind komplementär zu den nicht minder realen Einzelbefunden, die die analytische Methode erkennt.

Es existieren viele solcher Einheiten, die das Denken erkennen kann. In ihnen können neue Eigenschaften registriert werden, was nicht selbstverständlich ist, sondern erklärt werden will. Das Auftreten einer Qualität, die *»vorher einfach nicht da war«*, kann nach Konrad Lorenz weder mit dem Begriff Emergenz noch mit dem der Schöpfung bezeichnet werden. Emergenz weckt – wörtlich genommen – die Vorstellung, daß etwas Präformiertes auftaucht so wie ein Wal an der Meeresoberfläche. Und Schöpfung impliziert, »daß etwas bereits Vorhandenes aus einem ebenfalls vorhandenen Reservoir herausgeschöpft werde«. Um diese Schwierigkeit zu vermeiden, schlägt Lorenz den Terminus Fulguration vor, da der »Vorgang des In-Existenz-Tretens von etwas vorher nicht Dagewesenem« wie ein Blitzstrahl (»fulguratio«) wirkt.[28]

Der Zweck dieses Begriffes besteht bei Lorenz darin, die im Lauf der Stammesgeschichte auftretenden neuen Stufen der Organisation zu beschreiben. Jede Fulguration führt zu einer neuen Qualität der lebenden Organismen und ist dann in unserem Sinn ein »Rätsel des Lebens«. Bevor wir prüfen, ob diese Rätsel durch die Idee der Komplementarität zu lösen oder neu zu fassen sind, müssen wir den philosophischen Hintergrund der Schichtenlehre vorstellen.

Es ist eine empirisch vorgefundene Tatsache, daß die reale Welt, in der wir leben, in Form von *Schichten* organisiert ist. So hat zum erstenmal in dieser Deutlichkeit der Philosoph Nicolai Hartmann den »Aufbau der realen Welt« beschrieben.[29] Jeder dieser Schichten kommen dabei besondere Seinskategorien (oder Gruppen davon) zu. Hartmann unterscheidet vier solcher Schichten im realen Sein: das Anorganische, das Organische, das Seelische und das Geistige.
Man würde hier besser von Hauptschichten sprechen, die selbst wieder ähnlich strukturiert sind, wie Hartmann sagt: »Die höheren Gebilde, aus denen die Welt besteht, sind ähnlich geschichtet wie die Welt.« Es ist Aufgabe der empirischen Naturwissenschaften, die Schichtung genau ausfindig zu machen. Jede Schicht hat nämlich ihre spezifische Eigengesetzlichkeit und wird einer naturwissenschaftlichen Disziplin Platz bieten.
Physik, Chemie und Biologie behandeln verschiedene Geschehensebenen, und ihr Vergleich darf nicht gegen die Regeln der Kategorial- und Kausalanalyse verstoßen.

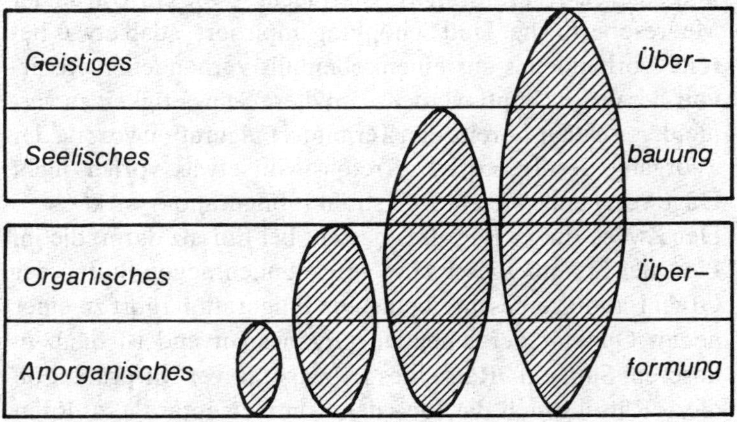

Abbildung 38: Die Lehre vom Schichtenaufbau der realen Welt nach Nicolai Hartmann.

Zum Anorganischen gehört der ganze Kosmos, der sich aus den bekannten »dynamischen Gefügen« zusammensetzt, deren Reihenfolge mit dem Elektron beginnt, sich über das Atom fortsetzt und über die Moleküle und Polymere zu den Gebilden kosmischer Dimensionen gelangt, also zu den Planeten, Sonnensystemen, Galaxien, Haufen und Superhaufen.

Tabelle I

Seinsschicht	Beispiel	Eigenschaft	Wissenschaft
Atombaustein	Elektron	Spin, Ladung	Quantenelektrodynamik
Atom	Wasserstoff	Stabilität	Quantenmechanik
Molekül	Kohlendioxyd	Bindung	Quantenchemie
Stoff	Wasser	Flüssigkeit	Physikalische Chemie
Festkörper	Kupfer	Leitfähigkeit	Physik
Planet	Erde	Atmosphäre	Geologie
Galaxie	Milchstraße	Fluchtbewegung	Astronomie

Über dem Materiellen befindet sich das Organische; da hierbei die Elemente der höheren Schicht konkret aus denen der niedrigeren Schicht aufgebaut werden, liegt – wie Hartmann es nennt – ein »Überformungsverhältnis« vor. In solch einem Fall müssen die Kategorien der unteren Schicht – zum Beispiel Raum, Zeit, Kausalität, Wechselwirkung – sämtlich in die höhere übergehen. Neu treten dann die Kategorien wie Stoffwechsel, Reproduktion und Selbstregulierung auf.

Die organische Schicht des Lebens kann ihrerseits in Schichten eingeteilt werden; eine Möglichkeit dazu ist in Tabelle II angedeutet. Auch hier erlaubt die horizontale Konstanz der Kategorien, daß jede Ebene von einer besonderen Wissenschaft erkundet wird.

Über dem Organischen erscheint die Schicht des Seelischen, die als Bewußtsein in Erscheinung tritt. Das Seelische setzt sich nicht aus anorganischen Gebilden zusammen, denn das seelische Sein – Gedanken, Gefühle, Wünsche – besteht nicht aus Atomen und Molekülen. Das noch darüberliegende Geistige hebt sich vom Seelischen dadurch ab, daß der Geist nicht mehr individuell, sondern gemeinsam ist.

Tabelle II

Strukturebene	Beispiel	Eigenschaft	Wissenschaft
Moleküle	Zucker	Substrat	Chemie
Makromoleküle	Proteine	Katalyse	Biochemie
Organellen	Membranen	Transport	Biophysik
Zellen	Neuron	Signalleitung	Physiologie
Gewebe	Nerven	Reizleitung	Neurologie
Organ	Niere	Ausscheidung	Medizin

Was diese Schichtenlehre für die Biologen so attraktiv macht und von ihnen als »überzeugendster Beweis für ihre ontologische Richtigkeit« betrachtet wird, hat Konrad Lorenz so beschrieben: »Die Schichtenfolge der großen Hartmannschen Seinskategorien stimmt schlicht und einfach mit der Reihenfolge ihrer erdgeschichtlichen Entstehung überein. Anorganisches war auf Erden sehr lange vor dem Organischen vorhanden, und im Verlauf der Stammesgeschichte tauchten erst spät Zentralnervensysteme auf, denen man ein subjektives Erleben, eine ›Seele‹, zuschreiben möchte. Das Geistige schließlich ist erst in der allerjüngsten Phase der Schöpfung auf den Plan getreten.«[30]

Aus dieser Reihenfolge der Entstehung erklärt sich auch die von Hartmann beobachtete *einseitige* Wirkung der Seinszusammenhänge über die Einschnitte zwischen den Schichten hinweg. Er schrieb:

»So erhebt sich die organische Natur über der anorganischen. Sie schwebt nicht frei für sich, sondern setzt die Verhältnisse und Gesetzlichkeiten des Materiellen voraus; sie ruht auf ihnen auf, wenn schon diese keineswegs ausreichen, das Lebendige auszumachen. Ebenso bedingt ist seelisches Sein und Bewußtsein durch den tragenden Organismus, an und mit dem allein es in der Welt auftritt. Und nicht anders bleiben die großen geschichtlichen Erscheinungen des Geisteslebens an das Seelenleben der Individuen gebunden, die seine jeweiligen Träger sind. Von Schicht zu Schicht, über jeden Einschnitt hinweg, finden wir dasselbe Verhältnis des Aufruhens, der Bedingtheit ›von unten‹ her, und doch zugleich der Selbständigkeit des Aufruhenden in seiner Eigengeformtheit und Eigengesetzlichkeit.

Dieses Verhältnis ist die eigentliche Einheit der realen Welt. Die Welt entbehrt bei aller Mannigfaltigkeit und Heterogenität keineswegs der Einheitlichkeit. Sie hat die Einheit eines Systems, aber das System ist ein Schichtensystem. Der Aufbau der realen Welt ist ein Schichtenbau. Nicht auf die Unüberbrückbarkeit der Welt kommt es hier an – denn es könnte sein, daß diese nur für uns besteht –, sondern auf das Einsetzen neuer Gesetzlichkeit und kategorialer Formung, zwar in Abhängigkeit von der niederen, aber doch in aufweisbarer Eigenart und Selbständigkeit gegen sie.«[31]

Jeder Schicht des Realen entspricht zunächst einmal eine Kategorienschicht. Darüber hinaus gibt es aber noch Kategorien, die über die Schichten hinausgehen. Hartmann schlug als Erklärung dafür vor, daß sie »unter der Realschicht des Materiellen liegend zu denken sind«.

Er bezeichnete sie als »Fundamentalkategorien«. Zu ihnen zählen »die Kategorien der Modalität und eine Gruppe von Elementarkategorien, die sich aus Gegensatzpaaren zusammensetzt, etwa aus Form und Materie – die Materie ist immer das, was sich überformen läßt, und jede Form ist zugleich Materie für die nächsthöhere Form –, aus Element und Gefüge, Einheit und Mannigfaltigkeit, Kontinuum und Diskretum und Qualität und Quantität«.[32] Wenn man bedenkt, daß Aristoteles die Modalbegriffe (Wirklichkeit, Möglichkeit, Notwendigkeit) in dem Gegensatz von *potentia* und *actus* (*dynamis* und *energeia*) zusammengefaßt hat, dann ist man in diesem Schema der Denkerfahrung Komplementarität ganz nah.

Das Vorhandensein der Seinsschichten verhindert es, die Mannigfaltigkeit der Welt auf der Basis einer einzigen Art von Seins- oder Geschehensprinzipien erklären zu können. Es gibt kein einheitliches Weltbild, nur ein menschliches Bedürfnis danach. Die umgekehrte Fehlleistung des menschlichen Denkens besteht nach Lorenz darin, gerade das Gemeinsame zu vergessen, das allen Schichten zukommt, und gegensätzliche Begriffe zu bilden. Doch die einseitige Durchdringung der Schichten von unten nach oben bringt es mit sich, *»daß die Denkform des kontradiktorischen Gegensatzes auf sie nicht anwendbar ist«.*[33] Das Endweder-Oder muß eben durch ein

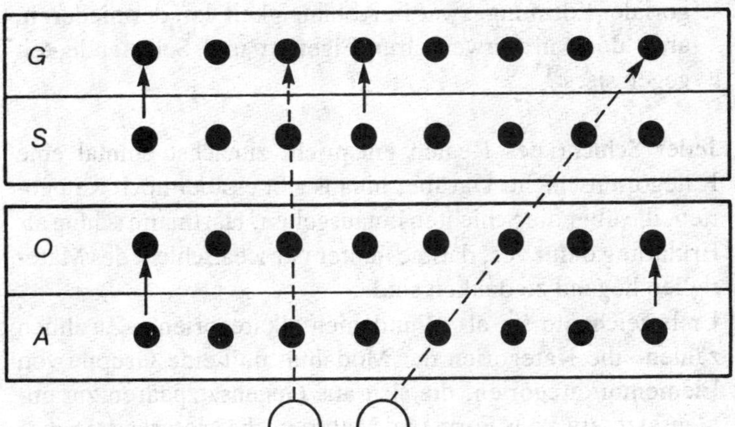

Abbildung 39: Die kategoriale Durchdringung der Schichten der realen Welt nach Nicolai Hartmann.

Sowohl-Als-auch abgelöst werden. Man kann nämlich sowohl sagen, daß alle Lebensvorgänge physikalisches und chemisches Geschehen sind, als auch, daß Lebensvorgänge eigentlich (also hinsichtlich der Seins- und Geschehensprinzipien, die sie dem physikalisch-chemischen Zusammenwirken voraushaben) etwas ganz anderes sind. Alle erlebnisbegleiteten Nervenvorgänge sind sowohl physiologische Vorgänge als auch verschieden von unbeseelten organischen Abläufen.
Konrad Lorenz schreibt: »Obwohl es tatsächlich unstatthaft ist, Schichten der realen Welt in disjunktive Begriffe zu fassen, haben sich diese doch in unzähligen Paaren in unser Denken und in unsere wissenschaftliche wie in unsere Umgangssprache eingenistet: Natur und Geist, Leib und Seele, Tier und Mensch, nature und nurture usf.«[34] Wenn man die verwendeten Begriffe nicht als disjunktive, sondern als komplementäre Konzepte auffaßt, wendet man das Kategorienverbot in ein Gebot um und gewinnt die Möglichkeit, den Übergang zwischen den Schichten ohne Fehler durchführen zu können. Indem Komplementarität als schichtenübergreifende Kategorie eingeführt wird, versteht man sowohl das Gemeinsame als auch das Unterscheidende zwischen den Geschehensebenen.
Das Gebot der Komplementarität erlaubt es also, widerspruchsfrei und vollständig über das Auftauchen neuer Seinskategorien zu reden. Wir wollen uns mit dieser Einsicht der Frage zuwenden, ob die auf der Geschehensebene »Biologie« auftauchenden Konzepte im Rahmen der heutigen Wissenschaft erklärbar sind. Die Physik ist in der Lage, das spontane Auftauchen von Ordnung mit den quantentheoretischen Gesetzen zu verstehen. Etwa das Verhalten von supraflüssigem Helium, das ohne Zähigkeit und in dünnen Filmen auch bergauf fließen kann. Die dabei beobachtete Erzeugung spontaner Ordnungsprinzipien und ihre theoretische Erfassung zeigen, daß das Emergenzproblem von der Quantenmechanik (der

Universaltheorie der molekularen Welt) gelöst werden *kann.* Damit *sind* Einwände gegen ihre prinzipiell mögliche Reduktion widerlegt. Es mag zwar richtig sein, daß der Gestaltbegriff nicht aus den Gesetzen der Physik abzuleiten ist, weil er in dieser Wissenschaft nicht vorkommt, es ist aber falsch, dies damit zu begründen.

Einige Begriffe der Biologie werden inzwischen von der Physik aus behandelt: Selbstregulation, Selektion, Evolution[35] und Information[36]. Begriffe wie Funktionalität, Finalität und Gestalt werden noch weitgehend deskriptiv behandelt. Dabei bieten sie sich aufgrund ihres ganzheitlichen Aspektes für eine Reduktion auf die holistische Quantentheorie an. Vielleicht kann aber mit Hilfe einer Symmetriebrechung ein direkter Weg von der Quantenmechanik zu biologischen Begriffen gefunden werden.[37]

Wir wollen die Diskussion der Erscheinungen des Lebens – sie werden manchmal unter dem hübschen Begriff »Rätsel des Lebens« zusammengefaßt – mit dem Fazit beenden, mit dem ein moderner Wissenschaftstheoretiker seine ausgedehnte Diskussion der Frage nach der Möglichkeit abschließt, ob im Rahmen der Biologie epistemologische Reduktionen möglich sind.[38] Es geht dabei – wie schon angedeutet – um folgendes Problem: Wenn man annimmt, daß das Leben mit den Atomen und den Molekülen auskommt, die den Chemikern und Physikern bekannt sind, und wenn man annimmt, daß wir wissen, welche Atome und Moleküle in welchen Konfigurationen in einem bestimmten Organismus vorkommen, und wenn wir die Gesetze kennen, die deren Zusammenspiel festlegen: Wären wir dann in der Lage, die Eigenschaften dieses Organismus in atomaren und molekularen Begriffen zu beschreiben, und könnten wir sein Verhalten und die es bestimmenden Gesetze ableiten?

Ein Reduktionist würde mit Ja und ein Antireduktionist mit Nein antworten. Der angesprochene kritische Wissenschaftstheoretiker – er erwähnt Komplementarität mit keinem Wort – kommt am Ende zu folgender Einsicht: »Wenn mich nun jemand drängen würde, die Frage zu beantworten, ›Wer hat recht, der epistemologische Reduktionist oder der Anti-Reduktionist?‹, dann würde ich wahrscheinlich sagen: Ja und nein.«

Über die Biologie hinaus

»Zwar mag in einem Menschenkind
sich beides auch vereinen;
doch daß es zwei Gewebe sind,
das läßt sich nicht verneinen.«
Johann Wolfgang von Goethe

Gehirn und Geist

Gibt es Geist ohne Gehirn? Es gibt Materie ohne Geist. Die Welt, in der wir uns befinden, hat so angefangen, leblos, unbeseelt und ohne Intentionen. Heute finden wir Geist in ihr, besser gesagt, wir glauben, daß wir einen Geist haben, da wir bewußt handeln können. Mit seinem Vorhandensein stellt sich die Frage, in welcher Beziehung er zu den organischen Gebilden steht, die die Biologie kennt und untersucht. Ist Geist dasjenige, das ein Gehirn hervorbringen kann, oder ist der Geist dasjenige, das ein Gehirn wahrnehmen kann? Wenn das Vorhandensein von Augen beweist, daß es Licht gibt, weist dann die Existenz von Gehirnen nicht auf einen ihnen vorausgehenden Geist hin? So argumentieren die Dualisten[1], denen die Verfechter einer Identität von Geist und Gehirn gegenüberstehen[2], die beide Entitäten als Ergebnisse der Evolution sehen und darauf hinweisen, daß die Dualisten nie erklären können, wie der immaterielle und also energielose Geist kausal das Gehirn beeinflussen soll.

Das hier angesprochene Problem hat viele Namen. Es heißt Körper-Geist-Problem oder Leib-Seele-Problem oder psychophysisches Grundproblem. In allen Fällen dreht es sich um die Frage, was an dem Geist geheimnisvoller ist als an anderen (biologischen) Phänomenen. Eine Antwort darauf lautet natürlich, daß man den Geist selbst braucht, um die Beziehung von Körper und Geist zu analysieren. Eine zweite Antwort weist darauf hin, daß wir zum Geist (und nur zu ihm) einen *doppelten* Zugang haben. Wir erfahren ihn einerseits von innen, können aber andererseits auch von außen das Organ anschauen, in dem er angesiedelt ist. Der Zugang von innen ist einfach und unmittelbar; der Zugang von außen gelingt nur indirekt und über komplizierte Strukturen.

Mit Hilfe der beiden Antworten werden wir in die Lage versetzt werden, das komplementäre Wesen der Geist-Körper-Beziehung (entsprechend der Subjekt-Objekt-Beziehung) zu erkennen. Mit den Problemen, die auftauchen, wenn das Denken anfängt, über das Denken nachzudenken, hat sich der dänische Student in der Erzählung des Philosophen Poul Martin Möller herumgeschlagen:

> »Mein endloses Grübeln darüber bewirkt, daß ich nichts ausrichte. Darüber hinaus verfalle ich darauf, über mein Denken nachzudenken, ja, ich denke darüber nach, daß ich darüber denke, und teile mich selbst in eine unendliche rückläufige Reihe von Ichen, die einander beobachten. Ich weiß nicht, bei welchem Ich man als dem eigentlichen stehenbleiben soll, und in dem Augenblick, da ich bei einem stehenblieb, ist es schon wieder ein Ich, das dabeisteht. Es wird mir wirr, und ich werde von Schwindel erfaßt, als starrte ich in einen bodenlosen Abgrund, und das ganze Denken findet damit sein Ende, daß ich schreckliche Kopfschmerzen verspüre.«[3]

Niels Bohr empfand die in dieser Erzählung aus dem 19. Jahrhundert vorgeführte Situation als Illustration der Probleme, »welchen wir in verschiedenen Zusammenhängen auf weiteren Forschungsgebieten begegnen«.[4] Wir werden gezwungen, eine Trennlinie zwischen dem beobachteten Subjekt (ein Ich) und dem Gegenstand der Untersuchung (ein zweites Ich) zu ziehen. Mit einem solchen Schritt wird es erforderlich, sich auf die eine oder auf die andere Seite zu konzentrieren. Je nachdem, an welcher Stelle die Trennlinie gezogen worden ist, kann ein Gemütszustand als Teil eines subjektiven Gefühls empfunden oder als Teil des beobachteten Vorgangs analysiert werden. Diese beiden Situationen sind komplementär zueinander und retten den dänischen Studenten.

Ganz allgemein besteht eine Komplementarität zwischen den Bewußtseinsvorgängen und ihrer physischen Entsprechung. Geist und Körper zeigen keine Parallelität zueinander (psychophysischer Parallelismus), auch linguistisch nicht. Körper und Geist sind nicht nur zwei Arten, über die Welt zu sprechen, die man *entweder* physisch *oder* psychisch auffassen kann. Mit dem Menschen als Beobachter ist die Welt *sowohl* psychisch *als auch* physisch. Im Licht der Komplementarität erscheint das Geistige nicht mehr bloß psychisch und das Körperliche nicht mehr bloß physisch.

Diese Komplementarität erfahren wir unmittelbar an uns selbst, wie schon angedeutet worden ist. Sinnesqualität, Geist und Bewußtsein können unmittelbar als Ganzes in einer nicht zu analysierenden Einfachheit verstanden und als Ausdruck der ihnen zugehörigen materiellen Systeme begriffen werden, deren Komplexität unsere Vorstellungen übersteigt.

Der Mensch ist in die Natur eingebettet, aus der er stammt. Auf diese Weise entsteht der ontologische Zusammenhang zwischen Subjekt und Objekt, der verständlich macht, wieso die erfahrbare Wirklichkeit den Sinnen überhaupt zugänglich ist. »Wahrnehmungsapparat und Denkkategorien«, schreibt St. Vogel, »sind so beschaffen, daß uns die extremale Wirklichkeit in jener zweifachen Norm der Komplementarität erscheint.«[5]

Neben diesen allgemeinen Aspekten hat die Komplementarität der Leib-Seele-Beziehung auch ihre praktische Bedeutung. Für einen tätigen Psychologen scheint es dabei sinnvoll zu sein, das psychophysische Problem in drei verschiedene Fragen zu zerlegen.[6] Erstens: Wie kann ein bestimmter materieller Vorgang (Erregung des Nervensystems) Bewußtseinsqualität erlangen und andere nicht? Zweitens: Sind Physis und Psyche wesentlich verschiedene Seinsbereiche mit eigenen Gesetzen, oder haben sie eine gemeinsame Basis, auf die sich beide reduzieren lassen? Drittens: Wie können Lebensprozesse, die unter physiologischen *und* psychologischen Gesichtspunkten beschreibbar sind, methodisch adäquat erfaßt werden?

Die ersten beiden Fragen scheinen die gegenwärtigen Erkenntnismöglichkeiten zu übersteigen. Auf die dritte kann die Idee der Komplementarität eine Antwort geben, die dem psychophysischen Problem in diesem Sinn eine methodologische Orientierung schaffen will.

Es ist klar, daß der mit Begriffen wie Erleben und Bewußtsein erfaßte Bereich mit naturwissenschaftlichen Instrumenten nicht greifbar ist, obwohl die damit verbundene Innerlichkeit uns viel gegenwärtiger ist als jene äußere Realität. Außerdem sind mit diesem Bereich viel mehr zu seiner Beschreibung angemessene Kategorien verknüpft als mit dem Bereich der physiologischen Prozesse und des Verhaltens. Diese Mannigfaltigkeit der Kategorien muß ausgeschöpft werden. Der Psychophysiologe J. Fahrenberg schreibt dazu:

> »Die beiden in ihrer Kategorialstruktur grundverschiedenen Bezugssysteme physiologisch-verhaltenspsychologischer und erlebnispsychologischer Analyse sind zur adäquaten und zum vollen Verständnis der höheren Lebensprozesse gleichermaßen notwendig, sie sind nicht äquivalent oder isomorph, geben nicht bloß Doppelbenennungen;

sie schließen sich teilweise aus, sind andererseits aber aufeinander bezogen und ergänzen sich gegenseitig zum Gesamtbild, jedoch nicht in dialektischer-antithetischer, sondern in komplementärer Weise – es sind komplementäre Bezugssysteme, um Beobachtungen und Einsichten über psychophysische Prozesse zu ordnen.«[7]

So angewendet, wird der Begriff der Komplementarität ausgeweitet. Er meint statt der wechselseitigen Ergänzung zweier einzelner Kategorien jetzt die Kombination zweier Bezugssysteme, die wechselseitig ergänzungsbedürftig sind.

Der Erkenntnisgewinn komplementärer Beschreibungen zeigt sich am Beispiel der Streßforschung. Eine akute psychophysische Beanspruchung ist nicht allein über die physikalisch oder physiologisch meßbare Belastung (Streß) definierbar, sondern erfordert in weiten Bereichen ebenso eine Analyse der individuellen »Bewertung« dieser Belastung. Das Subjekt bestimmt selbst, ob für ihn Streß vorliegt oder nicht. Diese Einsicht führte dazu, die psychologischen Bedingungen des individuellen Reagierens zu untersuchen. Auch hierbei tauchen Probleme auf, denn neben dem Befinden müssen Motive und Erwartungshaltungen erfaßt und angemessen beschrieben werden. Es ist klar, daß physiologische Meßkonzepte und experimentell-statistische Versuchspläne ohne komplementäre erlebnispsychologische Methodik unzureichend bleiben müssen.

Einen komplementären Lösungsvorschlag für das »Körper/Geist-Problem« (wie er es schreibt) liefert der amerikanische Philosoph John Searle.[8] Er stellt zwei Thesen auf. Die erste lautet so: »Jedes geistige Phänomen – ob bewußt oder unbewußt, visuell oder auditiv, Schmerzen, Kitzel, Jucken, Gedanken, ja, tatsächlich die Gesamtheit unseres geistigen Lebens – ist von Vorgängen im Gehirn verursacht.« Und die zweite formuliert Searle wie folgt: »Schmerzen und andere geistige Phänomene sind nichts anderes als Eigenschaften des Hirns (und vielleicht des übrigen zentralen Nervensystems).« Searle führt dann Argumente vor, die zeigen, daß diese beiden Behauptungen zugleich wahr sind, das heißt, das Gehirn verursacht den Geist, und der Geist besteht aus Eigenschaften des Gehirns. Beziehungen dieser Art sind aus der Physik bekannt, wo allgemeine Eigenschaften eines Gegenstandes gleichzeitig von der entsprechenden Mikrostruktur verursacht und in ihr realisiert werden. Diese äußeren Eigenschaften findet man innen nicht wieder, weder gibt es nasse Moleküle, noch hat eine einzelne Nervenzelle Durst. Searle kommt zu dem Schluß, daß zwei Auffassungen miteinander verträglich sind, nämlich die Behauptung, daß die Welt ausschließlich aus Materieteilchen (mit ihren Eigenschaften und Wechselwirkungen) besteht und daß geistige Phänomene wirklich existieren. Beide Ansichten sind »nicht nur miteinander verträglich, sie sind beide wahr«[9], weil sie komplementär sind.

Der Philosoph Hans Jonas hat die komplementäre Auflösung des Leib-Seele-Problems kritisiert.[10] Er glaubt, »daß keine treue Analogie dessen, was die Quantentheorie unter ›Komplementarität‹ versteht, auf unser Problem paßt, und Philosophen sollten sie dort lassen, wo sie hingehört«, nämlich in der Physik. Für ihn ist Komplementarität eine Form von psychophysischem Parallelismus, und in ihm lauert immer die Vorstellung, die als »Epiphänomenalismus« bezeichnet wird. In ihr wird der Geist zur bloßen Begleiterscheinung des Gehirns erniedrigt. Psychische Empfindungen und physiologische Zustände stimmen höchstens zufällig überein. Sie haben keine Beziehung zueinander.

Jonas schlägt vor, genauer nach der Wechselwirkung zwischen Geist und Materie fragt. Wenn nur die Annahme einer echten Wechselwirkung zwischen Leib und Seele den Tatsachen gerecht wird, dann paßt keine Analogie der quantenphysikalischen Komplementarität auf das Leib-Seele-Problem,

denn Teilchen und Welle »haben keinen Verkehr miteinander, Leib und Seele haben ihn eminent«. Der Geist kann nämlich in den Körper eingreifen – ein Verhalten kann sowohl von physischen Notwendigkeiten als auch von einem Wollen abhängen –, doch kann man im quantenmechanischen Original der Komplementarität die relativen Anteile der beteiligten Seiten nicht ausmachen.
Die formale Übertragung der Komplementaritätsidee wird dem Leib-Seele-Problem sicher nicht weiterhelfen. Was Jonas unbeachtet läßt, ist die Tatsache, daß Welle und Teilchen nicht für sich behandelt werden. Diese Aspekte sind nur im Hinblick auf die wirkliche Natur des Elektrons von Interesse, die unserer direkten Kenntnisnahme entzogen ist. Wir müssen uns das Elektron komplementär erschließen. Damit vergleichbar ist die Wirklichkeit des Geistes. Sie entzieht sich unserer Anschauung vollständig und kann daher nicht in den Kategorien begriffen werden, die wir im Alltag verwenden. Wenn wir etwa nach der Kausalität fragen – entweder im geistigen Bereich selbst oder in der Verbindung zwischen Gedanke und Körper –, dann fragen wir nach der Art der Kausalität, die wir anschaulich als Wechselwirkung mit Energieübertragung kennen, die wir also gar nicht anwenden können. Ob der Geist nun von einem Gehirn hervorgebracht oder nur wahrgenommen wird, er konstituiert eine nie gesehene Realität, die komplementär zu der materiellen Welt beschrieben werden muß, wenn man die gleichen Begriffe verwenden will.
Für den Standpunkt der Komplementarität ist von Bedeutung, daß man sich keine Wirklichkeit vorstellen kann, die einerseits für ein erlebendes Subjekt nicht weiter zurückführbar ist – ein Zahnschmerz etwa –, die aber andererseits auch von einem Physiologen vollständig als elektrisches Entladungsmuster (in einem Projektionsfeld des Trigeminusnervs) beschrieben werden kann. Die materiellen Prozesse sind da-

bei kausal verbunden, die immateriellen nicht; sie bewirken sich aber gegenseitig und bleiben insofern kausale Wenn-dann-Beziehungen. Diese Zusammenhänge sind logisch, aber sie sind nicht mehr anschaulich – gerade wie der Dualismus von Welle und Teilchen, also der Sachverhalt, den die Physiker Komplementarität nennen. Vermutlich kann die Beziehung zwischen Gehirn und Erleben doch nur als Komplementarität gefaßt werden.[11]

Das Denken und die Sprache

Der Verlust der Anschaulichkeit und der Versuch, sie beizubehalten, waren der eigentliche Anlaß, die Komplementarität einzuführen. Die intuitiven Begriffe Welle und Teilchen konnten nicht mehr ohne Einschränkungen auf die atomare Wirklichkeit angewendet werden. Der Grund hierfür ist in den Bedingungen zu suchen, unter denen sich der Apparat unserer Erkenntnis entwickelt hat. Die Strukturen unseres Denkens sind an die mittleren Dimensionen der Wirklichkeit angepaßt, die den Namen Mesokosmos erhalten haben.[12] Wir werden allerdings nicht mit dieser Anpassung geboren, wir werden nur mit der Fähigkeit geboren, uns der Welt anzupassen. Unsere Gene haben uns so ausgestattet, daß wir uns in »dialektischer« Auseinandersetzung mit der Welt solche Denkformen aneignen, die uns eine Adaptation (und nicht ihr Gegenteil) an diese Welt ermöglichen.[13]
Die Herausbildung der kognitiven Strukturen des erwachsenen Menschen, also das Erwachen der Intelligenz in Kindern, haben vor allem der Schweizer Psychologe Jean Piaget und seine Mitarbeiter seit den zwanziger Jahren unternommen.[14] Die dabei erarbeiteten Theorien über die kognitive Entwicklung bei Kindern werden häufig mit dem Begriff »genetische Epistemologie« bezeichnet. Hierin können vier kognitive Stu-

fen unterschieden werden, auf denen sich »Der Aufbau der Wirklichkeit beim Kinde« vollzieht.[15]

In den ersten beiden Jahren des Lebens findet man eine sensomotorische Phase, in der das kindliche Gehirn die Kategorien Raum, Zeit und Kausalität entwickelt. In diesem Zeitraum erlangt ein Kind auch das, was man Objektbewußtsein nennen könnte. Es lernt, daß Gegenstände von Dauer sind und nicht wirklich verschwinden, wenn sie nicht mehr zu sehen sind. Dies gelingt dem Kind so nebenbei, wenn es versucht, Hände, Augen und Ohren in Einklang zu bringen, und nach Gegenständen greift.

Auf einer zweiten Stufe – Piaget nennt sie präoperational – versucht das zwei- bis etwa fünfjährige Kind zunächst, etwas aus dem Gedächtnis heraus zu verstehen und mit Analogieschlüssen weiterzukommen. Es benutzt nun Symbole und repräsentiert zum Beispiel Objekte durch Wortsymbole. Anschließend zeigen sich bis zum siebten Lebensjahr erste Versuche, logisch zu denken und Beziehungen zu erkennen.

In einer dritten Stufe, der konkret-operationalen Phase, gelingt es dem sieben bis zehn Jahre alten Verstand, Objekte zu klassifizieren und zu ordnen. Sein Denken wird logisch und umkehrbar. Er entwickelt die Vorstellung, daß einige Eigenschaften erhalten werden können, zum Beispiel Zahl, Gewicht und Volumen.

Die letzte – formal-operationale – Stufe fängt nach dem zehnten Lebensjahr an. Jetzt arbeitet der kindliche Geist mit Vorstellungen. Er stellt Hypothesen auf und bemerkt, daß die wirklich vorhandene Welt nur eine von vielen möglichen Welten ist. Wenn das fünfzehnte Lebensjahr vorbei ist, haben sich dem Schema von Piaget zufolge alle Denkformen etabliert, und ein erwachsener Geist betritt die Welt.

Dieses Schema erlaubt an zwei Stellen die Diskussion einer Komplementarität. Zum einen unterscheidet Piaget »zwischen zwei Aspekten des Denkens, die sich ... komplementär

Tabelle III

Alter	Periode	Leistungen
0–2	sensomotorisch	Koordination von Händen, Augen und Ohren; Objektpermanenz; die Methode von Versuch und Irrtum geht allmählich in inneres Probehandeln über.
2–7	präoperational	Alles wird als belebt und beseelt empfunden (Animismus); egozentrisches Denken; alles Erlebte wird für real gehalten; die Begriffsbildung beginnt; Anfänge des logischen Denkens; Wahrnehmungen sind noch irreversibel.
7–11	konkret-operational	Das Denken wird logisch und umkehrbar; Reihen werden gebildet, und Beziehungen werden an konkreten Dingen koordiniert.
12–16	formal-operational	Abstraktes Denken wird möglich; die Fähigkeit entsteht, Hypothesen zu bilden und weiterzudenken; Logik der Lehrsätze wird verstanden.

zueinander verhalten. (. . .) Der eine ist der figurative Aspekt, den anderen nenne ich den operativen Aspekt. Der figurative Aspekt des Denkens besteht in der Imitation von als statisch aufgefaßten äußeren Zuständen. Die figurativen Funktionen im kognitiven Bereich sind in erster Linie Wahrnehmung, Nachahmung und geistiges Vorstellen, das nichts anderes ist als internalisierte Nachahmung. Der operative Aspekt des Denkens bezieht sich nicht auf die Zustände, sondern auf Transformationen von einem Zustand in einen anderen. Er umfaßt die Objekte oder Zustände transformierender Handlungen selbst ebenso wie die intellektuellen Operationen, die im Grunde Transformationen darstellen.«[16]

Worauf die Idee von Piaget hinausläuft, drückt er dann knapp so aus: »Ich glaube, daß menschliches Erkennen aktiv ist . . .

Erkenntnis (wird) nicht nur von Objekten, sondern auch von Handlungen, von der Koordination von Handlungen abstrahiert.«[17] Die Wurzeln der menschlichen Denkstrukturen stekken sowohl in der Sprache als auch in der allgemeinen Koordination von Handlungen.
Zum anderen haben Piaget und seine Nachfolger festgestellt, daß zwar das Alter variiert, in dem Kinder eine bestimmte kognitive Stufe erklimmen, daß aber ihre Reihenfolge nicht verändert werden kann. Piaget deutet diesen Tatbestand so, daß sich auf jeder »genetischen Stufe der Erkenntnis« ein »kognitives Gleichgewicht« einstellt. Dieses Gleichgewicht kommt durch zwei »komplementäre« Verfahren zustande, die gegeneinander wirken, wenn sich ein Kind die Welt aneignet. Auf der einen Seite will sich ein Kind der erfahrenen Welt einfügen, es will sich akkommodieren. Auf der anderen Seite will sich das Kind die Welt aneignen, es will sie assimilieren. In der Akkommodation ändert ein Kind seine (geistigen) Techniken ab, um mit Neuigkeiten fertig zu werden, bei der Assimilation werden neue Aspekte in alte Strukturen gezwängt.
Als einfaches Beispiel stellen wir uns ein Wickelkind vor, das in der Lage ist, nach Gegenständen zu greifen. Gibt man ihm ein neues Objekt (etwa eine Zahnbürste) in die Hand, kommt es zur Assimilation, indem die Bürste als greifbar erkannt wird, und es kommt zur Akkommodation, weil das Kind seine Greiftechnik ändern muß. Zwischen solchen komplementären kognitiven Kräften stellt sich ein besonderes Gleichgewicht ein, dessen Position nach Piaget für die jeweilige Stufe der geistigen Entwicklung charakteristisch ist.
(Wir können fragen, ob diese Überlegung auch noch auf der Stufe der wissenschaftlichen Erkenntnis sinnvoll ist. Die Akkommodation wird in diesem Fall von technischen Geräten übernommen. Und assimilieren müssen wir eine Welt, auf die unsere Kategorien und Begriffe nicht eingestellt sind. Unsere Begriffe bekommen einen neuen Sinn, der mit ihrer Intuition

nicht mehr übereinstimmt. Diese Lücke versuchte Bohr bekanntlich mit der Komplementaritätsidee auszufüllen.)

In Piagets Theorie wird zwar beschrieben, wie sich der Geist allmählich die Fähigkeit erwirbt, Hypothesen zu bilden und mit ihnen weiterzuoperieren, es wird aber nicht weiter untersucht, wie *unterschiedliche* Hypothesen oder Erklärungen bewertet werden. Wonach entscheidet man sich im Zweifelsfall, nach eigenen Kenntnissen oder nach dem Wissen anderer? Wie entwickelt sich überhaupt nicht nur mein Umgang mit der Welt, sondern auch mein Wissen von der Wirklichkeit?

Diese Entfaltung der sogenannten epistemischen Kognition wird seit einem Jahrzehnt – vor allem in den USA – systematisch analysiert. Seit kurzem wird in der Schweiz spezifisch der Aspekt der Komplementarität erkundet, und ein erster Bericht von den Psychologen Fritz Oser und K. Helmut Reich liegt vor.[18] Die Untersuchungen am pädagogischen Institut der Universität Fribourg legen dabei die Hypothese nah, daß sich das »Denken in Komplementarität« entwickelt. Oser und Reich konnten hier fünf Niveaus des kognitiven Erwachens ausmachen, die einerseits mit dem Schema Piagets übereinstimmen, die andererseits aber darüber hinausgehen und eine intellektuelle Entwicklung auch da noch konstatieren, wo bei Piaget schon der erwachsene Geist vorliegt (nämlich vom 16. Lebensjahr an).

An der Untersuchung waren Probanden im Alter zwischen 6 und 66 beteiligt. Ihnen wurden in Form von Erzählungen neun Probleme mit jeweils zwei konkurrierenden Theorien vorgestellt, die Vorschläge zur Lösung des Problems enthielten. Zwei Beispiele wollen wir hier nennen. So wurde einmal gefragt, ob die Qualität des Klavierspiels einer Pianistin von ihrer Begabung oder von ihrem Fleiß herrührt. In einem anderen Fall ging es um die Entstehung der Welt. Kann sie allein aus der Physik mit Hilfe des Urknalls verstanden werden, oder ist die Welt nicht vielmehr eine Schöpfung Gottes?

Die Auswertung der Antworten erlaubt es, fünf Stufen anzunehmen, auf denen das Denken zur Komplementarität heranreift.[19] Wir fassen sie in Tabelle IV zusammen. (Natürlich können Kinder in der sensomotorischen Phase an dieser Befragung nicht teilnehmen; ihr Wissen besteht aus dem, was die Sinne ihnen mitteilen. Sie vergleichen noch nicht.)
Das Niveau V erfaßt natürlich den wirklich erwachsenen und erfahrenen Menschen, dem dieser Studie zufolge die Komplementarität »in Fleisch und Blut« übergegangen ist. Wenn diese ersten Ergebnisse sich bestätigen und in pädagogischen Analysen stabilisieren, dann kann es nur eine Konsequenz geben: Die Öffnung des Denkens zum Erkennen und Akzeptieren der Komplementarität und die hierin steckende Motivation müssen in der Schule unterstützt werden. Es gilt, schreiben Oser und Reich, »besonders in der Adoleszenz und selbst nach dem Aufbau der Strukturen des formal-operationalen Denkens eine seelische Haltung zu stärken, die es gestattet, (scheinbare) kognitive Widersprüche in sich wirken zu lassen und zeitweilig sogar mit einer Ungewißheit zu leben, bis sich die Nebel lichten und die neue Erkenntnis klar vor Augen liegt«[20].
Wir haben bislang die Rolle der Komplementarität beim *Denken* ins Auge gefaßt. Diese Idee Bohrs spielt aber auch in der *Sprache* eine Rolle, wie in den folgenden Abschnitten beschrieben werden soll. Möglicherweise bietet sich durch Bohrs Idee eine Gelegenheit, den Zusammenhang zwischen Denken und Sprechen neu zu erfassen.
Linguistische Forschungen in jüngster Zeit haben gezeigt, daß nicht nur die kognitiven Stufen von Piagets Leiter als Gleichgewicht zwischen komplementär wirkenden Prinzipien verstanden werden können, sondern daß ein ähnlicher Ansatz auch in der Analyse der Sprache möglich ist. Durch konsequenten Sprachvergleich ist es der von Hansjakob Seiler geleiteten Forschungsgruppe UNITYP (Universalien und Typolo-

Tabelle IV

Niveau (nach Oser u. Reich)	Periode (nach Piaget)	Leistung
I	präoperational	Die beiden Theorien werden für sich allein betrachtet; eine ist richtig, die andere ist falsch; eine Entscheidung fällt spontan und wird höchstens extern begründet.
II	konkret-operational	Die Möglichkeit wird erwogen, daß beide Theorien richtig sind; kein Versuch, die eine auf die andere zu beziehen; Begründungen mit selbständig formulierten externen Argumenten.
III	formal-operational	Die Negation der beiden Theorien zeigt, daß keine vollständig ist; beide sind notwendig; als Begründungen werden (verallgemeinerte) eigene Erfahrungen herangezogen.
IV	—	Beide Theorien werden bewußt zusammengebracht; eine (beide) umfassende Erklärung wird versucht; eine Relation zwischen den Theorien wird intern begründet.
V	—	Komplementarität ist selbstverständlich geworden; die Relation zwischen beiden Theorien ist verstanden; wissenschaftliche Argumente und persönliche Erfahrung finden sich zusammen. Eine umfassende »Supertheorie« entsteht.

gie) an der Universität Köln gelungen, jeden sprachlichen Vorgang durch komplementär wirkende Prinzipien verständlich zu machen.[21]

Seiler entwirft dabei eine neue Sicht der Sprache. Er wendet sich von der alten mehr dinghaften Vorstellung ab und begreift Sprache als eine Tätigkeit, als einen Prozeß, der bei der Lösung eines Problems hilft. Das Problem für einen Sprecher besteht darin, sein Wissen einem anderen mitzuteilen. Er muß seine Konzepte (»Konzeptualisierungen«) in Sprache umsetzen. Die Aufgabe der Sprachwissenschaft besteht dann darin, den Lösungsprozeß nachzuvollziehen. Eine gesprochene Einzelsprache wird als eine mögliche Lösung dieses Problems angesehen, die mehr oder weniger zufällig realisiert ist. Beim Sprachvergleich können viele solcher Lösungen angesehen werden. Damit sollten Einblicke in das Funktionieren des Denkens gelingen, wenn es zu sprechen versucht.

Um zu sehen, was wir »machen«, wenn wir sprechen, empfiehlt Seiler, sich die Frage vorzulegen, was wir geistig tun, wenn wir übersetzen. Ein Dolmetscher wählt nicht einfach die Wörter und Konstruktionen einer Zielsprache Z nach ihrem Erscheinen in der Ausgangssprache A. Er überträgt nicht einfach eine Lautfolge aus A in eine Lautfolge aus Z. Er muß vielmehr erst den Inhalt entschlüsseln, der ausgedrückt werden soll. Da *ein* gegebener Inhalt auf *mehrere* Weisen formuliert werden kann, stellt sich bei der Übersetzung das Problem, welche *Formen* denn nun denselben *Inhalt* ausdrücken. Ein Inhalt und sein Ausdruck können nicht direkt miteinander verbunden sein, zwischen sie schiebt sich ein gemeinsamer Nenner, aus dessen Bereich die verschiedenen Formulierungen für einen Gedankeninhalt geschöpft werden können. Seiler sieht in diesem Nenner eine *Invariante* (oder *Universalie*), von der aus die einzelsprachlich verfügbaren Ausdrücke als *Variationen* konstruiert werden können.

Zusammenfassend liegt diesem Sprachmodell die Vorstellung

zugrunde, »daß die Möglichkeiten, einen vorgegebenen Inhalt (ein Konzept) in den Sprachen der Welt auszudrücken, nicht unbegrenzt sind; daß sich vielmehr die einem Inhalt oder Konzept zuzuordnenden Ausdrucksweisen (Laut und Bedeutung) in den verschiedenen Sprachen zueinander verhalten wie Varianten zu einer Invariante (einem gemeinsamen Nenner), die (den) man rekonstruieren kann«.[22] Aufgabe der Linguisten ist die Rekonstruktion dieser Sprachuniversalien.

Eine Sprachuniversalie kann als eine invariante Eigenschaft der Sprache definiert werden, aus der die gegebenen Einheiten einer bestimmten Sprache (Laute, Zeichen) geformt werden. Die Aufgabe der Universalienforschung besteht darin, aus einzelsprachlichen Ausdrücken das dahinterstehende invariante Programm zu rekonstruieren. Wenn dies gelingt, »so haben wir . . . den Weg einsichtig gemacht, d. h. ausdrücklich beschrieben, der vom sprachlichen Ausdruck zum Gedanken führt und von da wieder zum sprachlichen Ausdruck – einen Weg, den . . . jeder sprechende und hörende Mensch bei jedem Sprechakt aufs neue geistig nachvollzieht«.[23]

Diese Rekonstruktion des gemeinsamen Nenners nun führt zum Konzept der Komplementarität. *Die gesuchte Invariante erweist sich als die Wirkung von zwei komplementären funktionalen Prinzipien.*

Wir wollen dies an dem Beispiel ausführen, das von der Kölner Forschergruppe am weitesten ausgearbeitet worden ist. Es geht dabei um das sprachliche Erfassen von Gegenständen, das die Linguisten als Apprehension bezeichnen. Wie lösen wir sprachlich das Problem, einen erkannten Gegenstand in Worte zu fassen? Um den sprachlichen Zugriff zu verstehen, müssen wir erst überlegen, was ein Gegenstand ist. Schon bei Aristoteles wird der Gegenstandsbegriff als ein Verhältnis zweier komplementärer Prinzipien definiert. Etwas, das als Ding erfahren wird, kann Aristoteles zufolge als ein *Solches* und als ein *Dieses* auftreten; denn »wenngleich die Wahrnehmung sich auf ein Solches und nicht auf ein Dieses bezieht, ist das, was wahrgenommen wird, ein Dieses und an einem Ort und jetzt«[24]. Dies kann gedanklich weiter ausgeführt werden: Auf einen Gegenstand kann hingewiesen, er kann benannt werden, oder über ihn kann etwas ausgesagt, er kann beschrieben werden. Beide Arten sind komplementär zueinander, sie sind nicht zugleich möglich. (Mit diesen Überlegungen wird deutlich, wie Begriffliches und Sprachliches ineinander übergehen.[25])

Wir wissen, daß es verschiedene Arten von Gegenständen gibt, mit denen wir sprachlich auf verschiedene Art und Weise umgehen. Wir bezeichnen zum Beispiel Einzelgegenstände (Messer, Tisch), Massen (Milch, Butter) oder Kollektionen (ein Schwarm Bienen). Die Kollektion »Leitung des Unternehmens« – gemeint sind etwa ein Aufsichtsrat und ein Direktor – kann auch anders verwendet werden: »Die Leitung des Unternehmens ist gut« meint nicht mehr irgendwelche Damen und Herren, sondern mit diesem Ausdruck wird ein Vorgang vergegenständlicht. »Leitung« ist nun ein sogenanntes Abstraktnomen, und Abstraktnomen werden sprachlich wie Gegenstände behandelt.

Abstraktnomen bilden ein Extrem unter den Techniken, mit denen Gegenstände erfaßt werden. Sie verfahren, wie die Linguisten sagen, weitgehend prädikativ und heben das Allgemeine hervor. Das Extrem am anderen Ende der Apprehension ist die Technik der Namensgebung, die einfach auf Gegenstände verweist (indikativ) und den einzelnen hervorhebt. Das volle Spektrum der Apprehension zeigt sich, wenn man neben den im Deutschen verwendeten Techniken die Verfahren heranzieht, die in anderen Sprachen realisiert worden sind. Mit Hilfe zahlreicher Daten aus vielen Einzelsprachen konnten die Kölner Linguisten ein Modell ableiten, das die gesuchte Invariante offenbart.

Die Sprachuniversale für die Aufgabe der Gegenstandserfas-

sung ist das komplementäre Zusammenwirken der funktionalen Prinzipien Indikativität (Verweisen) und Prädikativität (Beschreiben). Die Invariante besteht aus dem komplementären Verhältnis dieser beiden Zugkräfte.
Das Schema zeigt, wie die tatsächlich vollzogene sprachliche Erfassung eines Gegenstandes sich als eine Art Superposition zweier polarer Möglichkeiten ergibt. Die beiden komplementären Prinzipien sind die der Benennung (Individualisierung) und die der Beschreibung (Generalisierung). Je stärker generalisierend ein Gegenstand sprachlich erfaßt wird, desto weniger wird er individualisierend dargestellt und umgekehrt. In

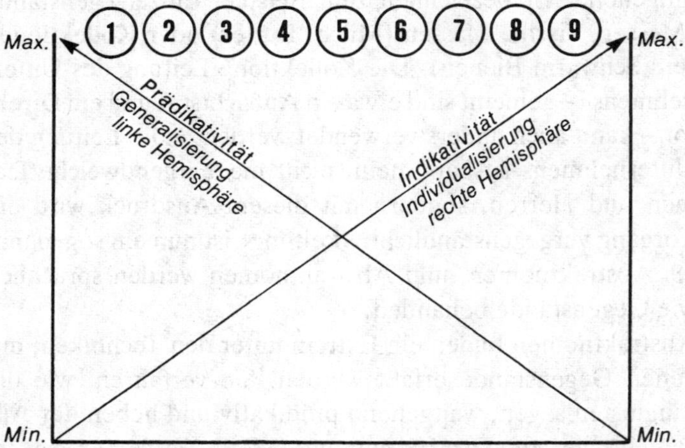

Abbildung 40: Die Dimension der Apprehension. Durch zwischensprachlichen Vergleich konnten neun Techniken (1–9) ermittelt werden – sie werden in der Tabelle auf S. 247 gezeigt –, die bei der sprachlichen Erfassung von Gegenständen verwendet werden. Die Techniken können in dem gezeigten Schema zusammengefaßt werden, das verdeutlicht, wie in jeder einzelsprachlichen Äußerung zwei komplementäre Prinzipien wirken. Da treffen die Tendenz zur Prädikativität (Beschreibung) und die zur Indikativität (Benennung) aufeinander. Man ist versucht, diese Tätigkeiten den verschiedenen Hemisphären zuzuweisen. Die rechte Hirnhälfte kommt (sprachlich) mit Substantiven zurecht, die linke Hemisphäre beherbergt die Fähigkeit zur Satzbildung.

Die Techniken der sprachlichen Erfassung von Gegenständen

Abstraktion	Zerstörung Leitung			
Kollektion	eine Herde Kühe ein Stapel Bücher ein Paar Schuhe			
Maße/Messen	ein Pfund Brot zwei Maß Bier			
Klassifikation durch Verb	Acoma (nordamerikanische Indianersprache) »handhaben (Körner)« »handhaben (Fleisch)« »handhaben (Dinge im Korb)« (. . .)	 –áamáaku– –ûisaa– –út–		
Klassifikation durch Artikel	Ponca (Sprache der Sioux) »das Wasser (eine Handvoll)« »das Wasser (lang, Fluß)« »das Wasser (verstreut, Flüsse)«	 nî cã nî k'e nî ge		
Numeral-klassifikation	Vietnamesisch »drei Büffel«	 ba drei	 con »Lebewesen«	 trân Büffel
Kongruenz von Nominalklassen	Swahili »ein großer Korb« = ki-kapu Korb ki ist ein Klassifikator	 ki-kubwa groß	 ki-moja ein	
Genus-kongruenz	Latein exercitus Român-us das römische Heer Heer (maskulinum) pax Romāna der römische Frieden Frieden (femininum)			
Namensgebung	Karl			

(Alle Sprachdaten aus Seiler, 1982)

diesem Verfahren findet sich die Begriffsanalyse von Aristoteles wieder: Die Prädikativität (Aussage) erfaßt den Gegenstand als »Solches«, die Indikativität (Hinweis) erfaßt ihn als »Dieses«.
Dieses Schema ist zunächst nur eine Hypothese. Wenn sie sich aber bewahrheitet, schreibt Seiler, dann »haben wir von dem *tertium comparationis* ›Gegenstand‹ her und auf der Basis der Daten aus den Sprachen der Welt eine Invariante rekonstruiert, die in dem komplementären Verhältnis der beiden funktionalen Prinzipien besteht«[26].
Für die Richtigkeit des Modells spricht einerseits die Beobachtung, daß es bislang allen Sprachfakten Stand gehalten

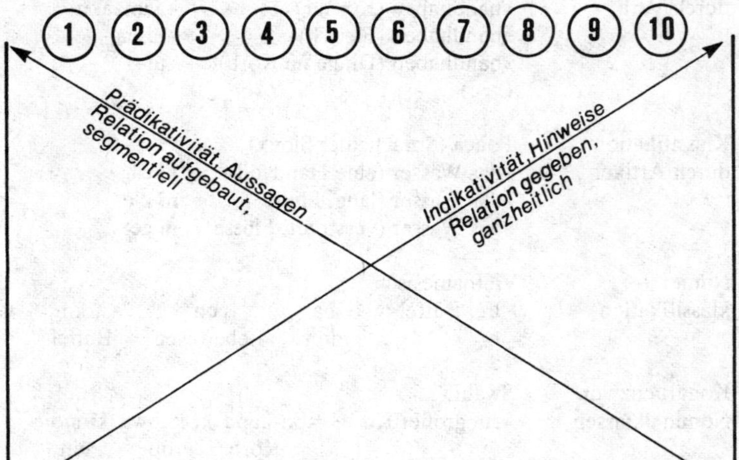

Abbildung 41: Die Dimension der Partizipation (ohne Angabe der zehn Techniken). Hierbei geht es um die sprachliche Erfassung einer Teilnahme. Wer oder was teilnimmt (Partizipant), muß in Verbindung gebracht werden mit dem, woran teilgenommen wird (Partizipatum). Wie bei der Apprehension wirken zwei komplementäre Prinzipien gegeneinander. Im Rahmen der Prädikativität wird eine (entsprechend lose) Relation erst aufgebaut, die im Rahmen der Indikativität inhärent ist.

hat.[27] Darüber hinaus konnten auch andere sprachliche Dimensionen so in einem Modell erfaßt werden. Zum Beispiel konnte gezeigt werden, daß die Relation einer mitspielenden Person (Partizipant) zu dem, woran teilgenommen wird (Partizipatum), sprachlich ebenfalls zwischen zwei gegenläufigen dynamischen Zugkräften ausgebildet wird. Auch die Dimension der Partizipation weist auf ein komplementäres Verhältnis zweier funktionaler Prinzipien als die gesuchte Invariante.

Die Wissenschaft vom Menschen

In dem kürzlich erschienenen Sammelband »Der ganze Mensch«[28], der die »Aspekte einer pragmatischen Anthropologie« vorstellen will, untersucht der Herausgeber Hans Rösner die Voraussetzungen und Randbedingungen einer derartigen Wissenschaft vom Menschen. Er kommt dabei unter anderem zu dem Schluß, daß es »vielleicht hilfreich (wäre), den Begriff der ›Komplementarität‹, wie ihn Niels Bohr in die Physik eingeführt und dort gleichsam entfaltet hat, auch in der Anthropologie einzuführen«. Denn »die gängigen Dualismen Natur und Kultur, Evolution und Geschichte, das uralte Leib-Seele-, Körper-Geist-Problem, schließlich auch Sprache und Denken, Denken und Bewußtsein und manches mehr könnten – komplementär erfaßt – wenn auch nicht aufgelöst, so doch wesentlich einsichtiger werden, als das bisher erreicht worden ist, immer unter der Bohrschen Voraussetzung, daß es sich im Grunde um *ein* Phänomen handelt, für das es mehrere einzeln einander ausschließende, insgesamt aber sich ergänzende Realitätsbeschreibungen gibt«.
Dieser Aufforderung, eine komplementär orientierte Wissenschaft vom Menschen aufzubauen, ist man mindestens schon einmal gefolgt, nämlich im Rahmen der sogenannten Ethnopsychoanalyse. Diese junge Wissenschaft wird in dem Buch

»Die gesellschaftliche Produktion von Unbewußtheit« vorgestellt, das 1982 zum erstenmal erschienen und seit 1984 als Taschenbuch zu erhalten ist.[29] In ihm beschreibt der Psychoanalytiker und Ethnologe Mario Erdheim, wie soziale Abläufe in allen Gesellschaftsformen nach psychoanalytischen Methoden untersucht werden, wie also der »ethnopsychoanalytische Prozeß« rekonstruiert wird.

Erdheims Themen erscheinen auf den ersten Blick zufällig und ohne Zusammenhang. Er berichtet vom alten Wien vor der Jahrhundertwende, von den Azteken, vom Sonnenkönig und Versailles, von Menschenopfern und Faschismus, von Pubertätsriten und Verhältnissen an einem Züricher Gymnasium. Dieser kulturelle Pendelverkehr wird benutzt, um zwei Problemkreise zu analysieren, die miteinander verbunden sind. Erdheim nennt sie *»die Relevanz des Unbewußten für die kulturelle Evolution«* und das »Verhältnis zwischen *Adoleszenz und Kulturwandel*«. Gezeigt werden soll einmal, »daß die kulturelle Evolution auch mit der Produktion von Unbewußtheit verknüpft ist«, und zum anderen, daß »Familie und Kultur in einem *antagonistischen* Verhältnis« zueinander stehen. Die Krise der Adoleszenz wird dabei als »der lebensgeschichtliche Ausdruck des antagonistischen Verhältnisses zwischen Kultur und Familie« eingestuft.

Damit ist eine wichtige »lebensgeschichtliche« Dimension des ethnopsychoanalytischen Prozesses angesprochen, »das Verstehen fremden Lebens wird nicht nur selber zu einem Teil des eigenen Lebens, sondern vollzieht sich auch unter fortwährendem Bezug auf die bisherigen Erfahrungen. (...) Was es heißt, ein Mann zu sein, wird einem erst klar, wenn man eine Frau verstehen möchte und auf die eigenen Schranken stößt. Der ethnopsychoanalytische Prozeß stellt den Versuch dar, solche Schranken zu überwinden.«[30]

Indem die Ethnopsychoanalyse das Unbewußte in der Kultur zu entdecken versucht, wird sie zu einer interdisziplinären

Anstrengung. Denn die Psychoanalyse bestimmt, was unbewußt ist, und die Ethnologie legt fest, was unter dem Begriff der Kultur zu verstehen ist. Einer der Mitbegründer dieser neuen Wissenschaft vom Menschen, der Franzose Georges Devereux, bevorzugt es, von einem *»pluri*disziplinären« Ansatz zu sprechen, da die Ethnopsychoanalyse »eine zweifache Analyse bestimmter Fakten vornimmt – im Rahmen der Soziologie einerseits und im Rahmen der Psychoanalyse andererseits«. Sie beschreibt darüber hinaus die Natur der Beziehung zwischen den beiden Erklärungssystemen. Devereux verwendet dafür Bohrs Begriff der Komplementarität, und er definiert Ethnopsychoanalyse als »die komplementaristische Methode in den Wissenschaften vom Menschen«[31].
Für Devereux stellt der Verzicht auf nur eine Erklärung des menschlichen Verhaltens keinen Verlust dar. Im Gegenteil: »Die Möglichkeit, ein menschliches Phänomen auf wenigstens zwei (komplementäre) Weisen ›vollständig‹ zu erklären (beweist), daß einerseits das fragliche Phänomen wirklich ist und daß andererseits *jede* der beiden Erklärungen innerhalb ihres eigenen Bezugsrahmens vollständig (und deshalb gültig) ist.«
In der Wissenschaft vom Menschen wird letzten Endes das Individuum beobachtet, auch wenn es mehr oder weniger in einer Masse verschwindet. Was nun für einen Psychologen innerhalb eines Individuums ist, befindet sich für einen Soziologen, der es als Mitglied einer Gesamtheit betrachtet, außerhalb eines Individuums. Devereux kommt zu folgender Hypothese: *»Zwischen der psychologischen, einen inneren Beobachter implizierenden Erklärung und der soziologischen, einen äußeren Beobachter implizierenden Erklärung besteht ein Komplementaritätsverhältnis.«* Er bezieht sich bei der Verwendung des Begriffes Komplementarität ausdrücklich auf Bohr, denn »als Bohr sein Beobachtungsfeld auf die Biologie ausdehnte, konnte er die Manifestationen dieser Komple-

mentarität auch in diesem Bereich finden. Sein *Abtötungsprinzip* betrifft einen ebenso einfachen wie frappanten Sachverhalt: Jede *zu weit* getriebene experimentelle Untersuchung des Phänomens ›Leben‹ zerstört, was es zu bestimmen versucht: das Leben. Kurz, das Experiment selbst *verwandelt* das lebendige Fleisch in Metzgerware.«[32]
Die Idee der Komplementarität fließt auf zwei Weisen in den Gedankengang ein. Einmal erfaßt sie einen Beobachter, der das von ihm observierte Verhalten beeinflussen kann. Wie ein Beobachter ein experimentelles Verhalten erzwingt, sieht man besonders deutlich am Beispiel der Selbstbeobachtung. In dem Fall kann der Beobachter das Beobachtete tatsächlich abtöten. Devereux verdeutlicht dies am Beispiel des Orgasmus:

»1. Der voll erlebte Orgasmus bringt eine Bewußtseinstrübung mit sich, wodurch die Beobachtung des eigenen Organismus ungenau wird.
2. Wenn man sich um der besseren Beobachtung willen bemüht, diese Bewußtseinstrübung zu verhindern, wird das, was man beobachtet, kein echter, in ganzer Intensität erlebter Orgasmus sein, sondern lediglich ein physiologischer Spasmus, der in einer Ejakulation kulminiert.«[33]

Der zuletzt beschriebene Vorgang ist natürlich nur die männliche Hälfte des ganzen Orgasmus, der von zwei Menschen gemeinsam erlebt werden kann. Wie die Erfahrung zeigt, bereitet es vielen Paaren Schwierigkeiten, gleichzeitig den Orgasmus zu erreichen. Im Rahmen der Komplementarität kann argumentiert werden, daß dies gar nicht das richtige Ziel ist. Wenn die Partner *nacheinander* zum Orgasmus kommen, kann jeder von beiden diesen Zustand *sowohl* ungetrübt erleben (bei sich selbst) *als auch* unvermindert beobachten (beim anderen).

Die zweite oben angesprochene Komplementarität besteht zwischen der soziologischen und der psychologischen Erklärung eines Phänomens, und die ist *»unvermeidlich«,* da es logisch unmöglich ist, gleichzeitig in zwei verschiedenen Bezugsrahmen zu denken. Wenn man zum Beispiel das Verhalten eines Mannes seiner Schwiegermutter gegenüber verstehen will, kann man nicht gleichzeitig soziokulturelle (z. B. die Stereotype Schwiegermutter) und psychologische Begriffe (z. B. die Reizbarkeit) verwenden.
Die Rolle der Komplementarität wird noch deutlicher, wenn man versucht, die Motive von Handlungen zu beschreiben. Sie sind einer doppelten Analyse zugänglich. Für einen Psychologen liefern Kultur und Gesellschaft sogenannte instrumentelle Motive, die die ursprünglichen (operanten) Beweggründe eines einzelnen verstärken und kanalisieren, indem sie die Mittel für ihre Verwirklichung und Befriedigung bereitstellen. Psychologisch gesehen, erleichtert diese gesellschaftliche Rationalisierung es einem Menschen, die subjektiv befriedigende Handlung auszuführen. Soziologisch betrachtet, bewirkt die »Genehmigung« der Handlung, daß sie als ein soziologisch operantes Motiv funktioniert, besonders, insofern es um die Genehmigung einer Tat geht, die subjektiv gewünscht wird. Vom Standpunkt des Soziologen aus gesehen, ermöglicht etwa die subjektive Aggressivität einer Person – sie ist das instrumentelle Motiv – die Verwirklichung sozialer Forderungen, die die Rolle des operanten Motivs übernehmen. (In der Psychologie ist das operante Motiv oft unbewußt, das instrumentelle Motiv ist immer bewußt. In der soziologischen Motivinterpretation ist es das instrumentelle Motiv, das »unbewußt« ist.)
Devereux erläutert seine komplementaristische These – »Was in der Psychologie ein operantes Motiv ist, ist in der Soziologie ein instrumentelles Motiv – und natürlich umgekehrt« – am Beispiel der »Hexe« Sahaykwisa der Mohave-Indianer. Sie

hatte verkündet, daß sie eine Hexe ist, und so ihre beiden Liebhaber veranlaßt, sie zu ermorden. Dies bestimmt die Kultur der Mohave. Was war ihr Motiv dafür?
Ein Psychologe würde vermutlich entweder sagen, Sahaykwisa war in solch einem Maße selbstzerstörerisch, daß sie in jeder Gesellschaft ihre Ermordung hätte bewirken können (operantes Motiv), oder er würde sagen, sie war eben davon überzeugt, nur dann ewig Macht über die Schatten der Geliebten zu haben, wenn sie sich ermorden ließ (instrumentelles Motiv). Ein Soziologe würde reziprok argumentieren.
Die Tatsache, daß diese Erklärungen komplementär sind, verdanken sie natürlich zunächst der Zuordnung, mit denen die Fakten »gezwungen« werden, ein psychologisches oder ein soziologisches Datum zu werden. Die Gültigkeit der Komplementaritätsidee bleibt dabei bestehen, weil keine Erklärung denkbar ist, die ein Faktum gleichzeitig in beide Bereiche legen kann.
Die Beziehung gegenseitiger Irreduzibilität und Komplementarität besteht nicht nur zwischen dem soziologischen und dem psychologischen Diskurs. Es kann auch vorkommen, daß zwei Perspektiven oder zwei Theorien in diesem Verhältnis zueinander stehen. Beide wären dann wahr (etwa der Strukturalismus und die Psychoanalyse). So verhält sich etwa die Auffassung angeborener Strukturen des menschlichen Denkens (Claude Lévi-Strauss) oder der Grammatik (Noam Chomsky) komplementär zu der Ansicht, daß das, was den Menschen wesentlich kennzeichnet, nicht die angeborenen, invarianten Strukturen sind, sondern die Fähigkeit des Geistes, Transformationen hervorzubringen, in deren Verlauf gewisse Strukturen invariant bleiben.
Devereux weist auf Beobachtungen zum Komplementaritätsprinzip hin, die 1895 (!) Josef Breuer gemacht und gemeinsam mit Sigmund Freud veröffentlicht hat, der sie später im psychoanalytischen Rahmen verallgemeinerte. Breuer berichtet

über folgende klinische Beobachtungen: Solange es ein (beobachtbares und unbewußtes) Symptom gibt, ist der Sinn des Symptoms unbewußt und nicht beobachtbar. Wenn aber der Sinn des Symptoms bewußt (beobachtbar) und mit dem Symptom in Zusammenhang gebracht wird, verschwindet das Symptom.

Freud hat diese »psychologische Komplementarität« später so formuliert: »Nicht nur, daß der Sinn der Symptome regelmäßig unbewußt ist; es besteht auch ein Verhältnis von Vertretung zwischen dieser Unbewußtheit und der Existenzmöglichkeit der Symptome.«[34]

»Wir haben«, schreibt der Physiker Pascual Jordan, »also wieder eine ähnliche Situation wie in der Quantenphysik: Es ist nicht möglich, die Beobachtungen, welche nach deterministischer Auffassung nötig waren, um die Unterlagen der Voraussage zu liefern, tatsächlich durchzuführen, ohne daß dabei eine die ganze Vorausbestimmung über den Haufen werfende Veränderung der beobachtenden Zustände eintritt.«[35]

Innen und Außen

»Es bewegt sich. Es bewegt sich nicht.
Es ist weit, und Es ist nah.
Es ist in allem,
Und Es ist außerhalb von allem.«
Aus den Upanischaden

Zwei Hemisphären

Die Idee der Komplementarität impliziert, daß es zu dem jeweils einen Aspekt der Natur, den wir erforschen können, einen zweiten gibt, der zwar unverzichtbar ist, der aber nicht zugleich erkannt werden kann. Das der Welt zugrundeliegende Etwas *zeigt* sich komplementär als Sein und Werden, als Partikel (Ausdruck des Seins, der unmittelbar ist) und Welle (Ausdruck des Werdens, der vermittelt ist), als Struktur und Funktion, als Stabilität und Wandel, als Element und Wechselwirkung, als Individuum und Mitglied, als Notwendigkeit und Zufall.
Diese Idee, daß die ganze Natur der Welt durch duale Kontraste bestimmt wird, kann mindestens bis zu den Pythagoreern zurückverfolgt werden. Aristoteles berichtet darüber in seiner Metaphysik:

> »Es scheint also, daß auch sie in den Zahlen eine Art Ursache sehen, und zwar nach der Weise des Stoffes alles Wirklichen und seiner Eigenschaften und Zustände. Die Bausteine der Zahl wieder sind das Gerade und das Ungerade, hierfür endlich das Unendliche und das Begrenzte;

die Einheit, so lehren sie, leite sich aus beiden her (denn sie sei sowohl gerade wie ungerade), die Zahlen wieder aus der Einheit, und die Zahlen bilden den ganzen Himmel, wie sie behaupten.

Eine andere Richtung ihrer Gruppe (die Pythagoreer; Anm. d. Verf.) lehrt, es gebe zehn Urformen, die sie paarweise entgegenstellen: Begrenztes und Unbegrenztes, Ungerades und Gerades, Eines und Vieles, Rechtes und Linkes, Männliches und Weibliches, Ruhendes und Bewegtes, Gerades und Krummes, Licht und Finsternis, Gutes und Böses, Rationales und Irrationales.«[1]

Da wir seit Kant der Meinung sind, daß der Verstand die Gesetze der Natur nicht aus ihr schöpft, sondern ihr vorschreibt, scheint an dieser Stelle die Frage sinnvoll, ob die gefundene Zweiteilung nicht die des Verstandes selbst ist. Ein erster Blick in das zuständige Organ läßt nur eine positive Antwort zu. Die Masse unter unserer Schädeldecke besteht aus zwei Hälften, die gewöhnlich als Hemisphären bezeichnet werden und die durch einen balkenförmigen Nervenstrang *(Corpus callosum)* verbunden sind.

Die evolutionäre Konstruktion eines zweigeteilten (dualen) Gehirns hat schon sehr früh begonnen, da für eine zielgerichtete Bewegung eine bilateral symmetrische Anordnung der Sinnesorgane und Fortbewegungsmittel von Vorteil ist. Dies hat seinen Niederschlag in einer entsprechenden Organisation des Gehirns gefunden. Die Natur – so kann man annehmen – folgte dabei dem Prinzip, daß jede Form ein Abbild der sie prägenden Kräfte ist. Die symmetrischen Nervensysteme der Wirbeltiere beherrschen heute die biologische Welt.

Die Besonderheit des menschlichen Gehirns steckt also nicht in seiner symmetrischen Dualität, sie steckt vielmehr in der zunächst überraschenden Asymmetrie der Hemisphären, die anatomisch erkennbar ist.[2] So unterscheiden sich etwa die

durch die Längsfurche *(Fissura logitudinalis)* voneinander abgegrenzten Hirnbereiche links und rechts durch ihre Länge und die Form der Hirnwindungen. Und die Sylvische Furche, die den Schläfenlappen vom Stirn- und Scheitellappen abtrennt, ist links länger als rechts. (Die Asymmetrie scheint auch die Frage beantworten zu können, ob das größere Gehirn der Delphine auch die größere Intelligenz zur Folge hat. Dem Gehirn der Delphine fehlt die Asymmetrie, die unser Gehirn auszeichnet.)
Diese Asymmetrien entwickeln sich, bevor wir geboren werden.[3] Sie sind also angeboren und wurden von unseren Vorfahren erworben. Man kann auch ungefähr eine Zeit angeben, zu der es die Asymmetrie schon gegeben hat. Die Sylvische Furche hinterläßt in manchen Menschen einen leichten Eindruck in der Schädeldecke. Und tatsächlich konnte in Schädelknochen, die über 30 000 Jahre alt sind und den Neandertalern zugerechnet werden, nachgewiesen werden, daß der Eindruck der Sylvischen Furche rechts höher reicht als links.[4] Die Asymmetrie der Hemisphären ist aber sicher noch älter als 30 000 Jahre, denn auch die Schädelknochen von Pekingmenschen (die 300 000 Jahre alt sind) weisen den unterschiedli-

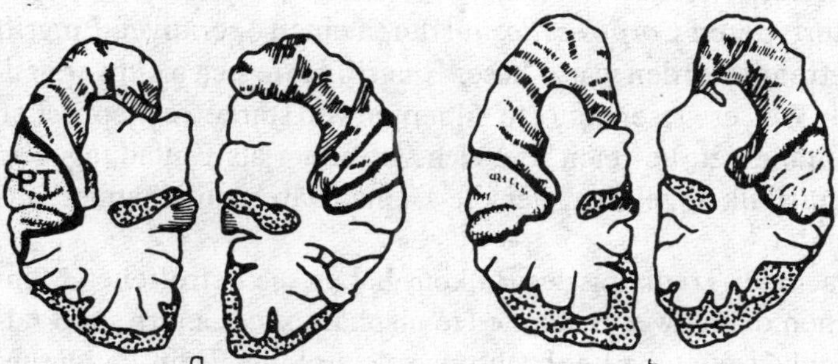

Abbildung 42: Die morphologische Asymmetrie der rechten und der linken Hemisphäre. (Aus Geschwind, 1979)

chen Verlauf der Furche auf. Vermutlich ist der Ursprung der Hirnasymmetrie älter als der Mensch, denn Untersuchungen von Affenhirnen zeigten, daß zwar Rhesusaffen symmetrisch gebaut sind, daß aber bei Schimpansen der linke Schläfenlappen durchweg größer als beim Menschen ist.[5]

Interessanter als anatomische Abweichungen von der Ausgewogenheit der Hirnhälften sind mögliche funktionale Asymmetrien. Sie sind auch seit dem 19. Jahrhundert gut bekannt, als der Franzose Paul Broca aufgrund der Postmortem-Analyse der Gehirne sprachgeschädigter Patienten feststellen konnte, daß wir mit der linken Hemisphäre sprechen. Das heißt, in der linken Hälfte des Gehirns befindet sich eine Region – sie ist heute nach Broca benannt –, deren Verletzung zu Sprachstörungen führt. Betroffenen Menschen fiel es sehr schwer, überhaupt zu sprechen.

Ebenfalls im 19. Jahrhundert entdeckte der deutsche Arzt Carl Wernicke eine zweite Region, deren Ausfall bei den Betroffenen einen Redefluß verursachte. Die Patienten erzählten mühelos und fließend Unsinn. Damit schien klar zu sein, daß Sprache eine Aufgabe ist, die ausschließlich im linken Gehirn gelöst wird. Ausführlichere Untersuchungen haben inzwischen deutlich gemacht, daß hier genauer unterschieden werden muß. Sie wurden an Menschen durchgeführt, deren *Corpus callosum* durch einen operativen Eingriff getrennt worden war. Dieser Eingriff hatte sich als zuverlässiger Weg erwiesen, um die Patienten von starken epileptischen Anfällen zu befreien, die sich vor allem als Entladungen in dem Balken zeigten, der die Hemisphären miteinander verbindet.

Nach der Trennung des Balkens haben die betroffenen Menschen dann zwei *getrennte* Hemisphären im Gehirn, und tatsächlich zeigt die Beobachtung solcher Split-Brain-Patienten, daß ihre Einheit verlorengegangen ist. Sie reagieren in bestimmten Situationen merkwürdig gespalten. Jede Hemisphäre – so zeigte sich unter anderem – hat ihr eigenes Bewußtsein.[6]

Die normalen Aufgaben des Gehirns sind fein säuberlich getrennt. Die rechte (linke) Körperhälfte wird von der linken (rechten) Hirnhälfte angeleitet. Die Überkreuzung der sensorischen und motorischen Signale geschieht vermutlich, um eine Abstimmung und Koordination der Daten zu ermöglichen. Beim Sehen gelangen alle Sinnesinformationen aus der linken (rechten) Hälfte der Augen in den linken (rechten) Teil des visuellen Kortex. Das heißt, nur die linke Hälfte der Information im rechten Auge wechselt die Seite. Was ich also rechts (links) vor mir sehe – es bildet sich den Gesetzen der Optik wegen in *beiden* Augen links (rechts) ab –, wird im linken (rechten) Teil des Gehirns gesehen, von dem aus auch die Aktivierung der rechten (linken) Hand erfolgt.

Die wichtige Frage, die sich hier anschließt, lautet: Macht es einen Unterschied, ob wir einen Gegenstand rechts oder links sehen? Sehen wir ihn dann unterschiedlich *an,* das heißt, stellt er für uns dann etwas jeweils anderes dar?

Dieser Frage konnte bei den Split-Brain-Patienten nachgegangen werden. Mit Hilfe des sogenannten Chimärentests wurde geprüft, wie das Erkennen von Gesichtern im Gehirn organisiert ist. Beobachtungen mit hirnverletzten Patienten hatten den Verdacht aufkommen lassen, daß dies eine Eigenschaft des rechten Gehirns ist. Doch diese Unterscheidung konnte so absolut nicht beibehalten werden. Versuche mit Split-Brain-Patienten zeigten, daß auch die linke Hemisphäre Gesichter erkennt. Sie geht dabei aber anders vor. Während die rechte Hälfte das *ganze* Gesicht erkennt und rasch auf es *hinweisen* kann, braucht die linke Hälfte deutlich hervortretende *Einzelheiten,* mit denen sie in der Lage ist, das gesehene Gesicht zu *beschreiben.* Eine ähnliche Aufteilung fand man bei der Sprache. Es ist nicht so, daß nur die linke Hälfte reden kann. Auch die rechte Hemisphäre ist der Sprache mächtig,

allerdings beschränkt sie sich auf Hauptwörter, also (wie oben) auf Hinweise oder *Benennungen*. Die linke Hälfte beherrscht Grammatik und damit die *Beschreibung* eines wahrgenommenen Gegenstandes.[7]
(Anmerkung: An dieser Stelle wird nicht auf die Tatsache eingegangen, daß das Sprachzentrum nicht immer links sitzt – zum Beispiel bei Linkshändern – und daß die emotionalen Anteile beim Sprechen – Gesten – von der jeweils anderen Hälfte aus gesteuert werden.)
Somit zeigt sich, daß in den beiden Gehirnhälften nicht einfach unterschiedliche Fähigkeiten lokalisiert sind, vielmehr operieren sie nach *komplementären* Arbeitsprinzipien. Während die linke Hemisphäre *sequentiell und analytisch* funktioniert, geht die rechte *ganzheitlich und synthetisch* vor. Der Begriff der komplementären Funktionsweisen ist deshalb gerechtfertigt, weil die beiden Prinzipien, die sich im Grunde gegenseitig *ausschließen*, sich zugleich in jedem sprachlichen oder erkennenden Vorgang *ergänzen und zusammenwirken*.
Die Komplementarität der Wahrnehmung und der Sprache hat also einen festen anatomischen Grund. Er wurde durch Untersuchungen an erkrankten Hirnen entdeckt und inzwischen durch Experimente mit »normalen« Gehirnen bestätigt. Das unterschiedliche Funktionieren der Hemisphären wurde in diesem Fall mit Hilfe des dichotischen Hörtests ermittelt, bei dem beiden Ohren gleichzeitig verschiedene Signale übermittelt werden. Wegen der beschränkten Aufnahmefähigkeit unseres Gehirns wird nur ein Teil davon behalten, und welcher das ist, hängt von der Art des Signals ab. Bei Texten behalten wir besser, was das rechte Ohr (und damit vornehmlich die linke Hemisphäre) erfährt, bei Musik ist es umgekehrt. Allerdings scheint diese Art der Lateralität nur bei Frauen signifikant ausgebildet zu sein. Männer hören die Worte und die Töne rechts wie links gut oder schlecht.
Der Grund für die Asymmetrie des Hörens – falls es sie gibt –

liegt natürlich nicht im Ohr, sondern tiefer, im Gehirn selbst nämlich. Sprache versteht man nur, wenn die gehörten Laute einer nach dem anderen entschlüsselt worden sind, also analytisch und rational. Musik versteht man direkt und als Ganzes, also synthetisch und emotional. Unsere Hemisphären sind auch ihrer Funktionsweise nach stark unterschieden.
Es ist möglich – und heute fast eine Mode –, die empirisch ermittelten Funktionsunterschiede zwischen den beiden Hemisphären in Form einer Tabelle zusammenzustellen:

links	rechts
expressiv	rezeptiv
aktiv	passiv
verbal	visuell
zeitlich	räumlich
logisch	kreativ
rational	emotional
propositionell	appositionell
analytisch	synthetisch
fokussiert	diffus
sequentiell	parallel
bewußt	unbewußt
vermittelt	unmittelbar
intellektuell	intuitiv
digital	analog
das Einzelne	das Allgemeine

Es wird zu ergründen sein, wieso die Asymmetrie des Hirns, seine anatomische Komplementarität, die Grundlage der geistigen Leistungsfähigkeit des Menschen ist. Wie in der Sprache die fundamentale Invariante (Universalie) eine Art dynamische Komplementarität ist, so trifft dies möglicherweise auf alle geistigen Qualitäten zu. Dieser Bericht kann nur der Prolog zu einer Untersuchung sein, die dieser Frage auf den Grund gehen sollte.

Ein Hinweis findet sich in der begründeten Vermutung, daß jedes Wort, mit dem psychische Vorgänge erfaßt werden, (mindestens) zwei Bedeutungen hat, die komplementär zueinander zu sein scheinen. Dies soll an einem Beispiel verdeutlicht werden: Unter »Vorstellung« versteht man einerseits etwas Abstraktes, einen Begriff, andererseits etwas Konkretes, nämlich eine Aufführung im Theater. Im Russischen bedeutet »volja« etwas Festes, nämlich Ent*schlossen*heit, und etwas Offenes, nämlich die Freiheit, etwas zu tun.
In jedem sprachlichen Zeichen – so scheint es – wirken die komplementären Prinzipien, die im Gehirn organisiert sind. Bei der im letzten Kapitel erläuterten Frage der sprachlichen Erfassung von Gegenständen hatten wir etwas völlig Entsprechendes gesehen. Hier wirkten die Indikativität und die Prädikativität zusammen. Das Herausheben des einzelnen kann man nun der rechten Hemisphäre und die Verallgemeinerung kann man der linken Hemisphäre als Aufgabe zuordnen.
Wir wollen an dieser Stelle noch die Frage stellen, durch welche *wirklich* vorhandene Unterscheidung sich die Zweiteilung unseres Gehirns entwickeln konnte. Die Organe bilden die natürlichen Gesetze ja nur nach. Vielleicht – so kann man spekulieren – schlägt sich im Gehirn die Differenz zwischen solchen Signalen nieder, die in Form von *Zeichen* mitgeteilt werden können, und solchen, bei denen das nicht möglich ist. Die linke Hälfte des Gehirns spezialisiert sich auf Töne als Teile von Wortzeichen, die rechte auf nichtsprachliche Laute. Dann wird auch ersichtlich, wie die Komplementarität der Physik in die Linguistik kommt: Die Physik (Linguistik) untersucht Signale, welche durch Apparate (Ohren) aus der Umwelt empfangen werden und *nicht (doch)* durch Zeichen notiert werden können.
Die Unterscheidung zwischen Wesen, die Zeichenfolgen übermitteln und empfangen können, erlaubt es wahrscheinlich, die Beseeltheit eines Fremden – er trägt Zeichen – auf-

grund äußerer Merkmale erschließen zu können. Zum Beispiel analysiert Jean-Paul Sartre in seinem Buch »Das Sein und das Nichts« unter der Überschrift »Die Existenz eines (oder: des) Anderen« (»L'existence d'autrui«), wie die Sprache (und andere Mittel der Kommunikation mit anderen Menschen) es gestattet, die Existenz eines Menschen zu erweisen, das heißt, psychische Aktivität festzustellen.
Diese hier angedeutete existentialistische Sicht des französischen Philosophen findet ihre Entsprechung in der Entwicklung der modernen Physik, nämlich als eine Bewegung »weg vom idealistischen Gesichtspunkt hin zum ›existentiellen‹«.[8]
Wir schließen dieses Kapitel mit einer Warnung. Die heute oft allzu leichtfertig vollzogene Konstatierung einer Dichotomie – man könnte fast von einer Dichotomanie reden – hat natürlich ihre Ursprünge. Die erste dokumentierte Dualitätstheorie findet sich bei dem Athener Arzt Diocles von Carystos, der zwischen *Empfindung* und *Intellekt* unterschied und dies den »beiden Gehirnen in unserem Kopf« zuschrieb, die sie vom Herzen, vom Blut und seiner Hitze ableiteten. Diocles nahm an – ohne dies irgendwie zu begründen –, daß wir mit der linken Seite verstehen und mit der rechten Seite wahrnehmen.[9]
Die Zweiheit des Gehirns wich dann einer Einheit des Geistes und wurde erst von Franz Joseph Gall wiederentdeckt, der im 18. Jahrhundert die Art der Kranioskopie entwickelte, die besser als Phrenologie bekannt ist. Von Beginn des 19. Jahrhunderts an wurde immer wieder auf die Dualität und die Asymmetrie von Form und Funktion des Gehirns hingewiesen. 1836 veröffentlichte Hewitt Watson im »Phrenological Journal« einen Beitrag, in dessen Titel er die Frage stellte: »Was ist der Nutzen des doppelten Gehirns?« Watson deutete hierin an, daß Persönlichkeitsspaltungen und viele Fälle von Wahnsinn auf eine pathologische Dissoziation der beiden Hemisphären zurückgeführt werden könnten. Vor allem schien

man damit Krankheiten verstehen zu wollen, in denen sich unvereinbare Aktionen beider Hälften stritten und die betroffene Person zwischen Wissen und Begierde, zwischen Moral und Sünde stand. Literarisch haben sich solche Auffassungen zum Beispiel in »Dr. Jekyll und Mr. Hyde« von Robert L. Stevenson niedergeschlagen.
Gegen Ende des vergangenen Jahrhunderts wird die Erforschung der zerebralen Asymmetrie sehr komplex und unübersichtlich. Der linken Hemisphäre wurde eine gewisse Dominanz zugesprochen und die rechte als emotional betrachtet, komplementär zur intellektuellen Welt links. Die Asymmetrie wurde als Merkmal angesehen, das den Menschen vom Tier unterscheidet. Die Versuche, der linken Hälfte das Bewußtsein und der rechten das Unbewußte zuzuordnen, scheiterten allerdings.
Es ist eine alte (eine Art von Komplementarität einschließende) Einsicht, daß das, was für uns einfach und an der Oberfläche offensichtlich erscheint, in Wahrheit (der Sache nach) schwierig und tiefreichend ist. So sollte auch die Verbindung zwischen der dualen Hirnstruktur und der komplementären Denkerfahrungen gesehen werden. Sicher ist nur, daß wir beide brauchen.

Zwei Kulturen

»Rose, oh reiner Widerspruch, Lust,
Niemandes Schlaf zu sein
unter soviel Lidern.«

Rainer Maria Rilke

Die im letzten Kapitel angedeutete Verbindung zwischen den Naturwissenschaften und den Geisteswissenschaften markiert die höchste Stufe der Dualität und weist auf eine kulturelle Art von Komplementarität hin. Es ist zwar (mit Einschränkungen) so, daß sich hier zwei Kulturen[10] gegenüberstehen, aber daran allein ist nichts zu bedauern. Solch eine doppelte Erscheinung ist in dem von uns verstandenen Sinn unvermeidlich. Wichtig ist, sie hinzunehmen und sich nicht gegenüber Erkenntnissen aus einem der Lager taub zu stellen. Man hat selbst nur etwas zu sagen, wenn man vorher etwas gehört (verstanden) hat.

Wir hatten angedeutet, daß Sartres Gedanken auf ähnlich geformten Bahnen laufen wie die der modernen Physiker. Auch in der Dichtung Rainer Maria Rilkes spiegelt sich, etwa nach Meinung des Germanisten Ullrich Fülleborn, das Weltbild der Atomphysik: »... wie in der sub-atomaren Physik nicht mehr objektive Vorgänge beschrieben werden können, sondern nur Experimentalsituationen, in denen sich vom experimentierenden Menschen nicht absehen läßt, spiegelt auch Rilkes Dichtung (gemeint sind ›Die Aufzeichnungen des Malte Laurids Brigge‹; Anm. d. Verf.) nicht die Wirklichkeit ›an sich‹: In jeden sprachlichen Akt ist der fragende und sinngestaltende Mensch mit eingegangen.«[11]

Rilkes einziger Roman (sein »Prosagedicht«) gilt als schwierige Lektüre. Der Text beginnt mit einem dreifachen »Ich« nach der Ankunft von Malte in Paris zeitlich genau und gedanklich verworren:

»11. September, rue Toillier. So, also hierher kommen die Leute, um zu leben, ich würde eher meinen, es stürbe sich hier. Ich bin ausgewesen. Ich habe gesehen: Hospitäler.«

Der Roman endet mit einem dreifachen »Er«:

»Was wußten sie, wer er war. Er war jetzt furchtbar schwer zu lieben, und er fühlte, daß nur Einer dazu imstande sei. Der aber wollte noch nicht.«

Der Roman beschreibt also einen Weg vom Ich zum Er. Das dabei eingehaltene Strukturprinzip hat Ullrich Fülleborn mit dem Begriff des Komplementären bezeichnet. Jedes Phänomen ruft sein Gegenteil herbei, dem »reinen Widerspruch«

vergleichbar, von dem auf Rilkes Grab die Rede ist. Fülleborn spricht gar von einem »Gesetz der Komplementarität« und führt dazu aus:

> »Es manifestiert sich darin, daß die einzelnen Bilder und gedanklichen Fixierungen bei Rilke eine Tendenz besitzen, Bildzeichen und Gedanken entgegengesetzten Sinnes nach sich zu ziehen, und daß alle so entstehenden und einander ausschließenden sprachlichen Erfassungsakte als gleichermaßen wahre Aspekte ein und derselben Wirklichkeit und somit als notwendige gegenseitige Ergänzungen gemeint sind. Die ›ordres complementaires‹, wie Rilke das intendierte Gesetz seines sprachlichen Weltbildes einmal nennt, die ›sainte loi du contraste‹, wie es dort ebenfalls heißt, oder der ›reine Widerspruch‹, bekannt aus Rilkes Epitaph – alle diese Formulierungen drücken aus, daß jedes ›Spiel‹ sein ›Gegenspiel‹ will, daß das eine nicht ohne sein anderes ist: das Leben nicht ohne den Tod, das Sein nicht ohne das Nicht-Sein, die Bewegung nicht ohne die Ruhe, das Steigen nicht ohne das Fallen und umgekehrt – wobei für uns die Komplemente räumlich und zeitlich nicht zugleich sein können; immer ist das eine anwesend, das andere abwesend, das eine sichtbar, das andere unsichtbar. Man darf also nicht an polare Spannungen bei feststehenden oder doch mit sich selbst identischen Polen denken, auch nicht an Antithesen, die zur Synthese drängen, sondern an ein bebendes Gleichgewichtsspiel, ein dauerndes Umschlagen des einen ins andere. Die Nähe dieses dichterischen Weltentwurfs zum Weltbild der modernen Physik ist unverkennbar.«[12]

Rilkes Absicht darf nicht mit dem Wunsch nach Subjektivität verwechselt werden. Seine Intention ist vielmehr, die Aufspaltung der Welt in eine Subjekt- und eine Objektseite zu überwinden.

»Die Aufzeichnungen des Malte Laurids Brigge« enthalten eine schonungslose Analyse des menschlichen Daseins, die biographisch zur selben Zeit wie die »Duineser Elegien« entstehen. Im Rahmen der Komplementarität wird damit die Selbstdeutung Rilkes in Prosaform verständlich; er bezeichnet seinen Roman selbst als »hohle Form«, als »Negativ« für den positiven »Ausguß« der Elegien.
Die Elegien erlauben den Hinweis auf einen anderen Aspekt der Komplementarität. In der »Achten Duineser Elegie« betrachtet Rilke ein Thema, das ein Naturwissenschaftler unter dem Aspekt der Evolution behandeln würde. Es geht um den Unterschied zwischen Mensch und Tier und darum, wie er entstanden ist. Intuitiv erahnte Rilke zu Beginn dieses Jahrhunderts schon das Bild, das die Paläontologen und Primatenforscher erst in seiner zweiten Hälfte aus vielen Tausenden von Daten anfertigen konnten. Seine Theorie kam von innen, aus dem »Nichts«, die Theorie der Wissenschaft kommt von außen, aus dem »Sein«.
Rilke charakterisiert die biologische Entwicklung zum Menschen durch einen Verlust an Geborgenheit. Das Insekt wird noch unter dem freien Himmel geboren, sein Mutterleib ist die ganze Welt (»denn Schooß ist alles«). Ein Vogel genießt noch die »halbe Sicherheit«, und die Fledermaus – halb Vogel, halb Säugetier – ist schon »bestürzt«. Der Mensch zuletzt wird aus dem Mutterleib geworfen und empfindet alles Äußere als gegenüber:

> »Dieses heißt Schicksal: gegenüber sein
> und nichts als das und immer gegenüber.«

Wenn dies auch nicht unmittelbar deutlich wird, so benutzt Rilke in den Elegien die Sprache exakt, wenn er den Menschen beschreibt, den die Natur mit Bewußtsein ausgestattet hat und der immer auf seinen Tod sieht. In seinem Roman schleift Rilke die Sprache gar zu einem Präzisionsinstrument.[13] Sie wird seine Waffe, mit der er seine Ängste zu bestehen hofft, vor allem die Angst vor dem Tod: »Ich habe etwas getan gegen die Furcht. Ich habe die ganze Nacht gesessen und geschrieben.«

Unter dem Aspekt der Komplementarität interessiert hier die Frage, wie es sein kann, daß *sowohl* die Dichter *als auch* die Wissenschaftler ein und dieselbe Sprache gleichermaßen *exakt,* aber völlig verschieden verwenden können? Die Antwort kennen wir schon in den komplementären Kräften, die sich in sprachlichen Äußerungen zeigen. Ein Wissenschaftler versucht immer mehr und immer genauere *Bedeutungen* in immer weniger Begriffe *(Informationen)* zu legen. Er versucht, die Dinge der Welt zu *benennen.* Ein Dichter versucht, die Dinge der Welt zu *beschreiben.* Er legt immer weniger genaue Informationen in ein einzelnes Wort, macht es aber dennoch unersetzbar. Poetisch entsteht immer ein offenes Ganzes, wissenschaftlich immer ein abgeschlossenes Teilgebiet.

Dies hat auch der Altphilologe Wolfgang Schadewaldt in einem Beitrag über »Das Wort der Dichtung« beschrieben: »Im ganzen scheint sich nach allem anzuzeigen, daß die Sprache in ihrem Vermögen, Wirklichkeit zu entdecken, im Logos der Wissenschaft und im Mythos der Dichtung, zwei komplementäre Formen entwickelt hat. Es ist dem Worte unmöglich, gleichzeitig exakt und total zu sein. Spricht die Sprache exakt, muß sie auf Totalität verzichten, spricht sie total, drängt sie zum Gleichnis hin. Und doch wird auf beiden Wegen Wirklichkeit angesprochen.«[14]

Hier kann noch eine allgemeinere Charakterisierung dessen versucht werden, was Wissenschaft und Kunst unterscheidet. Offenbar können sowohl Albert Einstein als auch Thomas Mann als schöpferische Menschen bezeichnet werden. Worin aber besteht die Besonderheit ihrer jeweiligen Schöpfungen? Was unterscheidet etwa Einsteins Relativitätstheorie von dem

Roman »Doktor Faustus«, wenn man davon absieht, daß in dem einen Fall die äußere (objektive) Realität und in dem anderen Fall die subjektive (innere) Realität das Thema ist? Die gängige Meinung darüber kann man etwa so schildern: Wenn Thomas Mann nicht gelebt hätte, wäre »Doktor Faustus« nie geschrieben worden. Wenn aber Einstein nicht gelebt hätte, dann hätte ein anderer die »Elektrodynamik bewegter Körper« richtig beschrieben und somit die Relativitätstheorie gefunden. Wenn dies zutrifft, dann würde die Entwicklung der Kunst vom zufälligen Auftreten einzelner genialer Menschen abhängen, während das Fortschreiten der Wissenschaft sich der dialektischen Perspektive fügen würde, derzufolge es historische Gesetze gibt, die den Ablauf bestimmen.

Diese Auffassung trifft aber nicht zu. Um sie zu korrigieren, muß genauer zwischen naturwissenschaftlichen und literarischen Schöpfungen unterschieden werden. Zunächst einmal versteht es sich von selbst, daß es sowohl ohne Einstein als auch ohne Thomas Mann die genaue von ihnen in ihren Werken verwendete Reihenfolge der Wörter nicht geben würde. In diesem Sinne sind beide Arbeiten einzigartig. Bei dem Roman kommt es nun auf die besondere Reihenfolge der Wörter an, erst die konkrete Realisierung macht ein Kunstwerk aus. Bei der wissenschaftlichen Arbeit kommt es mehr auf den vorgeschlagenen Inhalt an, und dessen spezielle Präsentation ist unerheblich.

Es ist wichtig festzuhalten, daß beide – Kunstwerk und wissenschaftliche Arbeit – etwas *bedeuten,* daß sie einen semantischen Inhalt haben.[15] Was bei einer Veröffentlichung von Einstein ganz selbstverständlich ist – daß sie etwas bedeutet –, sieht man bei einem Gemälde oft nicht. Doch kann man sich klarmachen, daß in ihm ein semantischer Gehalt steckt, wenn man daran denkt, daß dies zum Beispiel bei einem Sonnenuntergang selbst nicht der Fall ist. Er bedeutet nichts.

Nur der semantische Inhalt eines Kunstwerks – gleich, ob Roman, Lied oder Gemälde – hängt von seiner genauen Realisierung ab. Er kann nicht paraphrasiert werden (ohne ein neues Kunstwerk hervorzubringen). Dies kann aber mit einer wissenschaftlichen Arbeit geschehen, die manchmal sogar in eine einzige Formel kondensiert werden kann:

$$E = mc^2$$

Wissenschaftliche Aussagen sind dadurch gekennzeichnet, daß ihre Behauptungen explizit in Sätzen formuliert werden – also eine Domäne der linken Hemisphäre sind – und dann auch zusammengefaßt (paraphrasiert) werden können. Die Werke der Kunst teilen ihre Einsichten nur implizit mit und bauen sie in tonale und visuelle Strukturen ein, sie werden also zu einer Domäne der rechten Hemisphäre. Sie können nicht paraphrasiert werden. Als Beethoven einmal gefragt wurde, was die »Mondscheinsonate« bedeute, spielte er sie ein zweites Mal.

Dennoch wäre es sicher falsch anzunehmen, daß nur die Wissenschaften etwas über die äußere Welt sagen. Jedes Bild zum Beispiel gibt auch explizite Informationen über den in ihm dargestellten Teil der Wirklichkeit. So erfahren wir aus den Werken der Impressionisten auch, wie sich die Leute vor der Jahrhundertwende gekleidet haben. Nur teilen die Bilder und Sonaten ihre Wahrheiten nicht mit Hilfe der Sprache mit, und somit wird es niemanden überraschen, daß ein Teil dieser Wahrheiten überhaupt nicht in Worte gefaßt werden kann. Wir spüren zwar, was die Mondscheinsonate sagt, wir können es aber nicht sagen. Wir ähneln dabei den Split-Brain-Patienten, die ihnen bekannte Objekte mit der linken Hälfte ihres visuellen Feldes zu sehen bekamen und sie auch erkannten, die aber nicht in Worte fassen konnten, was sie wußten.

Wir können diese Unterscheidung verwenden, um das Spektrum der menschlichen Hervorbringungen in Form einer Skala anzuordnen.[16] Eine Tätigkeit wird weiter links (rechts) angeordnet, wenn sie sich mehr der inneren (äußeren) Wirklichkeit zuwendet. An den extremen Positionen finden wir links die Musik – sie bleibt ohne Bezug zu einer äußeren Welt und kann überhaupt nicht verbalisiert werden – und rechts die Naturwissenschaften, die sich ausschließlich der Sprache (auch in Form der Mathematik) bedienen. Zwischen beiden Polen liegen die bildenden Künste, die Poesie, die Dramen und die Prosa.

Wenn man diese Skala von links nach rechts durchschreitet, ändert sich in gewisser Weise auch die Natur des Prozesses, durch den eine Leistung in dem entsprechenden Feld ausgezeichnet ist. Genauer gesagt, unsere Beschreibung des produktiven Aktes ändert sich. Was in der Musik als reine *Schöpfung* und Erfindung betrachtet wird, nennt man in den Naturwissenschaften eine *Entdeckung*. Damit wird impliziert, daß Physiker nur finden, was vorher schon da war, daß aber Künstler etwas finden, was vorher nicht da war. Doch auch dieser Standpunkt kann so nicht aufrechterhalten werden. Er findet seine komplementäre Auflösung mit dem Argument, das Kant vor mehr als 200 Jahren geliefert hat. Wir *finden* die Gesetze nicht in der Natur, vielmehr schreiben wir der Natur die Gesetze vor, wir *erfinden* sie. Die Wirklichkeit aber erfindet unser Geist nicht, er *konstruiert* sie aus einer fast unendlichen Vielfalt von Sinnesdaten.

Kehren wir noch einmal zurück zu Malte Laurids Brigge. Das in der Abfolge der Aufzeichnungen zu erkennende Gesetz der Komplementarität vergleicht der Germanist Fülleborn »mit dem Goetheschen Gesetz der Polarität und Steigerung«.[17] Was Goethe unter »Polarität« verstanden hat, kann aus einem Konzept erschlossen werden, das mit diesem Titel zur Vorbereitung eines Vortrags gedient hat, den Goethe am 2. Oktober 1805 gehalten hat.[18]

Im didaktischen Teil der Farbenlehre (§ 739) findet sich auch ein Hinweis darauf, daß es nicht der Widerspruch war, der Goethes Polaritätsdenken bestimmte, sondern – wie wir heute sagen würden – das komplementäre Prinzip: »Das Geeinte zu entzweien, das Entzweite zu einigen, ist das Leben der Natur; dies ist die ewige Systole und Diastole, die ewige Synkrisis und Diakrisis, das Ein- und Ausatmen der Welt, in der wir leben, weben und sind.«

Zwei Wahrheiten

In der Geschichte des menschlichen Denkens kann man zwei Grundhaltungen unterscheiden. Die kritisch-rationale Einstellung, die um Verstehen bemüht ist, steht der mystisch-irrationalen Einstellung gegenüber, die sich um Erlösung bemüht. Zwischen diesen beiden Positionen sah der große Physiker Wolfgang Pauli eine tiefe Verbindung, die er 1956 in einem Vortrag über »Die Wissenschaft und das abendländische Denken« wie folgt beschrieb:

> »In der Seele des Menschen werden immer beide Haltungen wohnen, und die eine wird stets die andere als Keim ihres Gegenteils in sich tragen. Dadurch entsteht eine Art dialektischer Prozeß, von dem wir nicht wissen, wohin er uns führt. Ich glaube, als Abendländer müssen wir uns diesem Prozeß anvertrauen und das Gegensatzpaar als komplementär anerkennen; wir können und wollen das die Welt beobachtende Ichbewußtsein nicht gänzlich opfern, wir können aber das Einheitserlebnis als eine Art Grenzfall oder idealen Grenzbegriff auch intellektuell akzeptieren. Indem wir die Spannung der Gegensätze bestehen lassen, müssen wir auch anerkennen, daß wir auf jedem Erkenntnis- oder Erlösungsweg von Faktoren abhängen, die außer-

halb unserer Kontrolle sind und die die religiöse Sprache stets als Gnade bezeichnet hat.«[19]

Für Pauli ist Komplementarität also nicht nur eine mögliche Eigenschaft zweier Beschreibungen oder Erklärungen, er sieht hierin auch eine Grundbedingung der menschlichen Existenz, die ausgehalten werden muß und deren Konsequenz nur Toleranz sein kann. Die Spannung der beschriebenen Gegensätze muß hingenommen werden und darf nicht unbeachtet bleiben.
Dabei hat es im Lauf der Geschichte immer wieder Versuche gegeben, eine Synthese zwischen der wissenschaftlichen und der mythischen Grundhaltung herzustellen. Angefangen hat dies, wie bereits zitiert, mit den Pythagoreern im 6. Jahrhundert vor Christus, deren mystische Elemente Plato in seiner Ideenlehre übernommen hat. Auch Plato schätzte die Kontemplation noch höher ein als die Sinneserfahrung. Die empirische Forschung begann ihren Siegeszug erst mit dem Beginn der neuzeitlichen Naturwissenschaften im 17. Jahrhundert, die sich mit Newtons Hilfe rational von allen mystischen Elementen lossagten und eine klassische Physik entstehen ließen, die das Ideal eines objektiven Verstehens zu liefern schien. Diese Einstellung fand dann ihre Grenze im ersten Viertel unseres Jahrhunderts, als das Rationale auf Wirklichkeiten stieß – das Atom und das Unbewußte etwa –, die zwar sinnlich nicht mehr wahrnehmbar waren, die sich aber nach außen sehr konkret auswirkten.
An dieser Grenze der rationalistischen Einstellung tauchte die Idee der Komplementarität auf, die alle unsere Tätigkeiten als von zwei Polen bestimmt sieht, die durch unterschiedliche Extrapolationen zustande gekommen sind. Pauli hat sie 1950 in einem Vortrag über »Die philosophische Bedeutung der Komplementarität« so charakterisiert:

»Die eine ist die des materiellen oder allgemeiner physikalischen Objektes, dessen Beschaffenheit unabhängig sein soll von der Art, in welcher es beobachtet wird. Wir haben gesehen, daß die moderne Physik, durch Tatsachen gezwungen, diese Abstraktion als zu eng aufgeben mußte. Die komplementäre Extrapolation ist die der Hindu-Metaphysik vom reinen Subjekt des Erkennens, dem kein Objekt mehr gegenübersteht. Persönlich habe ich keinen Zweifel, daß auch diese Idee als unhaltbare Extrapolation erkannt werden muß. Der abendländische Geist kann einen solchen Begriff eines überpersönlichen kosmischen Bewußtseins, dem kein Objekt gegenübersteht, nicht anerkennen und muß die durch die Idee der Komplementarität vorgezeichnete Mitte einhalten. Von dieser aus betrachtet, wird durch den Begriff des Bewußtseins bereits eine Zweiheit von Subjekt und Objekt vorausgesetzt.«[20]

Pauli spricht hier im Grunde über den Zusammenhang von naturwissenschaftlicher und religiöser Wahrheit. Beide erweisen sich dabei als komplementär zueinander. Beide sind gleich wahr und stehen nicht im Gegensatz zueinander. Jeder Versuch, sie einfach zu vermischen, schwächt die jeweiligen Aussagen. Religiöse Denker können naturwissenschaftliche Wahrheiten nicht abweisen, und Physiker und Chemiker dürfen ethische Forderungen, die einem religiösen Denken entspringen, nicht in Zweifel ziehen. Worauf es ankommt, ist, die Spannungen zwischen den Denkansätzen auszuhalten und immer wieder das Gleichgewicht zwischen den beiden komplementären Wahrheiten zu finden. Die auftretenden Widersprüche im Denken sind dabei – ganz im Sinn einer Komplementarität – durch unser Handeln aufzulösen.
Einstein hat dies ähnlich gesehen, wie er in den Überlegungen »Aus meinen späteren Jahren« notierte: »Naturwissenschaft und Religion . . . sind komplementäre Seiten unseres Bildes

vom Kosmos. Sie bedingen einander.« Und weiter schrieb er: »Naturwissenschaft ohne Religion ist lahm, Religion ohne Naturwissenschaft ist blind.«[21]

Eine ausführliche Diskussion der Komplementarität von wissenschaftlichem und religiösem Denken findet sich in einigen Arbeiten des britischen Wissenschaftlers Donald MacKay.[22] Dazu wendet er Bohrs Denkerfahrung als allgemeines logisches Konzept an (logisch gleichwertig etwa der Widersprüchlichkeit oder Unabhängigkeit). MacKay bewertet zwei Aussagen als komplementär, wenn sie einen gemeinsamen Bezugspunkt (Referenz) haben und wenn die Voraussetzungen sich gegenseitig ausschließen, unter denen die verwendeten Begriffe definiert oder anwendbar sind. In diesem Rahmen versucht er, die Komplementarität von religiösen und wissenschaftlichen Erklärungen einsichtig zu machen.

Wenn ein bestimmtes Ereignis eintritt (wenn zum Beispiel nach langer Dürre der Regen beginnt), wird ein Meteorologe dafür eine kausale Erklärung geben, die komplementär zu der These eines gläubigen Menschen ist, daß Gott seine Gebete erhört habe. Beide Behauptungen stehen nicht im Widerspruch zueinander. Denn natürlich wird ein (wissenschaftlich geschulter) Christ die kausale Deutung verstehen und sie akzeptieren, er will aber sagen, daß jedes Ereignis auf dieser Welt, die in seinem Verständnis Gottes Schöpfung ist, mehr zu erkennen gibt als nur ein wirkendes physikalisches Prinzip. Was passiert, bekommt für einen Christen seine Bedeutung nur durch Gott.

Bei der Schöpfungsidee laufen die Vorstellungen von Religion und Wissenschaft natürlich am weitesten auseinander. Wer Auskünfte über den Anfang der Welt einholt, lernt bei einem Wissenschaftler den Urknall kennen, während ein gläubiger Mensch von der Schöpfung Gottes spricht. Eigentlich sind diese Aussagen nicht komplementär zueinander, denn sie beziehen sich auf unterschiedliche Ereignisse (und

haben also keine gemeinsame Referenz). Zum Urknall können die Physiker nur etwas sagen, nachdem ein Minimum an Zeit verstrichen ist.[23] Diese Zeit mußte aber erst ex nihilo von einem Gott geschaffen werden. Entsprechendes gilt für die Konzepte der »Erschaffung des Menschen« und die »Evolution des Menschen«. Gottes Schöpfung braucht keine Zeit, und die Evolution kommt ohne Zeit nicht aus.
Offensichtlich sind also die Religion und die Wissenschaft gut beraten, wenn sie aufeinander hören und ihre eigenen Erkenntnisse durch die Einsichten des jeweils anderen ergänzen. Beide Wahrheiten gehören zusammen.
Ebenso, wie sich die wissenschaftliche und die religiöse Wahrheit gegenüberstehen, können sich auch die geschaute und die gefundene Wahrheit gegenübertreten und komplementär zueinander verhalten. Hierfür gibt es ein großes und immer wieder diskutiertes Beispiel aus der Geschichte der Naturwissenschaften, als diese noch jung waren. Gemeint sind die sich entgegenstehenden Analysen der Farben von Goethe und Newton. Ihre besondere Art der Komplementarität zeigt sich deutlich, wenn man vergleicht, was Goethe und Newton in diesem Zusammenhang jeweils unter »einfach« verstehen. Für Newton ist das Licht einfach (»simple«), dessen Strahlen gleichartig gebrochen werden. Dies ist monochromatisches Licht wie zum Beispiel reines Blau. Dieses einfache Licht kommt in der Natur kaum vor, es muß im Gegenteil durch höchst raffinierte Apparaturen erst einmal künstlich hergestellt werden. Für Goethe ist dieses Licht kompliziert; ihm erscheint das natürliche weiße (also gemischte) Licht einfach. Dies wiederum wird beim Durchgang durch ein Prisma auf so komplizierte Weise gebrochen, daß dieser Vorgang erst 150 Jahre nach Newton von den Physikern verstanden werden konnte. Was also Goethe für einfach hielt, war für Newton kompliziert; und was Newton als einfach ansah, erschien Goethe kompliziert.

Newton ging in seiner Beschreibung der Farbe von einem eng begrenzten und einfarbigen Lichtstrahl aus, der nur durch komplizierte technische Einrichtungen realisierbar und also weit von unserer Anschauung entfernt ist. Goethe ging dagegen von dem weißen Tageslicht aus, das uns umgibt und uns immer vor Augen ist. Newton betrachtet dies als zusammengesetzt, konnte er es doch durch ein Prisma zerlegen. Goethe hatte sich zwar ein Prisma beschaffen lassen, ließ es aber bis zu dem Tag unbenutzt liegen, als es wieder abgeholt wurde. Dann sah er zu seiner Überraschung mit einem Blick, daß durch ein Prisma nicht irgendwelche Flächen, sondern deren Ränder farbig aussahen. Goethe zog den Schluß, »daß eine Grenze notwendig ist, um Farben hervorzubringen«. Farben entstehen für ihn nicht mehr aus dem Licht allein, sondern aus der Vereinigung von Hell und Dunkel. Goethe vermutete, in der Beimengung des »Trüben« zum Licht das »Urphänomen« gefunden zu haben, mit dem sich die Farben, die wir mit unseren Sinnen kennenlernen, in einer einheitlichen Ordnung zusammenfassen lassen.
Es ist witzig zu sehen, wie die moderne Physik – die elektrodynamische Beschreibung der Dispersion – an diesem Punkt die Komplementarität der Vorstellungen Goethes und Newtons dingfest macht. Newton glaubte, daß die Farbe des Lichtes ebenso wie seine Brechung im Glas ausschließlich eine Funktion der Frequenz ist. Dagegen betonte Goethe, daß »die Farbe zugleich von dem Lichte und von dem, was sich ihm entgegenstellt, hervorgebracht« werde. Diesen Anteil an der Lichtbrechung beschreiben die heutigen Physiker durch Resonanzfrequenzen des brechenden Mediums. Auf diese Weise erweist sich Goethes spezielle Kritik an Newton als berechtigt, die Besonderheiten eines Versuchs für das Phänomen zu ignorieren.
Goethes allgemeiner Vorwurf gegenüber den Physikern bestand darin, daß diese sich »zum Herrn über die Erscheinun-

gen« machen wollten; der Physiker »sammelt Erfahrungen, zimmert und schraubt sie durch künstliche Versuche zusammen«. Dabei aber läßt sich seiner Ansicht nach nichts verstehen. Es hat nämlich keinen Zweck, wie die Physiker den Versuch zu unternehmen, hinter die Erscheinungen zu gelangen und ihre Ursachen zu finden: »Wäre denn aber auch ein solches Urphänomen gefunden, so bleibt immer noch das Übel, daß man es nicht als solches anerkennen will, daß wir hinter ihm und über ihm noch etwas Weiteres aufsuchen, da wir doch hier die Grenzen des Schauens eingestehen sollten. Der Naturforscher lasse die Urphänomene in ihrer ewigen Ruhe und Herrlichkeit bestehen.« Für Goethe steckt die Lehre der Dinge nicht hinter ihnen, die Dinge selbst sind die Lehre.

Wir wollen die Beschreibung der beiden Ansätze nicht fortsetzen, sondern nur festhalten, daß sie im Sinne unserer Komplementarität richtig und eigentlich auch wahr sind. Was bei Goethe eine Einheit, ein Ganzes ist – das Schauen –, zerfällt bei Newton (und seinen Nachfolgern) in viele Teile. Das Sehen von Farben fängt mit den Reaktionen im Auge an, benötigt zu seiner Erklärung weitere Details aus der Netzhaut und den Neuronen, erfordert die Farben der beteiligten chemischen Verbindungen und vieles mehr. Bei den Untersuchungen der Einzelheiten verschwindet natürlich die dazu komplementäre Zusammengehörigkeit aus dem Blickfeld.

Die wesentliche Komplementarität der beiden Farbenlehren erkennt man aber, wenn man nach der Rolle des Subjektes fragt. Während Goethe es selbstverständlich in den Mittelpunkt stellt, nimmt Newton es ganz aus der Beschreibung heraus. Es ist heute aber nach der Lektion der Atome, die Komplementarität heißt, klar, daß beide extremen Ansichten im Auge zu behalten sind, um die Frage »Was ist Farbe?« vollständig zu beantworten.

Wieder finden wir zwei Wahrheiten, die sich ergänzen. Goethe bietet die *unmittelbare* Wahrheit des sinnlichen Eindrucks gegen die *mittelbare* Wahrheit der Wissenschaft Newtons auf. Newton hat die Anschauung (»den reinen Menschensinn«, wie Goethe sagen würde) hinter sich gelassen, die Goethe verwendet, um Klarheit über die Natur zu erlangen. Auf dem Weg zu dieser Klarheit tauchte dann etwas Trübes auf, und dadurch wurde die Spannung geschaffen, die Komplementarität heißt und uns heute vertraut ist.

Zum Ende: Machiavellis Problem

»Die äußere Freiheit der Vielen
lebt aus der inneren Freiheit des Einzelnen.«
Theodor Heuss

Die Komplementarität hat uns in diesem Bericht als eine Denkerfahrung interessiert, die man bei dem Versuch macht, die Wirklichkeit zu verstehen. Dabei zeigte es sich, daß die Idee unterschiedlich verwendet werden muß. *Einfache* (nicht zusammengesetzte) Objekte können nur noch komplementär erfaßt werden, wenn sie sich der unmittelbaren Anschauung entziehen. Zum Beispiel zeigt sich ein Elektron einmal als Welle und ein andermal als Teilchen. *Komplizierte* (zusammengesetzte) Objekte können je nach Fragestellung mit Hilfe von jeweils komplementären Aspekten analysiert werden. So kann man die Frage, warum ein Herz schlägt, mit physiologischen Regelmäßigkeiten beantworten oder – komplementär dazu – auf den Blutkreislauf hinweisen, den ein Organismus zum Leben braucht.

In dieser Version zeigt sich die Komplementarität als ein vieldimensionales Netz von Ideen, die alle nacheinander zum Tragen kommen, wenn eine vollständige Erklärung angestrebt wird. Im »einfachen« Fall der Physik ist die Komplementarität nur eindimensional. Hier zeigt sich eine andere Eigenschaft dieser Denkerfahrung. Sie hilft nämlich, das vertraute Gebiet zu verlassen und in unbekannte Regionen aufzubrechen. Der Weg aus der gewohnten klassischen Physik heraus und in den mikroskopischen Bereich der Wirklichkeit hinein gelingt mit Hilfe der Komplementarität, die zeigt, wie wir uns beim Durchschreiten der Atome an unseren Anschauungen festhalten können. Sind wir erst einmal bei den Quarks angekommen, brauchen wir unmittelbar keine Weisung mehr durch die Komplementarität. Wir haben die Grenzen des klassischen Wissens bereits kennengelernt und richten uns nun danach.

Wie Komplementarität die Passage kritischer Phasen erleichtert, zeigt sich auch in der kognitiven Psychologie, die die geistige Entwicklung von Jugendlichen untersucht. Das spontane Denken – so scheint es – erreicht den Abschluß seiner natürlichen Entwicklung, wenn es in der Lage ist, komplementär zu argumentieren. Es kann sich dann selbständig mit schwierigen Fragen (»Wie ist das Universum entstanden?«) beschäftigen, die Informationen dazu abwägen und eine Entscheidung treffen.

Komplementarität ist also eine Erfahrung, die wir alle auf ganz natürliche Weise machen und die wir darüber hinaus beibehalten sollten, zum Beispiel wenn wir Physik oder Biologie betreiben.

Das kritische und wissenschaftliche Denken zeigt sich offenbar dann vor allem in der Lage, mit empirischen Befunden die Wirklichkeit zu verstehen, wenn es die gewonnenen Kenntnisse komplementär analysiert. Das heißt, es muß akzeptiert werden, daß es nicht um die Natur der Wirklichkeit selbst geht, sondern daß die Frage heißt, wie wir Konzepte verwenden müssen, um unsere Erfahrungen beschreiben zu können. Wir verstehen die Natur nicht allein dann besser, wenn wir dazu neue Wörter erfinden (Elektron), sondern wenn wir lernen, unter welchen Bedingungen unsere deskriptiven Konzepte (Teilchen, Feld) unzweideutig anwendbar sind.

Komplementarität ist keine Münze, mit der man die Lösung eines spezifischen Problems kaufen könnte. Komplementarität ist eher der Beitrag, den wir entrichten müssen, um an einem Problem etwas lernen zu können.

Unsere Diskussion der Komplementarität hat sich auf Fragen des Wissens konzentriert und als allgemeinste Antwort ein Sowohl-Als-auch produziert. Dieses Prinzip wird sinnlos, wenn es um ethische Fragen geht, wenn also entschieden werden muß, wie man vorgehen und handeln soll. Hier kann es natürlich nur ein Entweder-Oder geben. Dabei stellt sich aber heraus, daß auch ethische Dilemmas ihren Ursprung in einer Form der Komplementarität haben. Dies sieht man am besten, wenn man sich Machiavellis Problem zuwendet.

Der zur Zeit der Renaissance lebende Florentiner Niccolo Machiavelli – damals herrschten in der Toskana die Medici – hat in seinen Schriften (»Der Fürst« und einige »Discorsi«) die Frage diskutiert, ob sich sagen läßt, wie der Mensch leben und wie zum Beispiel ein Fürst handeln soll. Er tut dies in einer sehr klaren Prosa und kommt zu eindeutigen Entscheidungen. Hier nun beginnt das, was wir als Machiavellis Problem bezeichnen wollen, auf das der Philosoph Isaiah Berlin[1] hingewiesen hat. Es wird in einem paradoxen Sachverhalt deutlich. Trotz der Klarheit seiner Texte gehen die Meinungen über seine zentralen Gedanken »in höchst verwirrendem Maße auseinander«. Beurteilt werden sie aber immer gleich schlecht, und so wird heute das bedenkenlose Streben nach Macht durch den Begriff Machiavellismus gekennzeichnet. Berlin zieht den Schluß, daß in den Aussagen Machiavellis etwas liegen muß, das bei Menschen aus allen Bereichen des philosophischen, religiösen und politischen Denkens tiefes Unbehagen hervorruft.

Woran könnte das liegen? Isaiah Berlin hat versucht, der Frage in einem Essay über »Die Glaubwürdigkeit Machiavellis« auf den Grund zu gehen. Er lehnt die oft gegebene Deutung ab, daß Machiavelli im wesentlichen auf den Widerspruch von Macht (Politik) und Moral (Ethik) aufmerksam gemacht hat. Was den Autor des »Fürsten« bei Katholiken wie Protestanten, bei Autokraten wie Demokraten, bei Reaktionären wie Revolutionären so unbeliebt gemacht hat, besteht – nach Berlin – darin, daß er zur Zeit der Renaissance die immanente Widersprüchlichkeit der überlieferten Wertvorstellungen des Westens entdeckt hat. Machiavelli hat klar gesehen (und beschrieben), daß wir Ziele verfolgen, die nicht miteinander vereinbar sind. Er stellt fest, daß es keine Lösung der Frage geben kann, wie der Mensch leben soll. Die Verwirklichung einer Utopie auf Erden mißlingt dabei nicht wegen der Schwächen des Menschen, sondern weil sich die angestrebten Ziele jeweils gegenseitig ausschließen. Der Papst, Martin Luther, Karl Marx und Bertrand Russell, sie alle haben oder hatten Vorstellungen von einer idealen Welt, die in der Wirklichkeit nicht miteinander zu vereinbaren sind.

Machiavelli begründet diese Unmöglichkeit, das Paradies auf Erden verwirklichen zu können, mit dem Hinweis auf zwei gegenläufige ethische Überlieferungen, die miteinander im Streit liegen. Berlin nennt sie das »christliche« und das »heidnische« System. Im christlichen System (das oft auch als platonisch-idealistische Ethik bezeichnet wird) gründet sich sittliches Verhalten auf »um ihrer selbst willen angestrebten höchsten Werten – nur wenn wir sie anerkennen, sind wir in der Lage, von Verbrechen zu sprechen oder was auch immer moralisch zu rechtfertigen oder zu verurteilen«. Das heidnische (aristotelisch-naturalistische) System leitet demgegenüber seine Rechtfertigung aus der Tatsache ab, daß der Mensch ein in Gemeinschaften lebendes soziales Wesen ist. Hier gibt es keine höchsten Werte, hier kennt man nur das Wohl aller.

Damit träumt man im Westen von zwei Utopien, die komplementär zueinander sind. In dem idealen Reich nach Platon sollen Gerechtigkeit und Freiheit für den einzelnen erreicht werden, in dem idealen Reich nach Aristoteles soll das Wohl-

ergehen der Gesamtheit zentral sein. Aus dieser Analyse der Dinge zieht Machiavelli (in der Formulierung von Berlin) den Schluß, »daß die Ansicht, die richtige und objektiv gültige Lösung der Frage, wie der Mensch leben soll, lasse sich grundsätzlich entdecken, selbst grundsätzlich falsch ist«.[2]
(Dieser westliche Widerspruch der Wertvorstellungen besteht vermutlich deshalb in den östlichen Traditionen nicht, weil die Welt als ein Gesamtorganismus angesehen wird, dem der Mensch als unauflösbarer Teil angehört. Wir leben dann sozusagen innerhalb der Dinge.[3])
Machiavelli kommt zu dem Schluß, daß die Menschen frei sind, ihre Wahl zu treffen. Dies aber müssen sie tun, sich entscheiden; entweder für ein christliches Leben, dann verdammt man sich zu politischer Ohnmacht, oder für ein heidnisches (und machtvolles) Leben, dann muß man die christliche Erziehung aufgeben und eine besser geeignete finden. Die Wahl ist schmerzhaft, denn immerhin entscheidet man sich zwischen zwei Welten.
Machiavelli hält nichts von einem Kompromiß (»Allein die Menschen wählen einen gewissen Mittelweg, das Schädlichste von allem, denn sie verstehen weder ganz gut noch ganz böse zu sein«, heißt es in den »Discorsi«) und entscheidet sich für politische Wirksamkeit. Entsprechend begehen seine Fürsten und Republikaner durch Mord, Betrug und Verrat »schändliche Dinge, die nach der allgemeinen Moral unverzeihlich sind«.[4]
Dieser negativen Seite des machiavellistischen Denkens steht natürlich auch eine positive gegenüber, die wir vor allem im Hinblick auf den hier erörterten Begriff der Komplementarität herausstellen müssen. Wenn es *eine* Lösung nicht geben kann, dann wird doch der Weg frei für mehrere. Dann sind wir zur Toleranz verpflichtet. Toleranz ist in diesem Sinn das Ergebnis der Einsicht in die Komplementarität gleichermaßen dogmatischer Glaubensüberzeugungen, von denen keine

gewinnen kann. Wer überleben will, tut gut daran, den Irrtum der einen Wahrheit zu erkennen und der wirklichen Mannigfaltigkeit den Vorzug zu geben.
Es ist natürlich eine Sache, dies einzusehen und aufzuschreiben. Schwieriger ist die dazu komplementäre Aufgabe, es praktisch zu akzeptieren und danach zu handeln. Dazu kann nur ermutigt werden.
Das Argument der Komplementarität will gültige Theorien und Methoden koordinieren und harmonisieren, verschiedene Ansichten müssen zusammenfinden. Goethe hat ebenso recht wie Newton, Einstein so wie Bohr, die Evolution ist ebenso Schöpfung (Zufall) wie Ablauf (Notwendigkeit), aus Ordnung entsteht ebenso Chaos wie umgekehrt, Hand und Hirn entwickeln sich nicht getrennt, sondern Hand in Hand, wir sind gebunden und doch frei, wir können als Wissenschaftler »alles, was geschieht, in einem Punkt des Raumes« betrachten oder als Dichter »alles in einem Punkt der Zeit« fühlen, wie Vladimir Nabokov sich erinnert.[5] Wir können auch an Gott glauben oder ohne ihn zufrieden sein, wir dürfen aber *nicht* sagen, nur wer an Gott glaubt (oder nicht), hat recht. Wer den Standpunkt, der dem eigenen komplementär ist, mit Argumenten bekämpft, wird lernen, *sowohl* die fremde *als auch* die eigene Position besser zu verstehen. Oder in den Worten von Lao-Tzu:

»Sei gebogen, und du wirst gerade bleiben.
Sei leer, und du wirst voll bleiben.
Sei abgenutzt, und du wirst neu bleiben.«

Literatur

Aebli, H. (1986), Das Erwachen der Intelligenz, in: Aus Forschung und Medizin, 1: 7–12

Albert, M. L., und Ohler, L. K. (1978), The Bilingual Brain, New York

Alberts, B. (1986), Die Molekularbiologie der Zelle, Weinheim

Alberts, B., Bray, D., Lewis, L., Raff, M., Roberts, K., Watson, J.D. (1983), Molecular Biology of the Cell, New York

Agassi, J. (1958), A Hegelian View of Complementarity, in: British Journal for the Philosophy of Science, 9: 57–63

Aspect, A., Dalibard, J., und Roger, G. (1982), Experimental Test of Bell's Inequalities using Time-varying Analysers, in: Physical Review Letters, 49: 1804

Ayala, F., und Dobzhansky, T. (Hg.) (1974), Studies in the Philosophy of Biology. Reductionism and Related Problems, Berkeley

Bang, J. (1985), Niels Bohrs Gedanken zu philosophischen und allgemeinen Problemen, in: Physikalische Blätter, 41: 314–317

Barlow, H. B. (1953), Summation and Inhibition in the frog's retina, in: Journal of Physiology (London), 119: 56 ff.

Barlow, H. B. (1972), Single units and sensation: a neuron doctrine for perceptual psychology?, in: Perception, 1: 371–394

Baumann, K., und Sexl, R. U. (1984), Die Deutungen der Quantentheorie, Braunschweig

Bell, J. S. (1964), On the Einstein-Podolsky-Rosen Paradox, in: Physics, 1: 195

Bell, J. S. (1966), On the problem of hidden variables in quantum mechanics, in: Reviews of Modern Physics, 38: 447–452

Békésy, G. von (1960), Experiments in Hearing, New York

Berlin, I. (1982), Wider das Geläufige, Frankfurt

Berns, Michael W. (1977), Cells, New York

Bialek, W., und Schweitzer, A. (1985), Quantum effects in hearing, in: Physical Review Letters, 54: 725–8

Bischof, N. (1969), Hat Kybernetik etwas mit Psychologie zu tun?, in: Psychologische Rundschau, 20 (4): 237–256
Bischof, N. (1985), Das Rätsel Ödipus, München
Blackburn, T. F. (1971), Sensuos-Intellectual Complementarity in Science, in: Science, 172: 1003–1007
Bohr, N. (1913), On the Constitution of Atoms and Molecules; I in: Philosophical Magazine, 26: 1–25; II in: Philosophical Magazine, 26: 476–502; III in: Philosophical Magazine, 26: 857–875
Bohr, N. (1928), The Quantum Postulate and the Recent Development of Atomic Theory, in: Nature, 121: 580–590
Bohr, N. (1931), Atomtheorie und Naturbeschreibung, Berlin
Bohr, N. (1933), Licht und Leben, in: Naturwissenschaften, 21: 245
Bohr, N. (1935), Can Quantum-Mechanical Description of Physical Reality be considered Complete?, in: Physical Review, 48: 696–702
Bohr, N. (1934), Chemistry and the Quantum Theory of Atomic Constitution, in: Journal of the Chemical Society, 134: 349–384
Bohr, N. (1936), Kausalität und Komplementarität, in: Erkenntnis, 6: 354–369
Bohr, N. (1937), Kausalität und Komplementarität, in: Das Kausalproblem, II. Internationaler Kongreß für die Einheit der Wissenschaft, Sonderdruck aus Erkenntnis, herausgegeben von R. Carnap und H. Reichenbach, S. 293–303
Bohr, N. (1955), Physical Science and Man's Position, in: Proceedings of the International Conference on Peaceful Uses of Atomic Energy, S. 57–61, Geneva 1955
Bohr, N. (1957), Physical Science and Man's Position, in: Philosophy Today, 67–73
Bohr-Interview (1962), Archive for the History of Quantum Physics, Interview vom 17. 11. 1962
Bohr, N. (1964), Atomphysik und menschliche Erkenntnis I, Braunschweig
Bohr, N. (1966), Atomphysik und menschliche Erkenntnis II, Braunschweig
Bohr, N. (1985), Atomphysik und menschliche Erkenntnis, Braunschweig (gekürzte Neuauflage von I und II)
Boltzmann, L. (1979), Populäre Schriften, Braunschweig
Bonse, V., und Rauch, H. (1979), Neutron Interferometry, Oxford
Born, M. (1962), Zur statistischen Deutung der Quantentheorie, Stuttgart
Born, M., Heisenberg, W., Jordan, P. (1962), Zur Begründung der Matrizenmechanik, Stuttgart
Breuer, J., u. Freud, S. (1895), Studien über Hysterie, Leipzig–Wien

Brody, N., und Oppenheim, P. (1969), Application of Bohr's principle of complementarity to the Mind-Body Problem, in: Journal of Philosophy, 66: 97–113
Bunge, M. (1955), Strife about complementarity I und II, in: British Journal for the Philosophy of Science; I in: 6: 1–12; II in: 6: 141–154
Campenhausen, Ch. von (1981), Die Sinne des Menschen I und II, Stuttgart
Carrier, M. (1981), Goethes Farbenlehre – ihre Physik und Philosophie, in: Zeitschrift für allgemeine Wissenschaftstheorie, XII/2: 209–225
Clausner, J. F., und Shimony, A. (1979), Bell's Theorem: Experimental Tests and Implications, in: Reports on Progreß in Physics, 41: 447–474
Coreth, E. (1969), Grundlagen der Hermeneutik, Freiburg
Damasio, A. R., und Geschwind, N. (1984), The Neural Basis of Language, Annual Review of Neurosciences, 7: 127–47
Davies, P. (1985), Superforce, New York
Delbrück, M. (1946), Experiments with Bacterial Viruses, in: Harvey Lectures, 41: 161–187
Delbrück, M. (1949), A Physicist Looks at Biology, in: Transactions of the Connecticut Academy of Arts and Science, 38: 173–190
Delbrück, M. (1976), Light and Life III, in: Carlsberg Research Communications, 41: 299–309
Delbrück, M. (1978), Virology Revisited, in: Proceedings of the International Symposium of the Molecular Basis of Host Virus Interaction, Science Press, Princeton, New Jersey
Delbrück, M. (1986), Wahrheit und Wirklichkeit, Hamburg
Devereux, G. (1984), Ethnopsychoanalyse, Frankfurt
Dirac, P. A. M. (1930), Die Prinzipien der Quantenmechanik, Leipzig
Ditfurth, H. v. (1976), Der Geist fiel nicht vom Himmel, Hamburg
Ditfurth, H. v. (1985), So laßt uns denn ein Apfelbäumchen pflanzen, Hamburg
Dyson, F. (1985), Origins of Life, Cambridge (England)
Eigen, M. (1971), Selforganization of matter and the evolution of biological macromolecules, in: Naturwissenschaften, 58: 465
Einstein, A., Podolsky, N., Rosen, B. (1935), Can Quantum-Mechanical description of physical Reality be considered complete?, in: Physical Review, 47: 777–780
Einstein, A. (1984), Aus meinen späten Jahren, Stuttgart
Erdheim, M. (1984), Die gesellschaftliche Produktion von Unbewußtheit, Frankfurt
Espagnat, B. de (1983), Auf der Suche nach dem Wirklichen, Heidelberg
Euler, M. (1984), Zur Biophysik des Hörens I und II, in: Materialien

zum MNT-Bereich, Band 88 und 98, herausgegeben vom Volkshochschulverband, Frankfurt
Euler, M. (1985a), Computergestützte Experimente zur akustischen Informationsverarbeitung beim Menschen, in: Praxis der Naturwissenschaft – Physik, 1/34: 16–25
Euler, M. (1985b), Komplementarität und Ganzheit jenseits der Physik, in: Praxis der Naturwissenschaft – Physik, 6/34: 34–39
Fahrenberg, J. (1979), Das Komplementaritätsprinzip in der psychophysiologischen Forschung und psychosomatischen Medizin, in: Zeitschrift für Klinische Psychologie und Psychotherapie, 27: 151–167
Fahrenberg, J. (1981), Zum Verständnis des Komplementaritätsprinzips, in: Zeitschrift für klinische Psychologie und Psychotherapie, 29: 205–208
Feyerabend, P. (1968), On a recent critique of complementarity I, in: Philosophy of Science, 35: 309–331
Feyerabend, P. (1969), On a recent critique of complementarity II, in: Philosophy of Science, 36: 83–105
Feyerabend, P. (1981), Probleme des Empirismus, Braunschweig
Feynman, R. P., Leighton, R., Sands, M. (1963), The Feynman Lectures of Physics, Massachusetts
Feynman, R. P. (1982), Simulating Physics with Computers, in: International Journal of Theoretical Physics, 21: 476–488
Feynman, R. P. (1985), QED, Princeton
Finke, R. A. (1986), Mental Imagery and the Visual System, in: Scientific American, 254 (3): 76–83
Fischer, E. P. (1980), Klassische und moderne Gene, in: Praxis der Naturwissenschaften – Biologie, 29 (1): 321–334
Fischer, E. P. (1983), Komplementarität und Biologie, in: Philosophia naturalis, 20 (4): 474–491
Fischer, E. P. (1984), Man sieht nur, was man weiß, in: Praxis der Naturwissenschaften – Biologie, 33/5: 129–135
Fischer, E. P. (1985a), Komplementarität in der Biologie, in: Praxis der Naturwissenschaften – Physik, 34 (6): 40–49
Fischer, E. P. (1985b), Licht und Leben – Ein Bericht über Max Delbrück, Konstanz
Fischer, E. P. (1987), Niels Bohr – Die Lektion der Atome, München
Folse, H. J. (1978), Kantian Aspects of Complementarity, Kant-Studien, 69: 59–66
Folse, H. J. (1985), The Philosophy of Niels Bohr, New York
Freud, S. (1972), Vorlesungen zur Einführung in die Psychoanalyse, Frankfurt, Gesammelte Werke, Band XI
Fülleborn, U. (1974), Form und Sinn der Aufzeichnungen des Malte

Laurids Brigge, in: Materialien zu R. M. Rilkes »Die Aufzeichnungen des Malte Laurids Brigge«, S. 175–197
Geschwind, N. (1979), Die Großhirnrinde, in: Spektrum der Wissenschaft, 11/79: 127–136
Gilbert, W. (1978), Why Genes in Pieces?, in: Nature, 271: 501
Goethe, J. W. (1981), Anschauendes Denken – Goethes Schriften zur Naturwissenschaft in einer Auswahl, herausgegeben von H. Günther, Frankfurt
Graham, L. (1985), Complementarity an Marxism-Leninism in Niels Bohr – a Centenary Volume, herausgegeben von A. P. French und P. J. Kennedy, S. 332–341
Grünbaum, A. (1977), Complementarity in Quantum Physics and its Philosophical Generalisations, in: Journal of Philosophy, 54: 713–727
Hansen, B. (1986), The Complementarity of Science and Magic before the Scientific Revolution, in: American Scientist, 74: 128–136
Hartmann, N. (1949), Der Aufbau der realen Welt, Berlin
Hartmann, N. (1950), Philosophie der Natur, Berlin
Hartmann, N. (1966), Teleologisches Denken, Berlin
Heimendahl, E. (1965), Gegensatz und Komplementarität, in: Transparente Welt, herausgegeben von G. Schulz (Jean-Gebser-Festschrift), Bern
Heisenberg, W., und Bohr, N. (1963), Die Kopenhagener Deutung der Quantentheorie, herausgegeben von A. Hermann, Stuttgart
Heisenberg, W. (1969), Der Teil und das Ganze, München
Heitler, W. (1976), Über die Komplementarität von lebloser und lebender Materie, Abhandl. der Mathem.-Naturw. Klasse der Akademie der Wissenschaften und der Literatur, Mainz, Jahrgang 1976, 1: 1–21
Herbert, N. (1985), Quantum Reality, New York
Hermann, A. (1983), Wie die Wissenschaft ihre Unschuld verlor, Stuttgart
Ho, M. W., Saunders, P., Fox, S. (1986), A new paradigm for evolution, in: New Scientist, 27. Feb. 1986, S. 41 ff.
Holcomb, H. R. (1986), Latency versus Complementarity: Margenau and Bohr on Quantum Mechanics, in: The British Journal for the Philosophy of Science, 37 (2): 193–206
Holton, G. (1981), Thematische Analyse der Wissenschaft, Frankfurt
Honner, J. (1982), The transzendental Philosophy of Niels Bohr, in: Studies in the History and Philosophy of Science, 13: 1–29
Hoppe, W., Lehmann, W., Markl, H., Ziegler, H. (1981), Biophysik – Ein Lehrbuch, Heidelberg
Hoyningen-Huene, P. (1985), Zu Problemen des Reduktionismus der Biologie, in: Philosophia naturalis, 22: 271–286

Hoyningen-Huene, P. (1986), Epistemological Reductionism in Biology: Intuitions, Explications, and Objections, in: Molecular Biology and Organisms, herausgegeben von P. Hoyningen-Huene und F. M. Wuketits, Dordrecht
Hubel, D. H., und Wiesel, T. (1962), Receptive fields, binocular interaction and functional architecture in the cat's visual cortex, in: Journal of Physiology (London), 160: 106–145
Huber, D. H., und Wiesel, T. (1970), Cells sensitive in binocular depth in area 18 of the macaque monkey cortex, in: Nature, 225: 41–43
Hughes, R. I. G. (1981), Quantum Logic, in: Scientific American, 245 (4): 146–157, auf deutsch: Quantenlogik, Spektrum der Wissenschaft, Dez. 1981, 85–97
Hund, F. (1969), Grundbegriffe der Physik, Mannheim
Hund, F. (1985), Korrespondenz und Komplementarität – Bohrs Weg zur Atomdynamik, in: Physikalische Blätter, 41: 303–307
Huxley, H. E. (1957), Muscle Structure and Theory of Contraction, Progress in Biophysics and Biophysical, in: Chemistry, 7: 255–318
Huxley, A. F. (1974), Muscle contraction, in: Journal of Physiology, 243: 1–43
Huxley, A. F. (1969), The Mechanism of muscle contraction, in: Science, 164: 1356–66
Ivanov, V. V. (1983), Gerade und Ungerade, Stuttgart
Jacobson, R. (1973), Main Trends in the Science of Language, London
Jammer, M. (1966), The Conceptual Development of Quantum Mechanics, New York
Jammer, M. (1974), The Philosophy of Quantum Mechanics, New York
Johannsen, W. (1909), Elemente der exakten Erblichkeitslehre, Jena
Johansson, I. (1980), Meilensteine der Genetik, Hamburg
Jonas, H. (1980), Parallelism and Complementarity: The Psycho-physical Problem in Spinoza and in the succession of Niels Bohr, in: Studies in Philosophy and the History of Philosophy, 7: 121–130
Jonas, H. (1981), Macht oder Ohnmacht der Subjektivität?, Frankfurt
Jones, R. V. (1985), Complementarity as a way of life, in: Niels Bohr – a Centenary Volume, herausgegeben von A. P. French und P. J. Kennedy, Cambridge (USA), S. 320–324
Jordan, P. (1932), Die Quantenmechanik und die Grundprobleme der Biologie und Psychologie, in: Naturwissenschaften, 20: 815–824
Jordan, P. (1934), Quantenphysikalische Bemerkungen zur Biologie und Psychologie, in: Erkenntnis, 4: 215–252
Jordan, P. (1935), Ergänzende Bemerkungen über Biologie und Quantenmechanik, in: Erkenntnis, 5: 348–352
Julesz, B. (1971), Foundations of Cyclopean Perception, Chicago

Kandel, E. R. (1979), Kleine Verbände von Nervenzellen, in: Spektrum der Wissenschaft, Dezember, S. 59–67
Kandel, E. R. (1981), Calcium and the control of synaptic strenght by learning, in: Nature, 293: 697–700
Kandel, E. R., und Schwartz, J. H. (1982), Molecular Biology of Learning: Modulation of Transmitter Release, in: Science, 218: 433–443
Kaudewitz, F. (1983), Genetik, Stuttgart
Kern, C. W., und Karplus, M. (1972), The water molecule, in: Water – A Comprehensive Treatise, herausgegeben von F. Franks, New York
Kesselring, Th. (1984), Entwicklung und Widerspruch, Frankfurt
Kesselring, Th. (1984), Die Produktivität der Antinomie, Frankfurt
Knippers, R. (1985), Molekulare Genetik, Stuttgart
Köhne, O. (1981), Einführung in die Polaritätstheorie, Mannheim
Kothari, D. S. (1985), The Complementarity Principle and Eastern Philosophy, in: Niels Bohr – A Centenary Volume, herausgegeben von A. P. French und P. J. Kennedy, Cambridge (USA), S. 325–331
Küppers, B. O. (1986), Der Ursprung biologischer Information, München
Kuffler, S. (1953), Discharge patterns and functional organization of mammalian retina, in: Journal of Neurophysiology, 16: 37–68
Kuffler, S., und Nichols, J. (1953), From Neuron to Brain, Massachusetts
Kuhn, W. (1985), Die Idee der Komplementarität, in: Praxis der Naturwissenschaft – Physik, 34 (7): 12–17
Kuyk, W. (1977), Complementarity in Mathematics, Dordrecht – Boston
Leder, Ph. (1982), The Genetics of Antibody Diversity, in: Scientific American, 246 (5): 72–83
Levins, R., Lewontin, R. (1985), The Dialectical Biologist, Cambridge (USA)
LeMay, M., und Culabras, A. (1972), Human brain-morphological differences in the hemispheres demonstrable by carotid angiography, in: New England Journal of Medicine, 287: 168–70
LeMay, M., und Geschwind, N. (1978), Asymmetries of the human cerebral hemispheres, in: Language Acquisition and Language Breakdown, herausgegeben von A. Caramazza und E. B. Zurif, Baltimore, S. 311–328
Leppmann, W. (1982), Rilke – Leben und Werk, Bern
Lorenz, K. (1943), Die angeborenen Formen möglicher Erfahrung, in: Zeitschrift für Tierpsychologie, 5: 235–409
Lorenz, K. (1977), Die Rückseite des Spiegels, München
Lorenz, K. (1978), Vergleichende Verhaltensforschung, Heidelberg

MacKay, D. M. (1957), Complementary Descriptions, in: Mind 66 (Juli 1957), 263: 390–4
MacKay, D. M. (1958), Complementarity II, Aristotelian Society: Supplementary Volume 32: 105–22
MacKay, D. M. (1974), Complementarity, in: Scientific and Theological Thinking, Zygon 9 (3): 225–244
Mannherz, H. G., und Holmes, K. C. (1981), Die molekulare Physiologie der Muskelkontraktion, in: Biophysik – Ein Lehrbuch (siehe Hoppe et al.)
Marr, D., und Poggio, T. (1980), A Theory of human stereo vision, Proceedings of the Royal Society (London), Series B, 204: 301–328
Marr, D. (1981), Vision, San Francisco
Mayr, E. (1984), Die Entwicklung der biologischen Gedankenwelt, Heidelberg
Mehra, J., und Rechenberg, H. (1982), The Historical Development of Quantum Theory, Heidelberg
Menniger, K. (1958), Zahlwort und Ziffer, Göttingen
Mermin, N. D. (1985), Is the Moon still there if Nobody looks?, in: Physics Today, April 1985, S. 38–47
Meyer-Abich, K. M. (1965), Korrespondenz, Individualität und Komplementarität, Wiesbaden
Meyer-Abich, K. M. (1967), Die Sprache in der Philosophie Niels Bohrs, in: Das Problem der Sprache, herausgegeben von H. G. Gadamer, München, S. 97–105
Meyer-Abich, K. M. (1976), Komplementarität, Stichwort im Historischen Wörterbuch der Philosophie, Bd. 4, herausgegeben von J. Ritter und K. Gründer, Darmstadt
Miller, S. M., und Orgel, L. E. (1974), The Origins of Life on Earth, Englewood Cliffs
Misra, B. (1978), Nonequilibrium entropy, Lyapunnov variables, and ergodic processes of classical systems, in: Proceedings of the National Academy of Science (USA), 75: 1627–31
Mitchell, P. (1961), Coupling of Phosphorylation to Electron and Hydrogen Transfer by a chemi-osmotic type of mechanism, in: Nature, 191: 144–148
Mitchell, P. (1968), Chemiosmotic Coupling and Energy Transduchtion, Glynn Research, Bodmin (England)
Moore, R. (1985), Niels Bohr, Cambridge (USA)
Möller, P. M. (1964), En dans Students Eventyr, Kopenhagen
Nabokov, V. (1984), Sprich, Erinnerung, sprich, Hamburg
Nagel, E. (1961), The Structure of Science, London
Neumann, J. von (1948), The General and Logical Theory of Automata,

in: Cerebral Mechanisms in Behaviour – The Hixon Symposium, herausgegeben von L. A. Jeffries, New York (1951)
Oser, F., und Reich, K. H. (1986), Zur Entwicklung von Denken in Komplementarität, in: Berichte zur Erziehungswissenschaft aus dem Pädagogischen Institut der Universität Freiburg (Schweiz), 53
Otte, M. (1984), Komplementarität, in: Dialektik, 8: 60–75
Pagels, H. (1982), The Cosmic Code, New York
Pauli, W. (1950), Die philosophische Bedeutung der Idee der Komplementarität, in: Experientia, VI/2: 72–75
Pauli, W. (1984), Physik und Erkenntnistheorie – Aufsätze und Vorträge, eingeleitet und herausgegeben von K. von Meyenn, Braunschweig, enthält unter anderem: »Die Wissenschaft und das abendländische Denken« (1956) und »Naturwissenschaftliche und erkenntnistheoretische Aspekte der Ideen vom Unbewußten« (1954)
Pattee, H. H. (1977), Dynamic and linguistic complementarity in complex systems, in: International Journal of General Systems, 3: 259–266
Pattee, H. H. (1979), Complementarity vs. reduction as explanation of biological complexity, in: American Journal of Physiology, 236: R241–R246
Pattee, H. H. (1979), The Complementarity principle and the origin of macromolecular information, in: BioSystems, 11: 217–226
Perecman, E. (1983), Cognitive Processing in the Right Hemisphere, New York
Piaget, J. (1973), Einführung in die genetische Erkenntnistheorie, Frankfurt
Piaget, J. (1974), Der Aufbau der Wirklichkeit beim Kinde, Stuttgart
Piaget, J. (1980), Das Weltbild des Kindes, Berlin
Pike, K. L. (1978), Here we stand – Creative Observers of Language, Approches du language: actes du colloque interdisciplinaire tenu a Paris, Séries »Études«, 16: 9–45
Pittendrigh, C. (1958), Adaptation, natural selection and behaviour, in: Behaviour and Evolution, herausgegeben von A. Roe, New Haven
Planck, Max (1969), Vorträge und Erinnerungen, Darmstadt
Popper, Karl (1967), Quantum Mechanics without »The Observer«, in: Quantum Theory and Reality, ed. by M. Bunge, Berlin–Heidelberg 1967, S. 7–44
Popper, Karl (1979), Ausgangspunkte, Hamburg
Popper, Karl (1983), Quantum Theory and the Schism of Physics, London
Preilowski, B. (1987), Zwei Gehirnhälften – zwei Arten zu denken?, in: Aus Forschung und Medizin, 3 (in Vorbereitung)
Prigogine, I. (1979), Vom Sein zum Werden, München

Prigogine, I., und Stengers, I. (1980), Dialog mit der Natur, München
Primas, H. (1981), Chemistry, Quantum Mechanics and Reductionism, Lecture Notes in Chemistry, Berlin–Heidelberg
Primas, H. (1982), Chemistry and Complementarity, in: Chimia, 36: 293–300
Primas, H. (1984), Verschränkte Systeme und Komplementarität, in: Moderne Naturphilosophie, herausgegeben von B. Kanitscheider, Würzburg, S. 243–260
Primas, H. (1985), Kann Chemie auf Physik reduziert werden?, in: Chemie in unserer Zeit, Teil I in: Band 19 (4): 109–119, II in: Band 19 (5): 160–166
Primas, H., und Gans, W. (1979), Quantenmechanik, Biologie und Theoriereduktion, in Materie-Leben-Geist, herausgegeben von B. Kanitscheider, Berlin, S. 9–42
Rauch, H. (1985), Die Quantenmechanik auf dem Prüfstand der Neutroneninterferometrie, in: Physikalische Blätter, 41: 190–195
Reichenbach, H. (1933), Kant und die Naturwissenschaften, in: Die Naturwissenschaften, 21: 601–4, 624–6
Remane, A., Storch, V., und Welsch, U. (1973), Evolution, München
Rieppel, O. (1985), Muster und Prozeß: Komplementarität im biologischen Denken, in: Naturwissenschaften, 72: 337–342
Rock, I. (1984), Perception, San Francisco
Röseberg, U. (1984), Szenarium einer Revolution, Berlin (DDR)
Rösner, H. (Hg.) (1986), Der ganze Mensch, München
Rosenberg, A. (1985), The Structure of Biological Sciences, Cambridge (England)
Rosenfeld, L. (1953), Strife about complementarity, in: Science Progress, 163: 393–410
Rosenfeld, L. (1961), Foundations of Quantum Theory and Complementarity, in: Nature, 190: 384–388
Rosenfeld, L. (1963), Niels Bohr's Contribution to Epistemology, in: Physics Today, 16: 47–52
Rosenfeld, L. (1979), Selected Papers of Léon Rosenfeld, herausgegeben von R. S. Cohen und J. J. Stachel, Dordrecht–Boston
Rossteutscher, H. (1967), Über Kausalität und Komplementarität, in: Philosophia naturalis, 10: 357–368
Rozental, S. (1967), Niels Bohr – His Life and Work as seen by his Friends and Colleagues, Amsterdam
Searle, J. R. (1986), Geist, Hirn und Wissenschaft, Frankfurt
Schadewaldt, W. (1967), Das Wort der Dichtung, in: Sprache und Wirklichkeit, Essays, München, S. 91–121
Scheibe, E. (1964), Die kontingenten Aussagen der Physik, Frankfurt

Schöpf, H. G., und Frucht, A. H. (1960), Kritik des Bohrschen Komplementaritätsbegriffs vom physikalischen und biologischen Standpunkt, in: Probleme und Ergebnisse aus Biophysik und Strahlenbiologie, Band II, hg. v. B. Pfennigsdorf u. W. Eckart, Berlin (DDR), S. 11–17
Schrödinger, E. (1935), Die gegenwärtige Situation der Quantenmechanik, in: Naturwissenschaften, 23: 807–812, 823–828
Schrödinger, E. (1963), Die Wellenmechanik, herausgegeben von A. Hermann, Stuttgart
Seiler, H. (1972), Universals of Language, in: Leuvense Bilibragen, 1972: 371–393
Seiler, H. (1982a), Bereich und Ordnung der Phänomene, in: Apprehension – Das sprachliche Erfassen von Gegenständen, Teil I, herausgegeben von H. Seiler und Ch. Lehmann, Tübingen
Seiler, H. (1982b), Die Techniken und ihr Zusammenhang, in: Apprehension – Teil II, herausgegeben von H. Seiler und F. Stachowiak, Tübingen
Seiler, H. (1986), Sprache – wozu?, in: Aus Forschung und Medizin, 2: 7–15
Snow, P. (1965), Two Cultures, and a second look, Cambridge
Spaemann, R., und Löw, R. (1985), Die Frage wozu?, München
Sperry, R. W. (1968), Mental unity following surgical disconnection of the cerebral hemispheres, in: The Harvey Lectures, 62: 293–323
Sperry, R. W. (1982), Same effects of disconnecting the cerebal hemispheres, in: Science, 217: 1223–1226
Stent, G. S. (1979), Naturwissenschaft und Ethik als paradoxe Schöpfungen der Vernunft, in: Naturwissenschaften, 66: 354–357
Stent, G. S. (1980), Morality as Biological Phenomenon, Berkeley
Stent, G. S. (1981), Cerebral Hermeneutics, in: Journal of Social Biological Structures, 4: 107–24
Stent, G. S. (1982), Die ethischen Dilemmas der Humanbiologie, in: Mannheimer Forum 82/83, S. 9–61
Stent, G. S. (1983), Creation in Art und Science, in: Interdisziplinary Science Reviews, 8: 371–378
Stent, G. S. (1986), The Unique and the Commonplace in the Creations of Art an Science, in: Progress in Science an its Social Conditions, Nobel Symposium 58, Oxford
Strauß und Torney, L. von (1956), Das Komplementaritätsprinzip in der philosophischen Analyse, in: Zeitschrift für philosophische Forschung, 10: 109–129
Stöckler, M. (1986), Philosophen in der Mikrowelt – ratlos?, in: Zeitschrift für allgemeine Wissenschaftstheorie, 17 (1): 68–95

Tatia, N. (1951), Studies in Jain Philosophy, Jain Cultural Research Society, Banares (Indien)
Tetens, H. (1986), Ist die Quantenmechanik vollständig?, in: Zeitschrift für allgemeine Wissenschaftstheorie, 17 (1): 96–118
Udgaonkar, J. B., und Hess, G. P. (1986), Manuskript in Vorbereitung für die Veröffentlichung in: Trends in Pharmacological Sciences
Vines, G. (1985,) New Scientist, Ausgabe vom 1. August 1985, S. 40–43
Vogel, St. (1972), Komplementarität in der Biologie, in: Biologische Anthropologie, herausgegeben von H.-G. Gadamer und P. Vogeler, S. 152–194
Vollmer, G. (1980), Evolutionäre Erkenntnistheorie, Stuttgart
Vollmer, G. (1986), Was können wir wissen?, Band I: Die Natur der Erkenntnis, Band II: Die Erkenntnis der Natur, Stuttgart
Wada, J. A., Clarke, R., und Hamm, A. (1975), Cerebral asymmetry in humans, in: Archives of Neurology, 32: 239–46
Watson, J. D. (1976), The Molecular Biology of the Gene, Menlo Park
Wahlert, G. und H. von (1981), Was Darwin noch nicht wissen konnte, München
Weidel, W. (1962), Kybernetik und psychophysisches Grundproblem, in: Kybernetik, 1: 165–170
Weizsäcker, C. F. v. (1963), Zum Weltbild der Physik, Stuttgart
Weizsäcker, C. F. v. (1955), Komplementarität und Logik, in: Die Naturwissenschaften, 42: 521–529 und 545–555
Weizsäcker, C. F. v. (1958), Die Quantentheorie der einfachen Alternative, in: Zeitschrift für Naturforschung, 13a: 245–253
Weizsäcker, C. F. v. (1958), Komplementarität und Logik – Mehrfache Quantelung (mit E. Scheibe und G. Süssmann), in: Zeitschrift für Naturforschung, 13a: 705–721
Weizsäcker, C. F. v. (1971), Die Einheit der Natur, München
Weizsäcker, C. F. v. (1972), Evolution und Entropiewachstum, Nova Acta Leopoldina, 37: 575
Weizsäcker, C. F. v. (1984), Die Wahrnehmung der Neuzeit, München
Weizsäcker, C. F. v. (1985), Niels Bohr, in: Physikalische Blätter, 41: 308–314
Weizsäcker, V. v. (1947), Der Gestaltkreis, Stuttgart
Wheeler, J. A. (1962), Geometrodynamics, New York
Wundt, M. (1944), Hegels Logik und die moderne Physik, in: Blätter für deutsche Philosophie, 18: 40–64
Zuccarelli, H. (1983), Ears hear by making sounds, in: New Scientist, 10. Nov. 1983, S. 438 ff.

Anmerkungen

Zu Beginn: Denkerfahrungen

1 Bohr (1931), S. 12 f.
2 Vollmer (1986), siehe den Beitrag »Mesokosmos und objektive Erkenntnis – über Probleme, die von der Evolutionären Erkenntnistheorie gelöst werden«, S. 57–115
3 Lorenz (1977), Vollmer (1980) und Vollmer (1986), siehe den Beitrag »Das alte Gehirn und die neuen Probleme«, S. 116–163
4 Bohr (1985), S. 18
5 Aristoteles, Metaphysik 986a
6 Goethe (1981), S. 147
7 Bohr (1931), S. 13
8 Bohr (1957), S. 67
9 Bohr (1933, 1934 und 1985), Delbrück (1986), Fischer (1987)
10 Fischer (1985)
11 Popper (1979), S. 125–134: Popper (1983), S. 7
12 Brockhaus Enzyklopädie, Wiesbaden (1980)
13 Feynman (1985), Kapitel 1 und 2
14 Feynman (1982), S. 484
15 Bohr-Interview (1962)
16 Küppers (1986), S. 116
17 Hermann (1983), S. 242
18 Feyerabend (1981), S. 417
19 Popper (1983), S. 2

Klassische Widersprüche

1 Planck (1969), S. 44
2 Diese Deutung wurde zuerst von Ludwig Boltzmann gegeben, der sie in seinen »Populären Schriften« von 1905 vorstellte, die 1979 neu aufgelegt wurden; siehe hier vor allem »Der zweite Hauptsatz der mechanischen Wärmelehre«, S. 26–47
3 M. Planck: »Über den zweiten Hauptsatz der mechanischen Wärmetheorie«, Dissertation München 1879, abgedruckt in dem Buch »Physikalische Abhandlungen und Vorträge«, Band I, Braunschweig 1958
4 Primas (1985), S. 160
5 Meyer-Abich (1976), S. 934
6 Bohr (1913); in dieser soge-

nannten Trilogie gelingt es Bohr mit Hilfe des Planckschen Wirkungsquantums, ein stabiles Atommodell zu formulieren.

7 Planck (1969); in dieser Sammlung von Vorträgen findet sich auch eine »Beschreibung der Auffindung des physikalischen Wirkungsquantums«, S. 15–28.

8 Planck (1969), S. 21

9 Die entscheidenden Experimente wurden 1910/11 im Laboratorium von Ernest Rutherford durchgeführt; auf den dabei erzielten Ergebnissen baute dann Bohr (1913) seine Theorie auf; siehe dazu Bohrs »Rutherford-Gedenkvorlesung« in: Bohr (1985), S. 111–156

10 Bohr (1913 und 1985)

11 Einen Satz dieser Art kann man in nahezu allen erkenntnistheoretischen Aufsätzen Bohrs finden, die als Sammelbände 1964, 1966 und in veränderter Neuauflage 1985 erschienen sind.

12 Dies wird von Heisenberg (1969) in seinen Erinnerungen beschrieben, S. 113.

13 Vollmer (1986); siehe den Beitrag »Probleme der Anschaulichkeit«, S. 100–132

14 Gesammelt erschienen in der Reihe »Dokumente der Naturwissenschaft«, die A. Hermann herausgegeben hat; Born (1962), Born, Heisenberg und Jordan (1962), Schrödinger (1963)

15 Ebenda

16 Die beiden grundlegenden Texte von Bohr und Heisenberg sind 1963 in der unter Anmerkung 14 erwähnten Reihe zusammen in einem Band mit dem Titel »Die Kopenhagener Deutung der Quantentheorie« erschienen (Heisenberg und Bohr, 1963); einen gemeinsamen Text beider Physiker gibt es nicht.

17 Feynman, Matthew und Sands (1963), Band I, Kapitel 37 Delbrück (1986), S. 275 ff.

18 Delbrück (1986), S. 281 f.

19 Dirac (1930), S. 57 ff.

20 Feynman (1985) beschreibt diese Theorie; seine Anmerkung zur Komplementarität steht auf den S. 55 f.

21 Ebenda

22 Moore (1985), S. 154 ff.

23 Heisenberg (1969), S. 106–110

24 Fischer (1985, 1987)

25 Bohr Scientific Correspondence (10.2), Niels-Bohr-Archiv, Kopenhagen

26 Brief an C.G. Darwin vom 29. 8. 1927

27 Holton (1981), S. 144

28 Bohr (1928)

29 Weizsäcker (1963), S. 291

Bohrs Argument

1 Weizsäcker (1984), Fischer (1987)

2 Rozental (1967), S. 11–38; Kapitel über die Kindheit

3 Rozental (1967), Fischer (1987)

4 Weizsäcker (1985)

5 H. Hoffding (1886), Geschichte der neueren Philosophie, Leipzig, S. 317–320
6 Holton (1981), S. 184
7 Meyer-Abich (1965) und Jammer (1966) haben zuerst auf diese Möglichkeit hingewiesen.
8 W. James (1890), The Principles of Psychology, New York, S. 203–206
9 Ebenda
10 Ebenda
11 Bohr (1966), S. 13 f., Rozental (1967), in L. Rosenfelds Beitrag, S. 114–137
12 Bohr (1966), Die Einheit menschlicher Erkenntnis, S. 12
13 Bohr (1957), S. 68
14 Bohr (1985), Die Atome und die menschliche Erkenntnis, S. 92
15 Bohr (1937), Kausalität und Komplementarität, S. 295
16 Bohr (1937), S. 299
17 Bohr (1937), S. 294
18 Bohr (1985), Einheit des Wissens, S.76
19 Scheibe (1964), Meyer-Abich (1967), S. 98
20 Brief an A. Einstein vom 13. 4. 1927 (Niels-Bohr-Archiv)
21 Brief an N. Bohr vom 4. 4. 1949 (Niels-Bohr-Archiv)
22 Brief an A. Einstein vom 11. 4. 1949 (Niels-Bohr-Archiv)
23 Bohr (1985), Einheit des Wissens, S. 82
24 Mehra und Rechenberg (1982)
25 Bohr (1937), S. 297
26 Tatia (1959), Kothari (1985)
27 Röseberg (1984), S. 189
28 Graham (1985), S. 338
29 Lenin, Materialismus und Empiriokritizismus, Berlin 1949, S. 187
30 Ebenda, S. 251

Philosophische Zusammenhänge

1 Piaget (1973, 1974 und 1980)
2 Delbrück (1986)
3 Vollmer (1986); der Aufsatz »Was können wir wissen?« über »Eigenart und Reichweite menschlichen Erkennens«, S. 1–41
4 Reichenbach (1933)
5 Bohr-Interview (1962)
6 Bohr (1931), Atomtheorie und Naturbeschreibung, S. 16
7 Bohr (1985), Die Atome und die menschliche Erkenntnis, S. 100
8 Folse (1982) und (1985)
9 Bohr (1966), Die Einheit menschlicher Erkenntnis, S. 9 f.
10 Lorenz (1943) und (1977); Vollmer (1980) und (1986)
11 Vollmer (1986); der Beitrag »Mesokosmos und objektive Erkenntnis«, S. 57–115
12 G. F. Hegel, Enc. 18
13 Stent (1979)
14 Jammer (1974)
15 Einstein, Podolsky und Rosen (1935); auf deutsch in: Baumann und Sexl (1984)
16 Bohr (1935); auf deutsch in: Baumann und Sexl (1984)
17 Bohr (1935), S. 701
18 Schrödinger (1935); auf

deutsch in: Baumann und Sexl (1984)
19 Herbert (1985)
20 Bell (1964); auf deutsch in: Baumann und Sexl (1984)
21 Clausner und Shimony (1978), Aspect et al. (1982)
22 Folse (1985)
23 Bohr (1964), Einheit des Wissens, S. 80
24 Folse (1985), S. 258
25 Delbrück (1986), S. 281 ff.
26 Piaget (1974)
27 Bischof (1969)
28 Delbrück (1986), S. 311 f.
29 Vollmer (1980), S. 170–173
30 Vollmer (1986), Was können wir wissen?, S. 40 f.
31 Finke (1986)
32 Bohr (1964), Einheit des Wissens, S. 79

Die Anwendung der Komplementarität

1 Bohr (1985), Biologie und Atomphysik, S. 18
2 Bohr (1985), Biologie und Atomphysik, S. 20
3 Bohr (1985), Biologie und Atomphysik, S. 21
4 Bohr (1985), Einheit des Wissens, S. 87 f.
5 Siehe zum Beispiel Stent (1980) und (1982)
6 Weizsäcker (1963), Holton (1981)
7 Feynman (1985), S. 55 f.
8 Feynman (1985), S. 9 ff.
9 Popper (1979) und (1983)
10 Popper (1979), S. 132
11 Popper (1979), S. 130
12 Popper (1983), S. 35
13 Popper (1979), S. 224
14 Popper (1983), S. 36 ff.
15 Zum Beispiel in der Beschreibung seiner Diskussionen mit Einstein; abgedruckt in: Bohr (1985), S. 31–67
16 Feynman, Matthew und Sands (1963), Band I, Kapitel 37
17 Feyerabend (1981), S. 382
18 Bonse und Rauch (1979), Rauch (1985), Kuhn (1985)
19 Rauch (1985), S. 194
20 Ebenda
21 Feyerabend (1981), S. 471
22 Fritzsch (1984), Davies (1985)
23 Davies (1985)
24 Wheeler (1962)
25 Kuyk (1977)
26 Kern und Karplus (1972), S. 21
27 Primas (1982), S. 298
28 Prigogine (1979), Prigogine und Stengers (1980)
29 Primas (1985), S. 160
30 Bohr (1934), S. 351
31 Vollmer (1986), Band 1, S. 28–33
32 Primas (1982), S. 298
33 Primas (1981, 1982, 1984 und 1985)
34 Primas (1984), S. 244 ff.
35 Ebenda
36 Weizsäcker (1955) und (1958)
37 Primas (1982), S. 299
38 Primas (1985), S. 165

Komplementarität in der Biologie

1 Delbrück (1949), Fischer (1985)
2 Delbrück (1949), S. 189
3 Bohr (1964), S. 9 f.
4 Rozental (1967), berichtet im Kapital über die Kindheit, S. 11–38

5 Bohr (1966), S. 26
6 Dyson (1985)
7 von Neumann (1948), Delbrück (1986)
8 Dyson (1985), Kapitel 1
9 Miller und Orgel (1974)
10 Johannsen (1909), Johansson (1979)
11 Mayr (1984), Kapitel 18, S. 620 f.
12 Zitiert in Mayr (1984), S. 595
13 Im Detail beschrieben in: Fischer (1985)
14 Ebenda
15 Delbrück (1978)
16 Fischer (1985)
17 Delbrück (1946), S. 165
18 Delbrück (1976)
19 Watson (1976), Fischer (1985)
20 Küppers (1986)
21 Weizsäcker (1971), S. 351
22 Gilbert (1978), Fischer (1980), Knippers (1984)
23 Gilbert (1978), Fischer (1980)
24 Leder (1982)
25 Knippers (1984)
26 Rosenberg (1985)
27 Vollmer (1986), Band 1, S. 33 ff.
28 Euler (1985a)
29 Delbrück (1986)
30 v. Ditfurth (1976)
31 Fischer (1985), Kapital 9 und 10
32 Vines (1985)
33 Ebenda
34 Campenhausen (1981), S. 262
35 Euler (1985b)
36 Békésy (1960), Campenhausen (1981), S. 133–139
37 Zuccarelli (1983)
38 Ebenda
39 Euler (1984)
40 Euler (1985a und b)
41 Euler (1984)
42 Bohr (1964), Einheit des Wissens, S. 76 f.
43 Bialek und Schweitzer (1985)
44 Marr (1981), Rock (1984)
45 Rock (1984), S. 9
46 Coreth (1969)
47 Stent (1981)
48 Kuffler (1953), Hubel und Wiesel (1962) und (1970)
49 Barlow (1953)
50 Hubel und Wiesel (1962), Kandel und Schwartz (1981)
51 Hubel und Wiesel (1970)
52 Barlow (1972)
53 Julesz (1971)
54 Coreth (1969), Stent (1981)
55 Marr (1981)
56 Poggio (1984)

Mechanismen des Lebendigen

1 Nagel (1961), Feyerabend (1981), Hoyningen-Huene (1985), Vollmer (1986)
2 Hartmann (1949 und 1950)
3 Watson (1976), Kaudewitz (1983), Knippers (1984)
4 Huxley (1957)
5 Mannherz und Holmes (1984)
6 Alberts et al. (1983), Kapitel 10
7 Mitchell (1961)
8 Kandel (1979), Kandel und Schwartz (1981), Kandel (1982)
9 Udgaonkar und Hess (1986); Vordruck eines zur Veröffentlichung eingereichten Manuskriptes
10 Kandel (1981)
11 Spaemann und Löw (1985), S. 13 ff.
12 Pittendrigh (1958)

13 Lorenz (1978)
14 Hartmann (1966)
15 Lorenz (1978) S. 21
16 Vogel (1972), S. 179
17 Vogel (1972), S. 185
18 Lorenz (1978), S. 21
19 Vogel (1972), S. 191
20 Rieppel (1985)
21 Rieppel (1985), S. 341/42
22 v. Ditfurth (1976)
23 Vollmer (1986), Band 2, S. 1–37
24 von Wahlert (1981), S. 226
25 Ho, Saunders und Fox (1986)
26 Lewins und Lewontin (1985)
27 Küppers (1986)
28 Lorenz (1977)
29 Hartmann (1949)
30 Lorenz (1977), S. 59
31 Hartmann (1949), S. 182 (20. Kapitel, Abschnitt e: Die vier Hauptschichten des Realen und ihre weitere Unterscheidung)
32 Lorenz (1977), S. 62 f.
33 Ebenda
34 Ebenda
35 Eigen (1971)
36 Küppers (1986)
37 Primas und Gans (1979)
38 Hoyningen-Huene (1986)

Über die Biologie hinaus

1 Zum Beispiel v. Ditfurth (1976) und (1985), S. 342–345
2 Zum Beispiel Vollmer (1986), Band 1, S. 270 ff.
3 Zitiert nach: Bohr (1966), S. 13 nach: Möller (1964), S. 73
4 Bohr (1966), S. 14
5 Vogel (1972), S. 170
6 Fahrenberg (1979) und (1981)
7 Fahrenberg (1979), S. 160
8 Searle (1986), S. 17 ff.
9 Searle (1986), S. 26
10 Jonas (1981), S. 98–105
11 Bischof (1985), S. 419
12 Vollmer (1986), Band 1, S. 133–142
13 Delbrück (1986), S. 165 f.
14 Aebli (1986)
15 Piaget (1974)
16 Piaget (1973), S. 21 f.
17 Piaget (1973), S. 24
18 Oser und Reich (1986)
19 Oser und Reich (1986), S. 24
20 Oser und Reich (1986), S. 37
21 Seiler (1982a und b, 1986)
22 Seiler (1986), S. 9
23 Seiler (1986), S. 10
24 Aristoteles, Analytica Posteriora A 31, 87b28
25 Seiler (1982a und b)
26 Seiler (1986), S. 12 f.
27 Seiler (1982a und b)
28 Rösner (1986), S. 257–282
29 Erdheim (1984)
30 Erdheim (1984), S. VII f.
31 Devereux (1984), Untertitel
32 Devereux (1984), S. 16–19
33 Devereux (1984), S. 19
34 Freud (1972), S. 316
35 Jordan (1934), S. 248

Innen und Außen

1 Aristoteles, Metaphysik (986a)
2 Geschwind (1979), Damasio und Geschwind (1984)
3 Wada et al. (1975)
4 LeMay und Culebras (1972)
5 LeMay und Geschwind (1978), Damasio und Geschwind (1984)
6 Sperry (1968 und 1982)
7 Albert und Ohler (1978), Perecman (1983)

8 H. Weyl, zitiert nach: Ivanow (1983), S, 132
9 Preilowski (1987)
10 Snow (1965), Berlin (1982), S. 158–195
11 Fülleborn (1977), S. 184 f.
12 Ebenda
13 Leppmann (1982)
14 Schadewaldt (1967), S. 118
15 Stent (1983) und (1986)
16 Ebenda
17 Fülleborn (1977), S. 184
18 Goethe (1981), S. 147
19 Pauli (1984), S. 103
20 Pauli (1984), S. 16
21 Einstein (1984)
22 MacKay (1958) und (1974)
23 Davies (1985)

Zum Ende: Machiavellis Problem

1 Berlin (1982)
2 Berlin (1982), S. 155 f.
3 Stent (1982)
4 Berlin (1982), S. 117 f.
5 Nabokov (1984)

Register

Personenregister

Sachregister

Aktuell und allgemeinverständlich

Das aktuellste allgemeinverständliche Werk,
das in kompetenten Beiträgen und exzellenten Farbfotos
umfassend über den Afrikanischen Elefanten und das
Problem seiner existentiellen Bedrohung informiert.
Mit dem Erwerb jedes Buches gehen DM 5,– an den
Verein »Rettet die Elefanten Afrikas«.

200 Seiten, davon 48 Seiten farb. Bildteil

RASCH UND RÖHRING
VERLAG

Japans Mafia

Yakuza nennen sich in Japan
die perfekt organisierten Verbrecherbanden.
Ihre Bosse beherrschen den Immobilien-Markt,
den Mädchenhandel, die Drogengeschäfte und dirigieren
die rechtsradikalen Parteien des Landes.
Kai Herrmann und Alberto Venzago besuchten das
Shin-Sei-Kai-Syndikat.
STERN

144 Seiten, durchgehend illustriert

RASCH UND RÖHRING
VERLAG

Töchter, Söhne und ihre Mütter

Lynn Caine
Was habe ich bloß falsch gemacht? 11458

Barbara Franck
Ich schau in den Spiegel und sehe meine Mutter 11416

Monika Schnekenburger
Vorsicht: Mutter!
11450

Barbara Franck
Mütter und Söhne
11420

GOLDMANN

ENTGIFTEN – WAS JEDER TUN KANN!

Egmont R. Koch
Umweltschutz zu Hause
10466

Egmont R. Koch u. a.
Entgiften
10485

Maurice Hanssen
E = eßbar?
10416

Margret Uhle
Was kann man überhaupt noch essen? 10483

GOLDMANN

Lust und Liebe

Alexander Lowen
Lust
10367

Alexander Lowen
Liebe und Orgasmus
11356

GOLDMANN

SANFTE KÖRPERERFAHRUNG UND MASSAGE

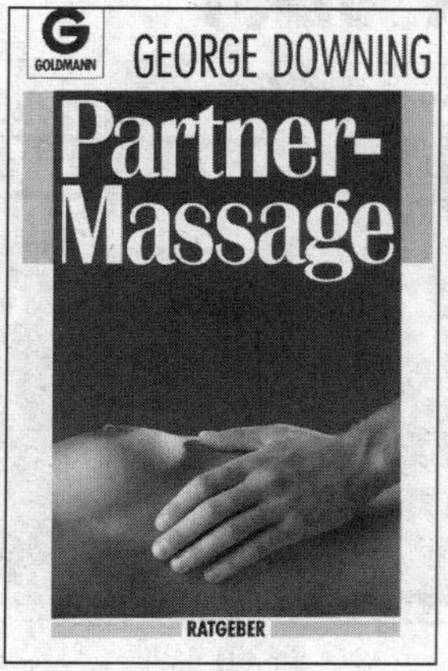

George Downing
Partner-Massage
10742

Peggy Brusseau
Body Love
10477

Klaus Moegling (Hrsg.)
Sanfte Massagen
10412

George Downing
Massage und Meditation
10460

GOLDMANN

GESUNDER KÖRPER – GESUNDER GEIST

Mariann Kjellrup
Bewußt mit dem Körper leben 10304

Louis Proto
Das Energie-Programm
13508

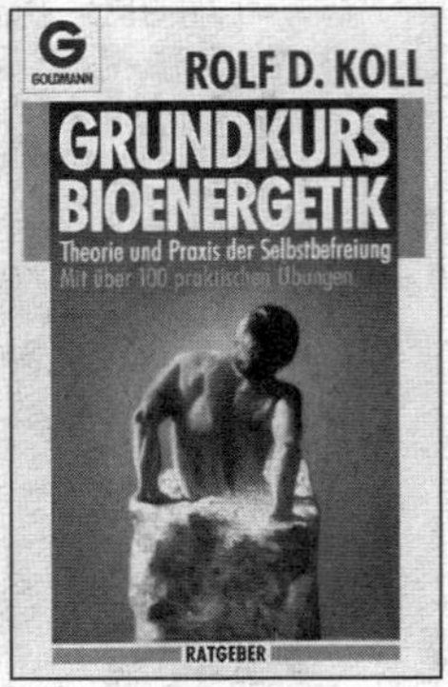

Rolf D. Koll
Grundkurs Bioenergetik
10447

Lautenschläger u. a.
Wellness
10394

Michael Schreiber
Die Kunst des Laufens
10464

Peter Schwind
Alles im Lot: Rolfing
10302

GOLDMANN

Durch Träume die persönliche Kreativität entdecken

Bernard Klein
Die Macht des Traumes
10410

Hanns Kurth
Lexikon der Traumsymbole
10917

Hanns Kurth
So deute ich meine Träume
10507

GOLDMANN

Goldmann Taschenbücher

Allgemeine Reihe
Unterhaltung und Literatur
Blitz · Jubelbände · Cartoon
Bücher zu Film und Fernsehen
Großschriftreihe
Ausgewählte Texte
Meisterwerke der Weltliteratur
Klassiker mit Erläuterungen
Werkausgaben
Goldmann Classics (in englischer Sprache)
Rote Krimi
Meisterwerke der Kriminalliteratur
Fantasy · Science Fiction
Ratgeber
Psychologie · Gesundheit · Ernährung · Astrologie
Farbige Ratgeber
Sachbuch
Politik und Gesellschaft
Esoterik · Kulturkritik · New Age

Goldmann Verlag · Neumarkter Str. 18 · 8000 München 80

Bitte senden Sie mir das neue Gesamtverzeichnis.

Name: ____________________

Straße: ____________________

PLZ/Ort: ____________________